The Book of Esports:
The Definitive Guide to Competitive Video Games

e스포츠 가이드북

William Collis 저

강지문 역

●
●

박영사

"태어나면서부터 위대한 사람이 있고, 노력을 통해 위대해진 사람도 있다.
또한 위대함이라는 명제를 힘겹게 떠안은 사람도 있다."

− 윌리엄 셰익스피어, 『십이야(十二夜)』, 5막 1장−

서 문

폴 **다왈리비**(Paul Dawalibi)

윌리엄을 처음 만난 날, 나는 그가 e스포츠에 관한 대백과를 쓸 사람이라는 것을 알았다. 윌리엄은 사람들이 역사를 배우거나 이야기를 듣고 싶게 만드는 유형의 인물이었다. 그래서 나는 항상 윌리엄을 '교수님'이라고 불렀다. 그는 생생하게 표현하는 재능이 있으며, 아주 추상적인 개념조차도 쉽게 이해할 수 있게 전달한다. 무엇보다도 윌리엄은 e스포츠를 잘 알고 있으며, 수백만 달러의 벤처 자본을 유치하여 단기간에 두 기업을 성공적으로 성장시켰다.

요즘 윌리엄과 나는 이제는 세계적으로 유명한 스포츠 비즈니스라는 팟캐스트를 함께 진행하고 있다. 나는 윌리엄과 오랜 시간을 함께해왔기에, e스포츠에 대한 그의 사랑이 가식이 아니라고 확실하게 말할 수 있다. 윌리엄은 진짜 너드(Nerd)이며, 오늘날 그 누구보다도 e스포츠 산업을 잘 알고 있다.

이 책은 취미로 게임에 관심을 가진 사람들, 그리고 게이머들에게 마케팅하고 게이머들의 세계를 이해하려는 사람들을 위한 완벽한 가이드북이다. 또한 이 책은 자녀가 하루종일 무엇을 하고 있는지 이해하려는 부모에게도 완벽한 가이드북이다. 윌리엄은 e스포츠의 미래, 그리고 e스포츠가 삶과 비즈니스를 어떻게 재구축하고 있는지를 제시해왔다.

칼 세이건(Carl Sagan)은 "현재를 이해하려면 과거를 알아야 한다"라는 명언을 남겼다. 이 명언은 e스포츠에도 절대적인 진리다. 지난 e스포츠의 역사를 통해서 인류가 어떻게 변화하고 있는지, 그리고 e스포츠가 어떻게 이러한 변화를 촉진하고 있는지를 파악할 수 있다.

이제 e스포츠에 대해 알아보자.

역자 서문

　오늘날 e스포츠는 미디어와 스포츠가 정보통신기술과 융합한 4차 산업혁명의 새로운 스포츠 엔터테인먼트 산업으로서 무한한 성장 가능성을 보여주고 있다. e스포츠는 지난 5년간 연평균 10%가 넘는 고성장을 거듭한 끝에 시청자수 및 산업규모에서 여러 전통 메이저 스포츠 종목을 넘어섰다. 2021년 리그 오브 월드 챔피언십은 7,400만의 동시 시청자 수를 기록했으며, e스포츠 산업의 규모는 현재 2022년 현재 1조원을 넘기는 것으로 추정된다.

　e스포츠는 이제 게임을 넘어서 스포츠, 문화, 그리고 학계로 영역을 넓히고 있다. e스포츠는 2022년 항저우 아시안게임의 정식 종목으로 채택되었으며, '올해의 브랜드 대상'에서 게임단이 야구단, 축구단과 함께 올해의 스포츠 구단으로 선정되었고, 'e스포츠도 야구, 축구와 같은 스포츠의 일종이라고 생각한다'라는 문항의 긍정 응답률이 60%를 넘는다. 모바일 종목을 포함하여 다양한 신규 종목의 등장과 함께 문화체육관광부, 한국콘텐츠진흥원을 비롯한 정부 기관과 정치권의 적극적인 행보로 e스포츠 상설 경기장 조성 사업을 통해 부산, 광주, 대전에 지역 경기장이 개장하였을 뿐만 아니라 게임 산업진흥 종합계획을 비롯하여 e스포츠 산업 발전을 위한 다양한 보급 사업이 추진되고 있다.

학계도 예외는 아니다. 국제대, 단국대, 수성대, 오산대, 전남과학대, 조선이공대, 한신대, 호남대 등에 e스포츠 관련 학과가 개설되었으며, 서울대와 연세대는 각각 e스포츠 게임단 DRX 및 Gen.G와 e스포츠 관련 협력을 위한 업무협약을 체결하고 컨퍼런스 공동 개최 및 e스포츠 전공과목을 다수 개설했다.

하지만 e스포츠에 이목이 집중되는 것에 반해서 e스포츠의 본질에 대한 이해는 쉽지 않다. e스포츠는 여러 산업(게임, IT, 미디어, 엔터테인먼트 등)부터 여러 학문 분야(경영학, 컴퓨터공학, 심리학, 사회학, 경제학, 법학, 스포츠공학, 산업공학, 교육학 등)에 이르기까지 학제간 융합이 이루어진 분야이기에 다양한 학문 분야에 대한 이해가 필요하다. 또한 지역에 따라 상이한 e스포츠의 역사로 인하여 e스포츠라는 용어에 대한 정의나 범위와 같은 이론적인 차이부터 실제 대회 형식과 e스포츠 문화 및 선수와 대중들의 인식에 이르기까지 그 내용이 크게 다르다. 오늘날 e스포츠를 다루는 책들이 여럿 등장하고 있지만 e스포츠를 총체적으로 다루는 책을 찾아보기 어렵다.

그렇기에 이 책은 더욱 특별하다. 이 책은 e스포츠를 이해하기에 적합한 e스포츠 가이드북이다. e스포츠의 역사를 따라가며 다양한 관점에서 e스포츠의 주요 장르를 조망하고 있을 뿐만 아니라 게임사, 프로게이머, 게임단에 이르기까지 e스포츠의 주요 구성 요소들을 망라한다. 특히나 e스포츠 거물들의 인터뷰와 여러 경영학 이론, 그리고 e스포츠계 전문가이자 하버드 MBA인 저자의 통찰력과 재기발랄한 유머가 합쳐져 e스포츠의 과거와 현재, 그리고 미래에 대해서 쉽고 재미있게 배울 수 있다. 미국 아마존의 e스포츠 관련 저서 중에서 높은 평점과 최다 리뷰를 기록하며 가장 큰 인기를 끌 정도로 훌륭하면서도 가

볍고 재미있는, 해외 e스포츠 책들 중에서도 최고의 e스포츠 개론서이
다. 역자는 e스포츠를 연구하는 e스포츠 현직자로서 e스포츠 입문자와
팬, 산업 종사자, 그리고 e스포츠를 배우는 모든 이에게 이 책이 유용
한 길잡이가 되었으면 한다.

　끝으로 묵묵히 성원과 격려와 함께 깊은 조언을 해준 아내에게 고
마움을 전한다. 또한 출간을 위해 힘써주신 장규식 선생님과 편집부의
김민조 선생님, 그리고 관계자 분들의 노고에도 깊은 감사의 말씀을 드
린다. 독자 여러분의 아낌없는 성원을 기대하며 e스포츠의 이해에 지
침이 되기를 기원한다.

차 례

프롤로그   10

PART 01 과거의 e스포츠

Chapter 01   게임의 태동   17

Chapter 02   가정용 비디오 게임기   29

Chapter 03   인터넷과 커뮤니티   42

Chapter 04   인터넷 방송   56

Chapter 05   스타크래프트   66

PART 02 본격적인 e스포츠의 시작

Chapter 06   리그 오브 레전드   79

Chapter 07   오버워치(Overwatch)   99

Chapter 08   게임단   110

Chapter 09   프로게이머   125

Chapter 10 e스포츠의 영속성   136

Chapter 11 e스포츠의 생태계   155

PART 03 새로운 도전

Chapter 12 스피드런   169

Chapter 13 학교와 e스포츠   186

Chapter 14 전통 스포츠와 e스포츠   200

에필로그: 사건의 지평선   209

부록: e스포츠 101   217

감사의 말   222

미주   224

프롤로그: 미래의 스포츠, e스포츠

우리는 특별함을 추구한다. 이는 근본적으로 인간의 본성이다. 우리는 일상적인 것, 전형적인 것, 아마추어적인 것에 관심이 없다. 친숙한 것이나 흔한 것을 찬양하지 않는다. 그 대신 무한한 것, 특이한 것을 갈망한다. 인간의 한계에 의문을 던지고 이에 도전하고자 하는 원초적인 노력이 있었다.

인류의 역사에서 이러한 욕구는 인류를 진보시킨 중요한 원동력이었다. 예술과 발명으로, 창조와 갈등으로, 그리고 무엇보다 스포츠로 나아가게 했다.

기술은 인간의 게임과 경쟁에서 언제나 중요한 역할을 해왔다. 경기장은 진흙투성이 경기장에서 오늘날 거대한 스타디움으로 진화했다. 심판은 스포츠맨십에 의존하는 대신 실시간 리플레이로 판정한다. 심지어 스포츠를 관람하는 방법조차도 디지털 방송으로 급격하게 바뀌었다.

그러나 인간이라는 한 가지 요소만은 변하지 않았다. 왜냐하면 우리는 여전히 현실에서 경쟁하고 있기 때문이다.

스포츠는 물리학 법칙, 삶과 죽음의 필연성에 여전히 갇혀있었다. 과학은 나름의 역할을 하여, 손상된 인대를 다른 곳에 있는 힘줄로 교체하여 인위적으로 선수의 커리어를 연장하고, 폴리카보네이트로 보강

된 헬멧으로 뇌진탕의 위험을 크게 줄였다. 그러나 전반적으로는 21세기의 믿을 수 없는 혁신에도 불구하고, 스포츠는 놀라울 정도로 여전히 시대의 흐름을 따라가지 못하고 있었다.

지금까지, 바로 e스포츠가 등장하기까지 그러했다.

명심하라. 이제 우리는 용감하고 대담하게 새로운 세계로 들어가고 있다. 컴퓨터와 스마트폰의 대중적 보급으로 우리의 삶이 더욱 디지털화되고 있기에 이제 e스포츠라는 인간의 경쟁은 과거 정보력의 격차로 인한 경제적 차이나 사회적 차이를 뛰어넘고 있다.

여러분은 인간의 경쟁이 새로운 세대에 도달하였음을 보여주는 증거를 손에 쥐고 있다. 이 책은 e스포츠의 현 상황을 개관하고, 오늘날까지 걸어온 여정을 기념하며, 인간의 경쟁이 급격하게 진화하는 가운데 앞으로 어디까지 나아갈 수 있을지를 예언한다.

모든 것이 바뀌려고 하고 있다.

경쟁하는 비디오 게임인 e스포츠는 그저 단순하고 따분한 개개인의 경험이 아니다. 오히려, 복잡하게 짜인 팀워크와 픽셀 단위의 정교한 명령, 그리고 놀랍도록 혁신적인 전략들이 어우러져 불가능이 현실이 되는 멋진 장관이 펼쳐진다.

전통 스포츠에서 축구와 같은 메이저 종목부터 배구와 같은 마이너 종목 그리고 컬링처럼 잘 알려지지 않은 종목에 이르기까지 수십 개의 다양한 종목이 있는 것처럼, e스포츠에도 마찬가지로 다양한 종목이 있다.

빅 파이브 (Big five)

e스포츠에는 수십 가지 장르가 있지만 오늘날 1인칭 슈팅 게임(FPS), 배틀 로얄(Battle Royal), 멀티플레이어 온라인 배틀 아레나

(MOBA), 트레이딩 카드 게임(Trading Card Game), 대전 격투 게임
(Fighting Game), 이 다섯 가지 "빅 파이브" 장르가 주류를 이루고 있
다. 이 책에서 이러한 다양한 장르의 게임들을 망라하고 자세히 살펴보
기에 앞서, 여러분이 이 책의 내용을 빠르게 따라올 수 있도록 먼저 빅
파이브의 각 장르에 대해서 간단히 살펴보자.

1인칭 슈팅 게임(First-person Shooters. FPS)은 총기와 같은 발
사 무기에 기반을 둔 게임으로서, 정확도와 반응속도가 핵심적 요소다.
이 게임 장르는 과거 둠(Doom)이나 울펜슈타인(Wolfenstein)과 같은
고전 게임들이 현대화된 버전이지만 이런 고전 게임들보다 훨씬 플레
이하기 어렵다. 왜냐하면 게임의 템포가 굉장히 빠르고, 모든 방향으로
사격할 수 있으며, 팀의 전략이 중요하기 때문이다.

배틀 로얄(Battle Royal)은 FPS와 유사하지만, 혼돈 상태의 '만인
에 대한 만인의 투쟁'이 특징인 장르다. 1인칭 또는 3인칭 시점에서 플
레이하며, 시간의 흐름에 따라 좁아지는 전장 속에서 최후까지 살아남
아야 한다. 세계에서 가장 유명한 게임들 가운데 하나인 포트나이트
(Fortnite)가 배틀 로얄 장르의 대표작이다.

멀티플레이어 온라인 배틀 아레나(Multiplayer onlien battle arenas,
MOBAs)는 5명의 플레이어를 구성된 팀들이 경쟁하는 게임 장르이다.
각 팀의 플레이어는 하나의 캐릭터를 선택하고 레벨과 스킬, 아이템으
로 자신의 캐릭터를 강화시켜 상대를 제압하고 상대 진영의 요새화된
기지를 파괴한다. (*. 역주: 국내에서는 MOBA라는 명칭 대신 2002년
제작된 최초의 MOBA 장르 맵인 스타크래프트의 유즈맵 Aeon of
Strife의 이름을 딴 AOS라는 명칭이 더 널리 쓰이고 있다.)

트레이딩 카드 게임(Trading Card Game)은 순수하게 전략적인 게

임 장르로, 디지털 보드에서 일련의 가상의 물건(보통 카드들)들로 게임한다. 각 카드들은 서로 다른 파워와 관련 비용이 있으므로 효율성을 최대화하기 위한 신중한 계획과 전략 수행이 필요하다.

대전 격투 게임(Fighting Game) 장르는 아케이드 히트작인 스트리트 파이터(Street Fighter)를 현대화한 버전이다. 이 장르는 두 플레이어가 격투기 혹은 이와 유사한 형식으로 대결한다. e스포츠의 모든 장르 중에서도 게임 초창기 이후 변화가 가장 적다.

이 모든 게임이 모여 270억 달러에 이르는 게임 산업을 이루고 있으며, 아마존, 페이스북, 텐센트 등의 기업으로부터 각각 10억 달러 단위의 투자를 받고 있다.[1] ESPN을 비롯한 주요 방송사들의 e스포츠 중계, 대학에서 e스포츠 선수들에게 주는 전액 장학금, 수백만 달러의 막대한 상금을 상상해보라. 루이비통이나 BMW와 같은 세계적인 브랜드가 수백만 달러를 들여 e스포츠 대회에서 자사의 제품을 홍보하는 것을 상상해보라. 그리고 대부분 30세 미만인 수억 명의 팬들이 온라인에서 응원하는 팀의 승리를 갈망하는 것을 상상해봐라.

그러나 e스포츠는 커다란 산업 이상의 것이다. 역사상 처음으로 인간의 경쟁에서 가장 오래된 짐이었던 육체를 벗어 던지고 있다. e스포츠에서는 더는 육체의 허약함이나, 유전적으로 약하게 태어난 것에 대해 걱정할 필요가 없다. 농구를 하기에 키가 너무 작거나, 축구를 하기에 너무 나이가 많은가? 걱정하지 마라.

e스포츠에서는 선수가 두뇌다. 키보드, 마우스 혹은 컨트롤러를 사용할 수 있는 사람이라면 누구나 경쟁할 수 있다.

왜 여러분은 이 책을 읽고 e스포츠에 관심을 가져야 하는가?

e스포츠는 오늘날 역사상 가장 빠르게 성장하는 엔터테인먼트 산업 중 하나이다. NBA나 MLB보다 더 많은 사람들이 e스포츠를 시청하고 있다.[2] 수많은 팔로워를 확보한 e스포츠 유명인사의 트윗 하나로도 세계적인 제품들이 단숨에 매진될 정도로 많은 사람들이 프로게이머를 아이돌처럼 우상화하며 열광한다. e스포츠를 보는 것이 정말 재미있다는 가장 근본적인 진실도 있다.

무엇보다 e스포츠는 모든 스포츠 민주화의 시작이다. e스포츠에서 인간은 온라인 세계 속 자신만의 아바타를 통해 공정하게 경쟁한다. 아직은 e스포츠에서 손과 눈의 협응이나 반응속도와 같은 기본적인 신체 능력이 여전히 중요할지라도 기술의 발전에 따라 이러한 기본적인 장벽도 사라질 것이다. 미래의 e스포츠에서 신체의 한계는 사라지고 오직 기량만으로 슈퍼스타가 탄생하는 진정한 민주화가 실현될 것이다.

미래에 온 것을 환영한다. e스포츠 가이드에 온 것을 환영한다.

E스포츠 101

이 책은 비디오 게임에 다소 친숙하다는 것을 전제로 하고 있다. 설령 이 책을 읽으면서 이해하기 어렵거나 막막하게 느껴지더라도 걱정할 필요가 없다. 책의 뒷면에 오늘날의 게임과 e스포츠에 대한 주요 내용을 짧게 요약한 부록을 첨부했다. 배경지식이 필요하다면 부록을 참조하면 된다. 비디오 게임에 익숙하지 않은 분들은 부록을 통해 유용한 배경지식을 쌓을 수 있다.

PART

01

과거의 e스포츠

게임의 태동

2013년 로스앤젤레스의 스테이플스 센터(Staples Center).

대 경기장의 좌석을 가득 채운 15,000명 이상의 팬들이 지축을 흔드는 뜨거운 환호성을 지르며 열광하고, 플래시가 중앙 무대에 오르는 선수들을 비추고, 네온사인이 화려하게 반짝인다. 지난주에 블레이크 그리핀(Blake Griffin)과 조던 힐(Jordan Hill)이 농구 경기를 펼쳤던 이 장소에서 오늘 밤 농구가 아닌 다른 경기가 펼쳐질 것이다.

10대의 컴퓨터가 중앙 코트에 배치되어 있고, 수많은 무지갯빛 휘장이 휘날리고 있다. 오늘 밤, 신장이 7피트가 되는 NBA의 거인들 대신에 안경을 쓴 젊은이들이 중앙 무대를 활보한다. 그리고 관중들이 열광한다.

2013년 스테이플스 센터에서 열린 리그 오브 레전드의 2013 월드 챔피언십 결승전은 현대 e스포츠의 첫 분수령이었다. 이전까지는 멀리 떨어진 온라인 서버들에서 벌어졌던 비밀스러운 전쟁터가 사상 최초로 서구 세계의 눈앞에 나타났다. 이전에도 여러 메이저 e스포츠 대회가 있었지만, 특히 이날의 광경은 대중의 뇌리에 깊이 각인되었다. 주류 미디어는 3,200만 명의 온라인 시청자에 주목하였다.

e스포츠의 비상이 시작되었다.

딱 1년 후인 2014년에 아마존은 약 10억 달러에 e스포츠 방송 플랫폼인 트위치를 인수하여 e스포츠 업계 최초로 10억 달러 기업 시대를 열었다. 그로부터 1년 뒤인 2015년부터, 샤킬 오닐, 제니퍼 로페즈를 비롯한 무수한 유명인사들이 프로팀에 투자하기 시작하며 이른바 e스포츠의 골드러시가 시작되었다. 2016년부터는 전통 스포츠도 e스포츠의 골드러시에 전속력으로 뛰어들기 시작했다. NBA가 디지털 농구 리그인 NBA 2K 리그를 발표하자, 거의 모든 NBA 프랜차이즈 팀들이 수십만 달러의 연봉을 지급하면서 e스포츠 선수들을 영입해 예비 팀 로스터를 구성하였다.

이러한 e스포츠의 비상은 그저 빙산의 일각일 뿐이다. e스포츠의 비상을 진정으로 이해하려면 게임 문화 자체의 뿌리를 인식할 필요가 있다. 게임 초창기부터 e스포츠처럼 사람들 간에 경쟁하는 비디오 게임들이 존재했으며, 몇몇은 매우 훌륭했다. 우리는 이것들이 어떻게 존재했는지 이해하고 e스포츠가 진화할 수 있게 한 신흥 디지털 생태계를 분석해야 한다. 그리고 온라인 길드와 같은 과거의 게임 트렌드가 어떻게 오늘날 e스포츠 게임단으로 발전했는지 추적해서 밝혀야 한다. 과거를 알아야 e스포츠가 어느 날 갑자기 불쑥 튀어나온 것이 아니라는 것을 이해할 수 있다. 오히려 e스포츠는 인간의 유희가 디지털 전환을 거치며 겪은 꾸준한 트렌드의 한 부분이다.

그럼 처음부터 시작해보자. 하나의 공에서.

e스포츠의 진화를 거슬러 올라가 추적해보면 뜻밖의 기원을 발견

하게 된다. e스포츠는 십 대 청소년들이 어두운 지하실에서 파란 화면을 향해 소리를 지르면서 플레이하던 게임에서 시작된 것이 아니다. 영악한 게임사들이 자사의 최신 블록버스터 게임을 더욱 중독성 있게 만들기 위한 마케팅의 영향을 받은 것도 아니다.

e스포츠는 1947년 영국의 술집에서, 이전 핀볼 게임기를 약간 변형시킨 신형 핀볼 게임기에서 시작되었다.1 동전을 넣어 작동시키는 게임기는 이미 초기 슬롯머신 이래 존재하고 있었으며, 그 연도는 1894년, 어쩌면 심지어 더 이전으로 거슬러 올라간다. 1947년을 기준으로 이미 핀볼 게임기 자체는 등장한 지 10년이 넘었다. 그렇다면 대체 왜 1947년에 신형 핀볼 게임기가 영국의 한 술집에서 데뷔했을 때 영국 전역에 걸쳐서 크게 화제가 되었을까? 바로 플리퍼(Flipper)라 불리는 금속판이 달려있었기 때문이다!

이전의 핀볼 게임은 매우 단순했다. 금속 공을 게임기 중심부에 발사하는 것은 오늘날 핀볼과 같지만, 그게 전부였다. 금속 공이 핀과 범퍼 사이를 튕기다가 점수가 적힌 수십 개의 구멍 중 하나로 떨어지는 것을 그저 바라보기만 했다. 핀볼은 이런 초보적 수준의 플레이 이상으로 발전하지 않았다. 직접 두드리거나 흔들 수 있는 핀볼 게임기가 있기는 했다. 하지만 미국 정부를 비롯하여 다수의 사람은 핀볼은 카지노의 도박처럼 그저 운에 기대는 것으로 여겼다.2

그렇다면 어째서 영국 술집에 있는 핀볼에 플라스틱으로 만들어진 판을 추가했을 뿐인데 효과가 있었을까? 바로 컨트롤의 개념이 도입되었기 때문이었다.

인간은 운에 좌우되는 게임을 좋아한다. 룰렛의 색깔에 베팅하는 매우 단순하고 직관적인 게임이라도 재미있고 중독성이 있다. 하지만 세계 룰렛 대회가 없는 데는 이유가 있다. 기술이 배제되어 있기 때문이다. 하지만 컨트롤이 가능한 핀볼에서는 기술에 따른 새로운 가능성이 생긴다. 이제 술집 단골손님들은 단순히 핀볼을 바라보는 것이 아니라 높은 점수를 얻기 위해 기술로 조종하게 되었다. 기술은 e스포츠를 관통하는 첫 번째 원동력으로서 매우 간단하지만, 필수적인 요소이다.

e스포츠가 흥행하기 위해서는 다음과 같은 4가지 요소(이 책에서는 SCAR 요소라고 부를 것이다)가 필요하다.

기술(Skill) - 게임을 숙달하는 데 필요한 재능과 시간.

커뮤니티(Community) - 게임이 제작자와 팬으로부터 받는 지원.

접근성(Accessibility) - 게임을 구매하고 배울 때의 장벽.

보상(Rewards) - 게임을 잘하면 얻는 이점.

뒤에서 SCAR의 각 요소를 더 자세히 다루기에 앞서서, 일단 핀볼을 계속해서 살펴보자.

플리퍼의 도입으로 핀볼은 기술이 필요한 게임이 되었다. 런던 술집의 단골손님들이 발견했듯이, 핀볼을 잘하는 것이 가능해졌다. 핀볼 게임기에 있는 점수판의 숫자가 의미를 가지기 시작했다. 단골 술집에서 자신이 기록한 높은 점수는 마치 명예의 훈장과도 같았다.

영국 록그룹 더 후(The Who)가 1969년에 발표한 록 오페라 토미(Tommy)를 살펴보자. 이 록 오페라는 신체적 결함을 가진 소년인 토미가 핀볼 세계 챔피언이 되어 장애를 회복하는 감동적인 이야기다. 이 록 오페라의 메인 곡인 "핀볼 마법사"(Pinball Wizard)는 전 세계에 퍼진 핀볼 매니아를 위한 문화적 접점이 되었다. 이 이야기는 e스포츠의 여명과도 같다. 비록 가상적인 유명인사이기는 하지만 게임의 유명인사가 문화계에 미친 영향을 보여준다.

우리는 핀볼에서 시작한다. 인간의 본성, 그리고 인간이 중시하고 높이 평가하는 것은 변하지 않았다는 점을 강조하기 위해서이다. 심지어 1960년대에도 게임 기술을 향한 열망이 세계인의 마음을 사로잡을 수 있었다. "핀볼 마법사"는 오늘날에도 여전히 애호되고 있다. 게임에 관한 것이 아니라 게임을 하는 사람에 관한 것이기 때문이다.

"최초의 비디오 게임은 무엇인가?"라는 질문을 구글에 검색해보면 퐁(Pong)이 가장 먼저 나타난다. 퐁은 1972년 오락실용 아케이드 게임기로 출시된 게임으로, 핀볼이 디지털 방식으로 진화한 게임이다. 플레이어는 라켓을 연상시키는 '막대'를 위아래로 이동시켜 공처럼 생긴 흰색 '점'을 튕겨내며 상대방과 겨룬다.

하지만 사실 퐁은 최초의 비디오 게임이 아니다.

기술 전문가들은 제2차 세계대전 종전 이후 비디오에 기반을 둔 게임을 만들 궁리를 하고 있었다. 원래 독일군의 암호를 해독하기 위해 사용되었던 거대한 이진 컴퓨터(binary computer)를 암호 해독보다 덜 심각하면서도 암호 해독만큼이나 인상적인 새로운 용도로 바꾸었다. 사실상 최초의 쌍방향 비디오 게임인 버티 더 브레인(Bertie the Brain)을 만들어 후세에 이름을 남긴 사람은, 2차 세계대전 후에 토론토에 거주하고 있던 오스트리아인 요셉 케이츠(Josef Kates) 박사였다. 1950년 캐나다 국립 전시회에서 그 모습을 드러낸 버티 더 브레인은 기술적인 면에서 다소 어설펐다. 그러나 전시회 참석자들에게는 이런 점이 문제가 되지 않았다. 사람들은 자동화되어 있는 상대방(만약 최대한 난이도를 올리면 사람들이 이기기 불가능한)과 클래식 틱택토(Tic Tac Toe)(*역주: 두 명이 번갈아가며 O와 X를 3×3 판에 써서 같은 글자를 가로, 세로, 혹은 대각선 상에 놓는 사람이 승리하는 놀이)를 플레이하며 경이로워했다. 많은 비디오 게임 역사가들과 전문가들은 버티 더 브레인이 비디오 게임으로서의 적법성을 부정하기는 하지만 이 4미터 높이의 금속 거인이 쌍방향 미디어의 탄생을 위한 길을 닦은 것은 부정할 수 없다.3

뒤를 이어서 여러 혁신적인 비디오 게임이 등장했다. 1951년에는 특별 주문 제작된 슈퍼컴퓨터 님로드(Nimrod)가 수학적 전략 게임인 님(Nim)을 성공적으로 플레이했다. 곧 뒤이어 케임브리지 대학의 슈퍼컴퓨터 에드삭(EDSAC)은 버티 더 브레인의 전구 점등 방식에서 진보하여 컴퓨터 디스플레이에서 틱택토를 시뮬레이션했다. 1958년에는 브룩헤븐(Brookhaven) 국립 연구소에서 아날로그 컴퓨터와 오실로스코프를 활용하여 테니스 포 투(Tennis for Two)라는 테니스처럼 네트 위로 공을 넘기는 방식의 실시간 게임을 시연했다. 그러나 이러한 발전들은 앞으로 소개할 게임들에 비하면 그리 중요하지도 인상적이지도 않다.

1962년에 출시된 스페이스워(Spacewar!)는 게임 역사에서 매우 중요하다. 스페이스워 게임 자체 때문만이 아니라, 스페이스워를 가능하게 한 기술의 발전 때문이다. 이때까지 비디오 게임들은 작은 창고만큼의 공간을 차지하였다. 포장해서 크리스마스 트리 밑에 둘 수 있는 것이 아니었다. 그러나 1950년대 초에 트랜지스터의 발명과 함께 컴퓨터 기술이 크게 도약하였다. 트랜지스터라는 단어는 오늘날은 그리 인상적으로 들리지 않을 것이다. 그러나 트랜지스터는 오늘날 우리가 개인용 컴퓨터를 소유하게 된 주요 이유 가운데 하나였다.

컴퓨터는 수많은 전자 스위치들을 통해 작동한다. 전기 스위치가 신호를 껐다가 켜는 방식으로 2진 정보를 전달하면 컴퓨터가 이를 읽고 응답한다. 트랜지스터 개발 이전의 1세대 컴퓨터는 전구 크기의 유리관인 진공관을 사용하여 신호를 전송했기에 여러 한계에 부딪혔다. 1세대 컴퓨터가 작동하려면 무려 20,000개의 진공관이 필요했기에 많은 공간과 자원을 필요로 했으며, 설상가상으로 진공관은 전력 소모가 막대할 뿐만 아니라 시스템 오류가 발생하기 쉬웠다.

이에 반해서 트랜지스터는 진공관보다 훨씬 저렴했을 뿐 아니라, 훨씬 빠르고 손톱만큼이나 더 작았고 매우 안정적이었다. 트랜지스터의 등장으로 컴퓨터는 거의 모든 면에서 개선되었다. 즉 컴퓨터는 더 작고 더 빠르고 더 저렴해졌다.

그리하여 1961년에 디지털 이큅먼트 코퍼레이션(Digital Equipment Corporation: DEC)은 트랜지스터를 사용한 최초의 컴퓨터 중 하나인 PDP-1을 MIT의 수재들에게 보급했다. MIT 연구원 스티브 러셀(Steve Russell)은 새로운 컴퓨터의 혁명적인 성능 덕택에 이전에 갖지 못했던 시간적 여유를 가질 수 있게 되었다.

이전에 컴퓨터는 느렸기에 아주 한참이나 숫자를 처리해야 했다. 그러나 PDP-1은 아주 빠르게 정보를 처리했기 때문에 중요한 일을 처리하는 데도 그다지 많은 시간이 필요하지 않았다. 그래서 그것은 사용되지 않고 있을 때가 많았다.

러셀은 세계에서 가장 강력한 컴퓨터가 아무 작업도 하지 않고 있을 때 그 컴퓨터를 가지고 무엇을 할 수 있을까 고심했다. 1962년 러셀은 공상과학 소설에서 영감을 받아 동료 연구원 및 학생들과 함께 스페이스워를 만들었다. 이 게임은 특이했다. 단지 코딩 천재의 작품일 뿐만 아니라 님이나 틱택토같은 기존의 게임을 모방하려고 하지 않았기 때문이었다. 이 게임은 그 자체로 디지털 창조물로서, 우주에서의 공중전을 시뮬레이션하는 게임이었다.

스페이스워는 MIT의 연구원들 사이에서 폭발적인 인기를 끌었다. 그리고 트랜지스터의 마법 덕택에 컴퓨터가 널리 보급되면서 이 게임은 광범위하게 보급된 히트작이 되었다. 이 경이로운 스페이스워는 코드를 공유하거나 리버스 엔지니어링을 거치며 미국 전역에 있는 수십 대의 컴퓨터에 보급되었으며 전 세계의 컴퓨터 연구실 사이에서 마치 전염병처럼 널리 퍼졌다. 비디오 게임이 단순히 신기한 것을 넘어서서 세계 지배를 향해 첫걸음을 내디뎠다.

이제 e스포츠의 부상에 기여한 SCAR의 두 번째 요소인 접근성(Accessibility)에 대해 알아보자.

스페이스워는 누구나 접근할 수 있는 최초의 비디오 게임이었다. 트랜지스터 컴퓨터를 가진 사람들은 누구나 그 게임을 공유할 수 있었다. 스티브 러셀은 어디를 가든지 스페이스워를 가지고 다녔다. 1972년에 스탠퍼드 대학으로 가져갔을 때에 이를 접한 모두가 스페이스워에 매혹되어 스탠퍼드 대학의 인공지능연구소에서 자체적으로 스페이스워 대회를 개최할 정도였다.

이러한 '은하계 올림픽'(Intergalactic Olympics), 즉 스페이스워 대회는 세 종목으로 구성되었다: 5인 데스매치, 2인 듀오, 1대1 토너먼트. 이 창립 대회에서 우승한 사람은 롤링 스톤(Rolling stone) 잡지의 1년 구독권을 상품으로 받았다.

게임을 하면서 오후를 보내고 있던 십여 명의 대학원생들은 자신들이 역사를 만들고 있다는 점을 느끼지 못했을 것이다. 그러나 그들은 역사를 만들고 있었다. 이러한 은하계 올림픽은 비디오 게임이 단순히 혼자 플레이하는 것이 아니라 도전할 가치가 있는 것임을 시사했다. 사상 처음으로, SCAR의 세 번째 요소인 커뮤니티(Community)가 비디오 게임을 중심으로 형성되었다. 비록 그 범위는 좁더라도 말이다. 이 은 하계 올림픽에서 진정 중요한 것은 약간의 상금이 아니라 전투에서의 동료애였다.

그렇다면 구글에 "최초의 비디오 게임"을 검색하면 왜 퐁(Pong)이 가장 먼저 나올까? 퐁이 스페이스워보다 훨씬 접근성이 좋았기 때문이다. 스페이스워는 오직 컴퓨터를 사용할 수 있는 특권적인 지식인층 사이에서 선풍적인 인기를 끌었다. 비디오 게임이 진정으로 발전하기 위해서는 저비용 제작을 통한 대량 보급이 필요했다.

스페이스워를 일반 대중에게 보급하는 난제가 스페이스워의 신봉자였던 빌 피츠(Bill Pitts)와 휴 턱(Hugh Tuck)에게 떨어졌다. 그들의 접근법은 직접적인 것으로서, PDP 컴퓨터를 아케이드에 설치하는 것이었다. 그러나 당장 문제가 발생했다. 1972년에 당시 가장 저렴한 PDP 컴퓨터도 2만 달러(오늘날은 약 125,000달러) 이상이었다.

그 두 사람은 비싼 컴퓨터 가격을 스페이스워 아케이드 게임기의 인기로 만회할 수 있을 것으로 기대했다. 그러나 간단히 말하자면, 25센트 동전만으로는 수지타산이 맞지 않았다. 6만 5천 달러의 빚을 지고 여전히 가격 문제를 해결할 수 없었던 그들은 결국 두 번째 프로토타입의 생산을, 그리고 공상과학의 전설을 퍼뜨리겠다는 그들의 꿈을 포기했다.

게임이 대중화되기 위해서는 누군가가 게임을 더 싸게 제작하는 방법을 찾아내야만 했다.

이럴 때 놀런 부슈널(Nolan Bushnell)과 테드 데브니(Ted Dabney)가 등장했다. 이 용감한 두 사업가는 담보대출을 받지 않고도 획득할 수 있는 아케이드 게임기 프로토타입의 제작에 착수했다. 그들이 찾아낸 돌파구는, 컴퓨터를 통째로 이식하는 대신 게임을 플레이할 수 있는 맞춤형 하드웨어를 제작하는 것이었다.

　과연 성공할 수 있었을까?

　1971년 스페이스워의 상업적 출시를 가장 잘 표현할 수 있는 말은 "밋밋하다(lackluster)"일 것이다. 기껏해야 1,500개가 팔렸다. 그 아케이드 기계는 완전히 실패한 것은 아니었지만, 당시 일반적인 핀볼 게임기가 평균적으로 약 2,000개 판매되는 것과 비교한다면 아쉬운 판매량이었다.

　스페이스워의 약진을 가로막은 것은 무엇이었을까? 그 답은 여전히 접근성이었다. 그러나 이전과는 그 종류가 달랐다.

　스페이스워의 가격이 소비자가 감당할 만했다고 해서 스페이스워가 플레이할 만했다는 것을 의미하지 않았다. 그 게임의 조작 방식은 비직관적이고 복잡했다. 특히 이전에 컴퓨터를 접해본 적이 없었던 평균적인 이용자들에게는 더욱 그러했다. 스페이스워의 마케팅에서 게임에 대한 홍보 외에도 게임의 조작법을 가르쳐야 했다. 또한 스페이스워의 제조업체인 너팅 어소시에이츠(Nutting Associates)가 마케팅에 서툴렀던 문제가 겹쳤다.

　놀런과 테드는 포기하는 대신에 개선하려는 노력을 시작했다. 스페이스워 판매로 개인적으로 벌어들인 150,000달러로 본인들 소유의 독립적인 회사를 설립했다. 그들은 회사 이름을 아타리(Atari)로 정했는데, 아타리라는 용어는 동아시아의 인기 보드게임인 바둑의 용어 '단수'(일본어로는 아타리)에서 따온 것으로서, 일본어에서는 단수라는 의미 외에 '행운의 당첨'이라는 의미도 있다.

그 두 동업자는 초보자도 쉽고 직관적으로 조작할 수 있는 새로운 게임을 개발하기 시작했다. 처음에는 우주선 조종보다 자동차 운전이 더 직관적이라 생각하여 레이싱 게임을 개발하려 했다. 그러나 최초의 가정용 비디오 게임기인 마그나복스 오디세이(Magnavox Odyssey)의 탁구 게임 데모 버전을 본 후, 영감이 떠올랐다. 놀런은 첫 아타리 직원인 앨런 알콘(Allan Alcorn)에게 아타리의 첫 번째 게임으로 탁구 게임의 개선된 버전을 개발하도록 지시했다. 그리고 퐁이 탄생했다.

퐁은 최초의 비디오 게임이라고 종종 인용된다. 퐁은 널리 플레이된 최초의 비디오 게임이기 때문이다. 아타리는 초기에 약 8,000개의 아케이드 게임기를 팔았다. 그러나 퐁의 가장 인상적인 성공은 판매된 개수가 아니라 그 게임의 인기였다.

퐁은 1970년대 초반 한창이었던 핀볼 열풍과 경쟁했다. 성공적인 핀볼 게임기는 주당 약 50달러의 수익을 올렸다. 하지만 퐁 아케이드 게임기는 아주 인기가 있어서 핀볼 게임기의 기록을 깨고 주당 거의 300달러를 벌었다. 하루에 20명이 핀볼 게임기를 이용하는 동안 퐁에는 무려 120명 이상이 몰렸다. 거의 하룻밤 사이에 퐁은 지구상에서 가장 인기 있는 아케이드 게임이 되었다. 핀볼 게임기는 나가떨어졌다. 아케이드 게임이야말로 미래였다.

스페이스워의 은하계 올림픽으로 촉발되었던 커뮤니티도 급속히 커질 기미를 보였다. 경쟁하는 게임이 흥행에 성공하기 위한 요소들이 심지어 1970년대 초반부터 형성되기 시작했다. 갈 길이 멀지라도 전망은 긍정적이었다.

심지어 이미 1970년대에도 현대 e스포츠를 이끄는 4가지 SCAR 요소 중 3가지(기술, 커뮤니티, 접근성)가 등장하기 시작했다. 우리들의 여정이 시작되었다.

가정용 비디오 게임기

현대 사회의 근간이 되는 현상 중의 하나는 사람들이 재택 활동을 선호한다는 것이다. 넷플릭스에서 아마존에 이르기까지 오늘날 세계에서 가장 가치 있는 기업들은 사람들이 좋아하는 것을 문 앞까지 배달하는 편의성을 중심으로 구축되었다.

1970년대의 사람들도 다르지 않았다. 퐁이 인기를 얻기는 했으나 집에서도 퐁을 즐길 수 있다면 더욱 인기 있을 것이었다. 이로 인해 게임의 접근성이 비약적인 발전을 앞두고 있었다.

사람들이 게임의 마법을 깨닫자 기업들은 누구나 거실에서 즐길 수 있는 합리적 가격의 게임기를 설계하고자 했다. 수요는 확실했다. 좋아하는 아케이드 게임을 소파에서 편안하게 즐기는 것보다 더 좋은 것이 있을까?

1972년에 TV 제작 업체인 마그나복스(Magnavox)는 최초의 진정한 가정용 비디오 게임기인 마그나복스 오디세이(Magnavox Odyssey)를 출시했다. 오디세이는 결정적인 점에서 이전의 경쟁 제품들과 달랐다:

별도의 디스플레이가 필요했던 이전의 아케이드 게임기와는 달리 게임기를 일반 TV에 연결하기만 하면 되었다. 갑자기 아케이드 게임기가 이제는 쓸모없는 것으로 보였다. 이제 사람들은 일요일에 느긋하게 일어나 집에서 모험의 스릴을 즐길 수 있게 되었다.

TV에 연결하는 게임기는 단순히 사람들이 거실에서 게임을 플레이할 수 있다는 장점만을 가진 것이 아니었다: TV에 연결하는 특징 덕분에 게임기의 가격도 낮아졌다. 이제는 게임기와 더불어 거추장스러운 벡터 디스플레이를 사기 위해 돈을 쓸 필요가 없어졌다. 사람들은 이미 소유하고 있는 TV를 활용하여 저렴한 가격으로 더 좋은 시각적 경험을 할 수 있게 되었다.

마그나복스 오디세이는 99.99달러, 마그나복스 TV와 함께 구입할 경우 49.99달러라는 믿기 어려운 가격으로 데뷔했다. 당연히 가정용 게임기 시장이 폭발적으로 성장했다. 오디세이는 1972년 첫해에만 10만대까지 팔렸다. 그리고 아타리도 경쟁에 뛰어들었다. 아타리는 가정용 퐁 게임기를 발매한 1975년 첫해에만 크리스마스 연휴까지 15만대를 판매했으며, 1977년까지 무려 40만대를 판매했다.

당연히 기업들은 가정용 비디오 게임기 시장의 팽창에 많은 관심을 보였고 막대한 투자를 하였다. 실제로 이후 10년 동안 수십 종류의 비디오 게임기와 수백 개의 새로운 게임이 출시되었다. 스티브 워즈니악(Steve Wozniak)과 스티브 잡스(Steve Jobs)가 설계한 브레이크아웃(Breakout)부터 전설적인 슈팅 게임인 스페이스 인베이더(Space Invaders)에 이르기까지 게임 산업은 폭발적으로 성장했다.1

하지만 이 순탄한 시기에도 여러 위험 요소들이 숨겨져 있었다. 1970년대 내내 그래픽은 더 좋아지고 하드웨어는 더 저렴해졌지만, 근본적으로 게임 그 자체는 초기 단계에서 벗어나지 못했다. 1970년대는 품질보다 참신함이 더 중요했다. 게임의 품질보다는 TV로 게임을 하는 스릴이 더 중요했다.

간단히 말해서 1970년대에 만들어진 게임 대부분은 SCAR의 요소들 가운데 바로 기술이라는 요소가 특히 부족했다. 당시 게임들은 비교적 단순했다. 게임들을 플레이하는 데 약간의 재능이 필요하더라도, 기술 향상에 따른 보상이 적었다. 일단 TV로 게임을 플레이한다는 경이로움이 사라지면, 드래그스터(Dragster, *역주: 모터스포츠의 직선 주로 경주를 게임화한 것으로, 정확한 타이밍에 기어 변속 버튼을 누르는 게임이다)의 경우처럼 그저 하나의 버튼만을 누르는 것이 전부였다.

가정용 비디오 게임기 시장에 거품이 생겼었고, 그 거품은 터지기 일보 직전이었다.

1982년까지 아타리, 마그나복스, 콜레코(Coleco), 마텔 일렉트로닉스(Mattel Electronics) 등 수많은 가정용 비디오 게임기 제작사가 등장했다. 이 제작사들 모두가 각자 게임기들을 생산했지만, 각각의 게임기들은 타 업체의 기종과 호환되지 않았다. 게다가 비디오 게임기 제작사 외에도 서드파티(third party, *역주: 비디오 게임기 제작사에게 라이선스를 받아 해당 게임기의 게임을 제작하는 회사)가 개발한 게임들이 마구 양산되면서 심각한 품질 결함이 종종 발생했다.2

게임 산업의 기반이 되는 소비자들이 파편화되고 혼란스러워하면서 특유의 리스크가 초래되었다. 당시 게임 제작사들은 각 제품의 판매 사이클의 시기를 고려하면서 수요를 예측하여 제품을 생산해야만 했기 때문에 리스크는 더욱 커졌다. 게임 산업이 급속하게 성장했기 때문에 게임 제작사들은 최대한 많이 만들어야 한다는 분위기에 휩싸여 있었다. 성장은 끝없이 계속될 것처럼 보였다.

1982년 이후의 2년은 게임의 대참사였다. 3년 미만의 시기 동안에, 비디오 게임 산업의 연간 수익은 1982년 250억 달러의 정점에서 1985년에는 100억 달러의 최하점까지 60%가 감소했다. 한때 뜨거웠던 가정용 비디오 게임기 산업은 고사 직전에 이르렀다. 이는 전체 게임 시장 쇠퇴의 일부였다.

최악의 비디오 게임 E.T.

1982년에 제작된 악명 높게 끔찍한 게임들 중의 하나가 아타리가 영화 E.T.(The Extra Terrestrial)를 비디오 게임으로 각색하여 내놓은 게임이다. 원래는 야심적이고 혁신적인 프로젝트로 구상되었지만 라이센스 협상이 지연되면서 게임을 개발할 수 있는 기간은 2개월도 채 안 되었다. 이 게임은 큰 성공을 거둘 것으로 예상되었지만, 품질이 아주 조악해서 수백만 개의 카트리지가 재고로 남아 뉴멕시코 사막에 묻혔다. 오늘은 E.T.는 최악의 게임 중 하나로 기억된다.

당시 게임 업계는 여러 문제에 직면해 있었다. 가정용 컴퓨터가 대두하여 비디오 게임기의 자리를 위협했고, 모조 게임들이 범람했고, 인가받지 않은 공급업체들이 난립했다. 심지어, 아이러니하게도 비디오 게임기로 인해 아케이드 게임기 시장의 인기가 하락했다.

그러나 가장 큰 문제는 단순했다. 게임이 형편없다는 것이다. 핀

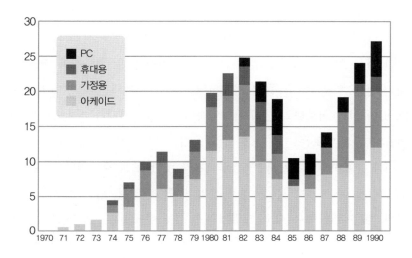

1970년부터 1990년까지 연도별 비디오 게임 수익(단위: 10억 달러). 1982년부터 1985년까지 단 3년만에 비디오 게임 시장이 크게 무너졌다.

볼 기계 초창기에 플리퍼의 개발이 그랬던 것처럼 비디오 게임 산업에 혁신이 필요했다.

비디오 게임 산업의 구세주는 다름 아닌 '운명의 손', 즉 일본의 브랜드인 닌텐도(任天堂)(*역주: 닌텐도는 "일이 성공하고 실패하는 것은 하늘에 맡기고 하는 일에 최선을 다한다"는 의미이며, 이를 운명의 손이라고 부르기도 한다)였다는 것은 믿을 수 없는 우연의 일치였다.

1889년에 설립된 닌텐도는 비디오 게임 산업을 재편할 후보자로 보이지 않았다. 닌텐도는 거의 70년 동안 화투와 트럼프 카드를 생산하는 회사로 유명했지만, 전자 제품과는 관련이 없었다.

도쿄에 소재한 시젠칸 대학(Shizenkan University)의 설립자이자 저명한 학자인 토모 노다(Tomo Noda)는 다음과 같이 설명한다: "일본에서 1970년대는 거대한 성장의 시대였습니다. 끝없는 도전 의식과 지속적인 혁신 의식이 있었으며, 이런 의식 속에서 많은 회사들이 전후 세계 시장을 위해 스스로를 재창조하였습니다. 닌텐도는 이렇게 혁신하고 있던 일본 회사들 가운데 하나였습니다. 일본 전체가 리빌딩하고 있었습니다. 닌텐도는 자사가 카드 회사가 아니라 게임회사라고 생각했습니다. 1980년대 초반에 게임계의 가장 핫한 트렌드는 비디오 게임기였습니다. 더군다나 일본은 전자 산업의 중심지였고, 일본 기업들은 더 일찍, 더 저렴하게 비디오 게임기의 혁신을 추구할 수 있었습니다. 닌텐도와 비디오 게임기의 만남은 미친 것 같아도 실은 완벽한 만남이었습니다."

1981년에 닌텐도는 서드파티로서 게임 시장에 뛰어들어, 게임 시장 붕괴 직전에 두 개의 게임을 출시했다. 특히 그중 하나인 동키콩(Donkey Kong)은 전설로 남았다. 오늘날에도 많은 사람들이 동키콩 최고 점수 기록을 두고 치열하게 경쟁하고 있으며, 심지어 이를 두고 부정행위 논란이 생기기도 했다. 2007년 개봉한 킹 오브 콩(King of Kong)이라는 다큐멘터리에서는 동키콩 최고 점수 기록을 둘러싼 사람들의 경쟁을 다루고 있다.

동키콩은 닌텐도가 게임 설계에 타고난 재능을 가지고 있음을 입증했다. 동키콩은 기술이 필요한 게임이다. 오늘날의 기준으로 본다면 많은 기술을 필요로 하는 것은 아니지만, 1980년대 기준으로 보면 충분했다.

신화적인 일본 동전 위기

1980년, 스페이스 인베이더(Space Invaders)가 전 세계에 출시되었다. 이 게임은 모든 곳에서 흥행을 거두었지만, 특히 일본에서 큰 인기를 끌었다. 이 게임이 커다란 인기를 끌면서 일부 신문에서는 이 게임으로 인해 100엔 동전이 부족하다고 보도하기 시작했다. 이런 주장은 억지스러운 것이지만, 여전히 일부 경제학자들은 스페이스 인베이더로 시작한 1980년대 아케이드 열풍으로 인해 100엔 동전 품귀 현상이 벌어지면서 일본 정부가 동전을 엄청나게 찍어내야 했다고 이야기한다. 사실이든 허구이든, 이 이야기는 전성기 아케이드의 엄청난 인기를 보여준다.

그러나 닌텐도가 게임 업계에 뛰어든 타이밍은 최악이었다. 동키콩의 성공으로 닌텐도는 가정용 비디오 게임 시장에 본격적으로 뛰어든 순간, 가정용 비디오 게임 시장의 버블이 터졌다.

닌텐도는 한 가지 독특한 이점이 없었더라면 망했을 것이다. 닌텐도는 최초의 가정용 비디오 게임기인 패미컴(Famicom: 패밀리 컴퓨터의 약자)을 전 세계에 출시한 것이 아니라 일본에 출시했다.

1983년 일본은 독특한 위치에 있었다. 일본은 세계에서 세 번째로 큰 거대한 내수 시장과 사치품 소비를 가능하게 하는 급격한 임금 상승률을 뽐내고 있었다. 닌텐도는 전 세계로의 수출 없이 오직 일본에서의 제품 판매만으로도 충분했다. 일본 자동차 회사가 내수를 바탕으로 세계 자동차 시장에서 군림했던 것처럼, 닌텐도도 내수를 바탕으로 세계 비디오 게임 시장에서 군림할 수 있었다.

패미컴은 일본에서 폭발적인 인기를 얻기 시작했다. 출시된 지 2년 만에 수백만 대의 비디오 게임기를 판매했다. 이러한 성공에 고무된 닌텐도는 상상도 할 수 없는 일을 했다. 최악의 게임 시장 붕괴가 발생한 그 시점에, 패미컴을 재설계하여 제작한 닌텐도 엔터테인먼트 시스템(Nintendo Entertainment System: NES)을 미국에 출시할 준비를 했다. 심지어 게임 시장이 최악으로 붕괴한 상황에서, 닌텐도는 어떻게 이런 기적을 이뤄냈을까?

닌텐도는 그 게임기의 새로운 이름에 걸맞게, 패미콤을 국제시장에 맞게 다시 디자인하여 엔터테인먼트 시스템을 만들어냈다. 닌텐도는 크게 두 가지 사항을 개선했다.

첫째, 닌텐도는 게임기에 넣는 "장난감 같은" 게임 카트리지를 디자인했다. 가정용 비디오 게임기가 처음 나왔을 때부터 게임 카트리지가 존재하기는 했지만, 메모리나 게임 저장 장치가 아니라 그저 게임기에 내장된 소프트웨어를 작동시키는 스위치에 불과한 경우가 많았다. 닌텐도는 게임기와는 별도로 게임을 판매하는 아이디어를 처음으로 고안하지는 않았다. 그러나 닌텐도는 게임을 쉽고 재미있게 교환할 수 있는 오늘날의 카트리지 시스템을 완성한 최초의 회사였다.

왜 일본인가?

패미콤의 성공은 비디오 게임의 초기 역사가 일본 회사들에 의해 지배된 이유이기도 하다. 1988년까지 닌텐도의 게임기는 큰 성공을 거두어 닌텐도는 전 세계 게임 시장 수익의 약 70%를 차지하였다. 닌텐도는 사실상 게임 시장을 장악했다. 그리고 닌텐도가 일본 회사였기 때문에 게임 인프라도 일본이 장악했다.

그 결과, 세가(Sega), 코나미(Konami), 캡콤(Capcom), 스퀘어(Square), 소니(Sony)와 같은 일본 기업들도 닌텐도와 동일한 인재풀과 공급망을 활용하며 함께 진화하였다. 심지어 80년대와 90년대 일본의 침체기에도 일본 가계의 막대한 소비력은 내수라는 안전망을 창출했고, 이런 안전망을 바탕으로 해외 팽창에 투자할 수 있었다. 그리고 무엇보다도 게임 산업은 국가적 자부심을 불러일으키는 것이 되면서 정부가 직간접적으로 게임 산업을 지원하게 되었다.

초기 비디오 게임을 일본이 지배한 것은 일종의 실리콘 벨리의 원형과도 같다. 일본은 혁신을 주도하는 인재와 인프라가 모여있는 지리적 클러스터였다. 그리고 일본 기업들은 수십 년 동안 이러한 이점을 활용했다. 심지어 2002년에도 일본은 세계 게임 시장의 50%를 차지했다.3 심지어 오늘날에도 닌텐도의 스위치나 소니의 플레이스테이션과 같은 일본 기업들의 비디오 게임기들은 여전히 현대 게임의 주류를 차지하고 있다.

둘째, 닌텐도는 소비자가 구매한 모든 게임을 신뢰할 수 있도록 게임 생태계 전반에 걸쳐 엄격한 품질 관리를 도입했다. 출시되는 모든 게임에 대해서 닌텐도 품질 인증(Nintendo Seal of Quality)을 의무화했으며, 또한 서드파티를 엄격하게 규제하여 일정 이상의 퀄리티를 갖춘 게임에만 닌텐도 라이선스 제공 및 개발을 허가하였다. 닌텐도 품질 인증은 라이선스가 없는 서드파티 혹은 해적 기업들이 카트리지를 복제하거나 저질의 게임 카트리지를 제작하는 것을 어렵게 만들었다.

이 두 가지 전략적 결정으로 닌텐도는 경쟁 기업보다 질적으로 훨씬 우수한 제품들을 만들었으며 소비자의 만족도가 크게 개선되었다. 그 결과 닌텐도는 면도기-면도날(Razor-blade) 사업 모델을 효과적으로 채택할 수 있었다.

면도기-면도날 모델에서, 소비자는 싼 가격에 한 차례 기본 제품인 면도기(닌텐도의 경우는 게임기)를 산다. 그러나 제조업자는 기본 제품

을 싸게 판매한 대가를 미래의 판매, 즉 소모품인 면도날(닌텐도의 경우
는 게임들)에 높은 마진을 붙여 판매하여 기본 제품을 싸게 판 대가를
찾게 된다. 기본 제품의 가격을 낮게 책정함으로써 제조업자는 단기적
이익을 희생시키는 대신 자사 제품에 대한 접근성을 향상하고, 그 결과
시장 점유율이 높아지고 장기적인 이익도 증가하게 된다.

면도기–면도날 모델은 e스포츠의 비상을 이해하는 데에 매우 중
요하다. 4개의 SCAR 요소들이 전체적으로 볼 때 e스포츠의 비상을 결
정짓는 요소였듯이, 4개의 BAMS 모델은 게임 업계에서 회사들 성공의
순위를 정하는 것이다. BAMS 모델은 다음과 같다.

면도날(Blades) - 우리가 방금 살펴본 면도기–면도날 수익 모델
을 의미한다. 이 모델에서는 플랫폼(비디오 게임기)에 보조금을 제공하
는 대신 장기적인 판매를 보장하는 시장 점유율을 확보한다.

광고 및 자산(Advertising and assets) - 전통 스포츠처럼 광고 및
방송권 판매를 통해 전통 스포츠처럼 수익을 창출하는 미디어 수익 모
델이다.

부분 유료화(Microtransactions) - 면도기–면도날 수익 모델의 진
화된 형태이다. 이 모델에서 게임 자체가 판매 플랫폼(sales platforms)
이 되어, 게임 플레이를 개선할 수 있는 사항을 판매해서 수익을 창출
한다. 부분 유료화는 모바일 업계에서 크게 대중화되었다. 게임을 저가
로 판매하는 것을 넘어서 심지어 무료 다운로드(소위 "freemium"이라고
도 불림)를 제공하기도 한다.

구독(Subscriptions) - "잡지 스타일"의 수익 모델이다. 이 모델에
서 고객은 특정 게임을 '구독'하고, 발전된 콘텐츠에 정기적으로 접근하
는 대가로 정기적으로 수수료를 지불한다. 수수료는 주로 1년 단위이

며 선불로 지불한다.

닌텐도는 면도날 수익 모델을 완성했기 때문에, 경쟁사보다 더 많은 수익을 올리고 질적 향상을 이룩할 수 있었다. 이렇게 되자, 게임에 대한 접근성이 향상되었고, 소비자는 게임기를 더 저렴하게 구입하고 더 쉽게 재미있는 게임을 찾을 수 있게 되었다. 게임 산업의 부흥에 대한 닌텐도의 공헌은 이뿐만이 아니었다. 품질 보증 프로그램을 제도화하기로 한 결정 또한 중요하면서도 부수적인 효과를 가져왔다. 품질 보증 프로그램의 제도화는 더 나은 게임으로 이어졌다.

아케이드에서 게임의 수익성은 시간당 게임 횟수에 의해 결정된다. 게임 횟수가 많을수록 더 많은 수익이 발생한다. 수익 측면에서 우수한 게임은 단순하면서도 순환이 빠른 게임이었다. 즉, 플레이어가 빨리 죽을수록 수익이 높았다.

닌텐도 엔터테인먼트 시스템 출시 이전의 가정용 비디오 게임기 대부분은 본질적으로 아케이드 게임들과 다름없었다. 달리 말하면, 반복적으로 즐기기 위한 게임이 아니라, 빠르고 일회적으로 즐기는 게임이었다. 가령 퐁과 스페이스 인베이더는 게임에 몰두할 수 있는 시간이 충분하다면 그다지 만족스럽지 못했다. 소비자는 집에서 몰입하고 숙달할 수 있는 게임을 원했다. 간단히 말해서 소비자들은 기술이 필요한 게임을 원했다.

닌텐도는 품질 보증을 통해 게임사(닌텐도와 라이선스를 받은 서드파티 모두)가 아케이드 게임의 일회적인 즐거움이 아닌, 장기적이고 깊이 있고 더 복잡한 경험을 즐길 수 있는 게임을 만들도록 요구했다. 게임은 아직 스포츠는 아니었지만, 엔터테인먼트로서 성숙하고 있었다.

따라서 닌텐도 엔터테인먼트 시스템의 미국 출시가 거의 기적이나 다름없었다는 것은 놀라운 일이 아니다. 대부분의 게임사가 문을 닫고 있던 반면에, 닌텐도 엔터테인먼트 시스템은 시장에 출시된 첫 몇 주만에 수만 대를 판매했다. 그리고 몇 년 안에 닌텐도 엔터테인먼트 시스템은 미국에서만 수천만 장의 판매고를 올렸고, 해외의 수많은 지역에 성공적으로 출시했다. 닌텐도 엔터테인먼트 시스템은 혼자서 비디오 게임 시장을 부활시켰고, 닌텐도는 세계적인 엔터테인먼트 거물이 되어 오늘날도 이 지위를 유지하고 있다.

여러 가지 점에서 현대 게임은 닌텐도와 함께 시작되었다고 해도 과언이 아니다. 사상 처음으로 젤다, 마리오와 같은 상징적인 게임 캐릭터가 탄생했다. 우리는 오늘날 이러한 영웅들과 그들의 이야기들을 잘 알고 있다. 이 캐릭터들은 이제 일회성의 경험 이상의 것이기 때문이다. 이 캐릭터들은 지속적인 엔터테인먼트 브랜드였다.

닌텐도의 성공으로 모방, 혁신, 그리고 배신이 난무하는 비디오 게임기 전쟁이 시작되었다. 세가와 소니 등 다른 회사들이 비디오 게임기 시장에 뛰어들었다. 그 후 20년 동안 게임 산업에서 소위 "비디오 게임기 전쟁"이 벌어졌다. 이 기간에 하드웨어 성능, 게임 디자인, 그리고 마케팅(특히 세가의 경우)에서 지속적인 혁신이 일어났다.

비디오 게임기 전쟁은 근본적 변화가 아닌 점진적 개선에 초점을 맞추었기 때문에, 본서의 목적이라는 측면에서 보면 큰 의미는 없다. 예를 들어, 16비트에서 32비트, 64비트 그래픽으로의 점프는 그 당시에는 믿을 수 없는 커다란 진보로 보였겠지만, "많을수록 좋다"는 명백한 통찰력을 넘어서는 역사적 가치는 거의 없다.

닌텐도가 하지 못하는 것(NINTENDON'T)

1989년에 닌텐도의 가장 큰 라이벌이었던 세가는 제네시스(Genesis)(특정 국제시장에서는 메가 드라이브(Mega Drive)라고도 불림)를 출시하며 가정용 비디오 게임기 시장에 뛰어들었다. 세가가 닌텐도의 지배에 도전하여 괄목할 만한 성공을 거둔 한 요인은 "제네시스는 닌텐도가 하지 못하는 것을 해냅니다"라는 슬로건이었다. 해당 마케팅 내용이 사실인지에 대해서는 여러 논란이 있지만, 결과적으로 이러한 마케팅 전략은 효과를 거두어 메가 드라이브는 닌텐도보다 더 강력하고 뛰어난 플랫폼이라는 제품 이미지를 만들어내었고 다소 나이가 있는 게이머들에게 인기를 끌었다. 이런 마케팅으로 일련의 비디오 게임기 전쟁에서 최초의 갈등이 벌어졌으며, 비디오 게임기 전쟁은 오늘날까지 계속되고 있다.

비디오 게임 산업은 닌텐도 엔터테인먼트 시스템이 제시하는 방향을 따라갔다. 그 후 20년 동안 그래픽이 화려해지고 게임은 길어졌으며 비디오 게임 기기가 개선되었지만 근본적으로는 크게 변하지 않았다.

그러나 닌텐도 열풍이 미국을 휩쓸고 있던 때, 유럽 핵 연구 기구(European Organization for Nuclear Research, CERN)의 예상 밖의 혁신이 게임의 새로운 개척지를 만들고 있었다. 당시에는 아무도 이 기술 변화가 게임과 연결될 것으로 생각하지 않았다. 하지만 인터넷 혁명이 다가오고 있었다.

Chapter 03 인터넷과 커뮤니티

1989년에 유럽 핵 연구 기구에 근무하는 팀 버너스리(Tim Berners-Lee)는 학술 데이터를 빠르게 공유할 방법을 찾다가 인터넷을 발명했다. 인터넷은 유럽 핵 연구 기구에 있는 그의 실험실에서 빠르게 확산되어 현대 세계를 완전히 변화시켰다.

인터넷은 1990년대 초에 AOL(America Online)을 통해서 많은 서구의 가정에 보급되었다. AOL로 인터넷을 연결할 때마다 모뎀 특유의 다이얼 음과 함께 "메일이 도착했습니다!(You've got mail!)"라는 악명높은 소리가 울려 퍼졌다. AOL은 아주 인기가 있었으며, 심지어 한때는 전 세계에서 생산된 CD의 절반에 AOL 로고가 새겨져 있을 정도였다.1

그러나 AOL은 1985년에 설립되었고 버너스리의 획기적인 발명은 1989년에 일어났다. 그렇다면 AOL은 인터넷이 존재하기 전 4년 동안 무엇을 하고 있었을까? 그 답은 바로 비디오 게임이다.

지금까지 e스포츠의 부상에 필요한 4가지 SCAR 요소들 가운데 두 가지인 기술과 접근성에 대해 자세히 논의했다. 이제 우리는 세 번째 요소인 커뮤니티에 대해 더욱 자세히 살펴볼 것이다. 커뮤니티는 모든 경쟁, 즉 e스포츠의 기초이기에 중요하다. 그리고 1985년 AOL이 게이머들에게 제공한 것은 바로 커뮤니티였다.

1985년 AOL의 전신인 퀀텀 컴퓨터 서비스(Quantum Computer Services)는 가정용 컴퓨터 및 비디오 게임기에서 멀티플레이어 게임들을 즐길 수 있도록 게임 네트워크를 연결하는 퀀텀 링크(Quantum Link) 서비스 사업을 시작했다. 1980년대에 사용할 수 있는 서비스 중에서는 최고였으나 그 서비스는 좋지 않았다. 당시 게임들이 일회적인 경험에 가까웠기에, 게이머가 서로 경쟁할 수 있도록 연결하는 사업은 산업을 변화시키는 혁신이 되지 못했다. PlayNET(*역주: 퀀텀 링크 서비스 사업의 네트워크 연결 시스템)은 컴퓨터들이 서로 연결하는 방법을 알고 있었으나, 게임들은 이런 기술들을 적절하게 이용할 수 있는 게임들이 없었다. AOL은 해당 사업에서 빠르게 선회하여 가정용 컴퓨터를 연결하는 인터넷 보급 사업에 종사하기 시작했고, 인터넷의 대중화를 이끄는 거인이 되었다.

그러나 AOL이 비록 게임 네트워크 사업에서 철수했지만, 현대 온라인 세계의 기반을 닦았다. 그리고 무엇보다 AOL은 당시 완전히 새로운 장르의 게임인 대규모 멀티플레이어 온라인 게임(MMOs, Massive Multiplayer Online Games)의 관문이 되었다는 점에서 중요하다고 할 수 있다.

1986년 AOL의 퀀텀 링크 서비스는 루카스필름(Lucasfilms)과 제휴하여 최초의 온라인 롤 플레잉 게임인 서식지(Habitat)를 제작했다. 이 게임은 실패하여 게임 역사에 고전 게임으로서 기록되지 않았지만, 1986년에도 정보 격차를 넘어 다른 사람들과 놀라운 게임 세계에 살고자 하는 분명한 열망이 있었다는 것을 보여준다.

머드에 빠지다(GETTING MUDDY)

MUD(Multi User Dungeon) 장르는 현대 대규모 멀티플레이어 온라인 게임(MMO)의 또 다른 중요한 선구자였다. 1975년, 윌 크로저(Will Crowther)가 개발한 거대한 동굴 모험(Colossal Cave Adventure)을 기원으로 하는 MUD는 근본적으로 텍스트 기반 어드벤처 게임으로서, 던전 앤 드래곤(Dungeons and Dragons)을 모델로 해서 만들어졌지만 중요한 차별화 요소가 있다. 바로 플레이어가 다른 플레이어와 대화하고, 많은 경우 상호작용도 할 수 있다는 점이다. MUD는 본질적으로 텍스트 기반의 롤 플레잉 게임과 결합된 채팅방이었으며 1970년대 대학 컴퓨터 연구실에서 매우 인기가 있었다. 이 마이너한 장르 내에서 가장 인기 있는 게임 중 하나였던 MUD1의 슬로건은 다음과 같았다: "당신은 MUD에서 죽을 때까지는 (현실에서) 살아있는 것이 아닙니다." 비록 당시 기술적인 한계로 지역 네트워크(Local network)에서만 실행되었기에 캠퍼스에서 면식이 있는 사람들끼리만 MUD를 즐겼지만, 사상 처음으로 플레이어들은 온라인 세계에서 친구들을 사귀고 심지어 사랑에 빠졌다. 진정한 게임 커뮤니티의 시작이었다.

당시 서식지(Habitat), 메이즈 워(Maze War), MUD(Multi User Dungeon) 등이 제시한 대규모 멀티플레이어 온라인 게임(MMO) 장르의 혁신은 시대에 너무 앞서 있었다. 그래서 이 게임들은 출시된 후 거의 10년 동안 잠자고 있었다. 그리고 마침내 1996년, 메리디안 59(Meridian 59)가 등장하였고, 이어서 오늘날 대규모 멀티플레이어 온라인 게임의 토대를 마련한 3인조라 불리는 울티마 온라인(Ultima Online), 에버퀘스트(EverQuest), 그리고 애쉬론즈 콜(Asheron's Call)이 출시되었다.

이 게임들은 가정용 인터넷의 보급을 바탕으로 플레이어에게 상호 작용하는 디지털 세계에서 다른 사람들과 공유하는, 풍부하고 몰입도 높은 롤 플레잉 경험을 선사했다. 특히 에버퀘스트는 이 게임 중에서 선두 주자로 떠올랐다. 에버퀘스트의 전성기인 2002년에 이 게임의 가상 GDP는 불가리아만큼이나 큰 것으로 추정되었다.[2] 에버퀘스트에서는 주술사나 마법사가 될 수 있었고, 이국적인 땅으로 모험을 떠날 수 있었고, 전설적인 보물을 탈취할 수 있었고, 레벨을 올려 막강한 힘을 얻을 수 있었다. 이 모든 것을 온라인에서 친구들과 더불어 할 수 있었다.

게임 사업 모델의 엄청난 변화는 이 놀라운 모험에 감춰져 있었다. 대규모 멀티플레이어 온라인 게임은 독립적인 게임이 아니다. 단순히 패키지 게임을 구매하는 것만으로는 플레이할 수 없다. 대규모 멀티플레이어 온라인 게임은 지속적인 온라인 세계가 어딘가에서 지속되어야 했다. 바로 서버다.

이러한 사소한 기술적 문제로 인해 대규모 멀티플레이어 온라인 게임을 운영하는 게임사는 재정적으로 큰 난관에 직면했다. 서버들을 유지하는 데는 돈이 들었다. 게임사는 서버를 유지하고 검사하고 수리해야만 했다. 더 심각한 문제는 데이터를 전송하는 비용이 상당했다는 것이다. 플레이어가 게임을 플레이하며 발생하는 모든 데이터 전송은 전부 비용으로 되돌아왔다. 게이머가 플레이할수록 게임사의 재정적 부담이 커졌다. 다행히도 게임사들은 타 분야에서 이미 효과가 입증된 사업 모델인 구독(subscriptions, 즉 BAMS 체계 중에서 S)을 채택할 수 있었다.

대규모 멀티플레이어 온라인 게임이 등장함으로써 비디오 게임들은 1회 판매로 수익을 올리는 것이 아니라 지속적인 수익원이 되었다. 이제 게이머들은 패키지 게임을 59.99달러에 구입하고 온라인 서비스를 위해 9.99달러에서 14.99달러 사이의 월 사용료를 지불했다. 이것은 게이머의 플레이 기간이 길수록 게임사들도 더 많은 수익을 올린다는 것을 의미했다. 이제 게임의 초기 판매가 중요한 것이 아니라, 게이머가 게임을 지속적으로 플레이하는 환경을 만드는 것이 중요해졌다.

이러한 재정적 인센티브의 변화는 미묘할지라도 게임 설계 방식을 완전히 변화시켰다. 그 이전에는 좋은 게임은, 지속적인 경험이 아니라 마음을 사로잡는 경험이어야 했다. 몇 년 동안 같은 영화를 볼 수 있을 거라 기대하고 영화 티켓을 사는 사람은 아무도 없다. 게임도 영화처럼 일회적인 유희로 여겨졌다. 플레이어가 게임의 엔딩을 보기까지 오랜 시간, 때로는 설령 수백 시간이 걸리더라도 일회적이고 유한한 것으로 여겨졌다.

사실, 면도기–면도날 수익 모델 때문에, 지속적인 게임들은 재정적으로 열세에 있었다. 가령 슈퍼 마리오가 끝없는 콘텐츠를 자랑한다면 슈퍼 마리오2를 살 필요가 없다. 이런 일은 새로운 게임들을 판매하여 수익을 올리는 산업에서는 끔찍한 일이었을 것이다.

하지만 구독은 게임을 변화시켰다. 게임사는 대규모 멀티플레이어 온라인 게임의 가격을 책정할 때 구독 비용을 한 달에 14.99달러로 정할 경우, 새로운 게임 판매와 맞먹는 구독 수익을 올리기까지 불과 몇 개월 걸리지 않는다는 사실에 주목했다. 이제 완전히 새로운 게임을 구상하고 코딩하고 제작하고 배포하고 마케팅하는 대신, 기존 플레이어가 대규모 멀티플레이어 온라인 게임을 4개월 더 하도록 설득하기가 훨씬 쉽고 위험도 적었다.

게임사들이 게임은 정적인 경험이 될 필요가 없다는 점을 깨닫게 되자 게임에 지속적인 서비스를 제공하여 정기적인 수익을 올린다는 '서비스로서의 게임(Games as a Service, GaaS)'이라는 개념이 탄생했다. 이제 막 등장한 인터넷을 이용해 콘텐츠를 업데이트하여 게임을 지속적으로 개선하고 발전시킬 수 있었다. 그리고 이러한 콘텐츠의 업데이트로 게임의 수명을 연장하고 더 많은 구독과 현금을 확보할 수 있었다. 갑자기 게임사들은 가능한 한 오랫동안 수익을 창출할 수 있는 지속 가능한 게임을 만들 것이 장려되었다.

그 결과 게임 개발업자들은 지속성을 위한 게임을 디자인하기 시작했다. 게임을 훌륭하게 만들어 플레이어가 게임을 그만두지 않아야 돈을 계속해서 벌 수 있다. 그리고 지속 가능한 게임 디자인은 e스포츠의 창립에 중요하다. 게임이 스포츠가 되기 위해서는 게임들이 지속적이어야만 하기 때문이다.

대규모 멀티플레이어 온라인 게임 이전에 카트리지 게임들이 그러했듯이 스포츠 종목이 매년 바뀐다고 상상해봐라. 만약에 특정 종목이 오직 1년만 지속된다면, 선수들이 해당 종목을 훈련하고 그 종목을 위한 경기장을 건설할까? 그리고 방송권이 가치 있을까? 스포츠에는 안정성이 필수적이며, 구독 비즈니스 모델은 게임에 안정성을 가져왔다.

1996년부터 게임사들이 돈을 버는 두 가지 방법이 있었다. 구식 방법은 면도날－면도기 수익 모델로서, 게임 카트리지와 같은 콘텐츠를 고정된 가격에 일회성으로 판매하고 시장 점유율을 확보하여 경쟁자를 배제하는 게임기 생태계를 구축하는 것이다. 새로운 방법은 구독 수익 모델로서, 온라인 서비스를 일정한 요금에 가능한 한 오랫동안 판매하는 것이다.

그렇다면 과연 어떤 게임사가 이 새로운 수익 모델을 가장 잘 활용하여 게임 산업의 진화를 주도할 수 있을 것인가?

모든 e스포츠로의 중요한 발전 가운데 하나는 전혀 e스포츠가 아닌 World of Warcraft(WoW)에서 비롯되었다.

2004년 11월 23일 블리자드 엔터테인먼트(Blizzard Entertainment, 이제는 Activision Blizzard)가 대규모 멀티플레이어 온라인 게임인 WoW를 출시하면서 게임은 완전히 바뀌었다.

WoW는 겉보기에는 에버퀘스트가 개선된 버전으로 보였다. 그래픽이 더 나아지고 게임 플레이 시스템은 더 세련되었으며 컨트롤은 더 직관적이었다. 그렇다면 WoW는 어떻게 모든 경쟁 게임들을 압도하고 대규모 멀티플레이어 온라인 게임 시장을 정복할 수 있었을까?

WoW의 성공을 이해하려면 먼저 게임의 심리를 이해할 필요가 있다. 처음으로 WoW를 다운로드한다고 상상해보라. 무수한 옵션 사이에서 고민한 끝에 인간 마법사를 선택하여 첫 발걸음을 내디딘다. 골드샤이어의 늑대를 죽이라는 첫 번째 퀘스트를 수행하기 시작한다.3 늑대를 죽인 보상으로 귀중한 보물을 받는 동시에 레벨이 오르며 새로운 마법을 얻는다. 새로운 모험을 떠나기 전에 새로운 능력과 아이템을 시험해보며 강해진 본인을 체감한다. 이제 데피아즈 결사단의 요새를 습격하라는 두 번째 퀘스트를 받는다. 하지만 이번 퀘스트는 어려워서 같은 목적을 가진 낮은 레벨의 플레이어들과 협력해야만 한다. 채팅 표시

줄에 "LFG(그룹 찾기)"를 입력해 재빨리 공격대를 구성한다. 공격대와 함께 결사단과 전술적으로 싸우는 과정에서, 심지어 당신의 명령을 영리하게 따르는 사제와 친구가 되기도 한다.

당신은 이런 것이 아주 재미있어서 계속 플레이한다. 당신의 캐릭터가 점점 더 높은 레벨이 될수록 더 우수한 장비를 장착한다. 당신이 계속해서 새로운 마법을 배우고 마스터해가면서 게임 시스템에 대한 숙련도도 계속해서 증가한다. 무엇보다 중요한 것은, 더 어려운 퀘스트를 정복하는 과정에서 새로운 동료들이 한 명, 두 명, 이윽고 12명, 24명으로 눈덩이처럼 불어난다. 마침내 당신은 2000년대 초반 유행이었던 길드를 결성하고 엄청나게 강력한 월드 보스를 상대로 대규모 60인 던전 공격대를 조직한다.

아직 깨닫지 못할 수도 있지만, 당신은 이미 거미줄에 걸렸다.

왜냐하면 다음과 같은 일이 벌어지기 때문이다. 새로운 대규모 멀티플레이어 온라인 게임이 나온다고 상상해봐라. 이 새로운 대규모 멀티플레이어 온라인 게임은 WoW와 비슷하지만 모든 면에서 약간 더 좋다. 편의상 새로운 대규모 멀티플레이어 온라인 게임을 "WOWER"라고 부르기로 하자. 당신은 WOWER로 갈아탈까? 당신은 WoW 플레이를 중단하고 경쟁 게임사의 새롭고 더 나은 게임을 즐길까?

아니다. 당신은 그렇게 하지 않는다. WOWER에서는 모든 것들을 처음부터 다시 시작해야 하기 때문이다. 갈아탈 경우, 당신은 WoW에서 사냥을 위해 수백 시간, 때로는 수천 시간 동안 작업하여 갖춘 전설 등급의 장비를 전혀 갖지 못하게 된다. 게임 내 가장 강력하면서도 제작하기 어려운 아이템인 '우레폭풍: 바람 추적자의 성검'을 마침내 완성했다. 에르메스 최고급 명품 가방을 들고 백화점에 가는 것처럼 파란

아우라로 빛나는 우레폭풍을 들고 오그리마의 경매장으로 향하자 모두가 부러움의 시선으로 바라본다. 이제 WoW에서 당신은 신규 플레이어에게 선망의 대상이다.4 하지만 WOWER에서 당신은 다른 신규 플레이어와 마찬가지로 아무것도 없이 시작한다. 이것은 맥 빠지는 일이다.

이런 점 외에도 WOWER로 갈아타지 않을 많은 다른 이유가 있다. 당신은 새로운 게임의 모든 시스템과 능력을 익히고 배워야 하므로, 그리고 당신은 이미 WoW 전투에 대한 전술적 숙련도가 상당히 높으므로, WOWER로 갈아타지 않는다. 당신은 전쟁 노래 협곡에서 상대 도적을 전략적으로 봉쇄하기 위하여 언제 변이를 사용해야 하는지, 전장의 어느 곳에서 점멸을 사용해야 하는지 정확히 이해하고 있다. 이런 직관적인 숙달은 매우 만족스럽다. 플레이어 간의 전투에서 지금까지 힘들게 익힌 전투 기술을 자신 있게 구사하여 친구들을 승리로 이끌고 모두에게 자랑한다.

그리고 친구들은 가장 중요한 부분이다. 당신의 친구들이 WOWER를 플레이하지 않을 뿐 아니라 당신의 길드가 WOWER에는 없으므로 당신은 WOWER로 갈아타지 않는다. 동맹과 적대자, 기수와 쓰라린 배신, 수백 시간 동안 모험과 잡담을 나누며 쌓아온 동료들과의 우정을 비롯한 게임 내 인간관계는 게임을 갈아타는 순간 허공으로 사라진다.

WOWER는 객관적으로 더 나은 게임일 수 있지만, 주관적으로 더 나은 게임은 아니다. WoW를 즐겨온 당신에게는 WoW가 WOWER보다 좋다.

따라서 WOWER가 WoW보다 더 나은 게임인데도 당신은 WOWER를 플레이하지 않는다. 그리고 WOWER는 역사의 쓰레기통으로 사라진다. 더 나은 게임이더라도 경제학자들이 "전환 비용"(*역주: 한 제품에서 경쟁사의 다른 제품으로 전환하는 데 드는 비용을 가리키는 경제학 용어)이라고 부르는 경제학 개념 때문에 당신의 시선을 끌지 못한다. 당신이 지금까지 WoW에 투자했고, 그런 투자는 WOWER로 이전할 수 없기 때문이다. 당신이 아제로스(Azeroth, *역주: WoW의 주요 무대가 되는 행성)에서 구축한 모든 것을 포기해야 하는 전환 비용이 있으며, 당신이나 다른 모든 사람에게 이 비용은 받아들일 수 없을 정도로 높다.

몇 년이 지나고 WoW보다 훨씬 나은 게임(편의상 이 게임을 WOWEST라고 하자)이 나온다면 어떻게 될까? 최신 기술과 디자인 혁신으로 탄생한 진정한 최첨단 MMO 게임 WOWEST는 모든 면에서 약간 더 나은 정도가 아니라 훨씬 더 좋다. WOWEST는 이제 WoW에 대항할 수 있을까?

아니다. WoW에 유리한 또 다른 요소로 경제학자들이 네트워크 효과(*역주: 특정 상품에 대한 수요가 다른 사람들의 수요에 의해 영향을 받는 효과)라 부르는 경제학 개념이 있기 때문이다. WoW를 플레이하는 사람들이 많을수록 WoW는 더 좋아진다.

다음과 같이 상상해봐라: 접속 중인 게이머가 많을수록, 자연스럽게 더 많은 우정을 쌓을 수 있고, 함께 모험을 떠날 공격대를 더 빨리 모으고, 나의 희귀 마법 아이템을 구매할 사람을 찾는 속도가 더 빨라지며, 나의 길드는 더 많은 길드와 경쟁할 수 있고, 내가 오그리마의 경매장에서 자랑스럽게 들고 다니는 우레폭풍을 부러워하는 사람들도 더 많다.

무엇보다 이러한 네트워크 효과는 WoW 게임 외부로 확장된다. 수백만 명의 게이머들은 게임 외부에서도 게임에 대한 헌신을 표현하기 때문이다. 게임 외의 채팅방이나 웹 사이트에서 이야기를 나누는 것을 넘어서 직접 만나기도 하며, 행사장에서 수백 명이 군집하기도 한다. 게임에 관련된 문신, 의복을 넘어 리치 왕(WoW의 주요 악역)에 대한 충성심을 표시하는 다양한 장비를 착용하기도 하며, 통계 웹 사이트, 비디오 가이드 및 텍스트 공략에 이르기까지 다양한 게임 콘텐츠를 생산한다.

WOWEST는 놀라운 게임일 수 있지만, 이제 놀라운 게임이라는 것만으로는 충분하지 않다. WoW는 풍부한 커뮤니티를 구축하여 기존 플레이어들이 이 게임을 떠나기가 점점 더 어려워졌다. 결국 인간은 사회적 동물이기 때문에, 그리고 사회 자체가 블랙홀이 되기 때문에, 자신이 속한 사회의 결속성에서 빠져나오는 것이 불가능해진다.

WoW를 통해 우리는 세 번째 SCAR 요소인 커뮤니티의 견고성을 확인할 수 있다. 아마 사상 처음으로, 게임 세계가 게임을 초월하여 자신의 게임 세계를 발전시키기 위해 노력하는 사회를 창출하기에 이르렀다.

그리고 커뮤니티는 WoW가 에버퀘스트, 애쉬론즈 콜을 비롯한 모든 대규모 멀티플레이어 온라인 게임들을 물리친 이유이기도 하다. 블리자드는 새로운 구독 수익 모델의 위력을 여는 열쇠는 가능한 한 빠르고 광범위하게 게임 커뮤니티를 구축해야 한다는 사실을 이해했다. 그 결과 블리자드는 세 가지 핵심 사업 결정을 하였다.

첫째, 매우 공격적으로 WoW를 마케팅했다. 2004년에 이미 블리자드는 워크래프트 프랜차이즈에 대해서 막대한 팬층을 보유한 세계적인 게임사였다. 그러나 블리자드는 이런 보장된 판매를 넘어서서, 수백만 달러를 들여 별도의 WoW 방송을 운영하고, 오지 오스본(Ozzy Osbourne) 등 유명인들이 등장하는 극장 광고를 하였다. 블리자드는

WoW를 플레이하면서 비디오 게임에 조금이라도 관심을 가지게 된 사람들 누구나 WoW를 플레이하며 게임 커뮤니티를 구축하게 하는 것을 목표로 했다.

둘째, 블리자드는 쉽게 접속할 수 있는 WoW를 설계했다. 에버퀘스트 및 이와 유사한 게임들은, 이런 게임을 실행시킬 수만 있다면 놀라운 경험이었다. 그러나 WoW는 아주 다양한 개인용 컴퓨터들에서 매끄럽게 실행되고 접속하는 데도 별다른 문제가 없는 첫 번째 대규모 멀티플레이어 온라인 게임이었다. 이러한 단순함은 게이머가 더 쉽게 게임을 즐길 수 있게 하였고, 블리자드의 광범위한 마케팅 캠페인을 증폭시켰고, 커뮤니티 형성에 이바지했다.

셋째, WoW 자체가 새로운 플레이어의 경험을 염두에 두고 설계되었다. WoW는 새로 입문한 플레이어가 전환 비용이 가장 적다는 점을 인식하였고, 따라서 게임의 초기 경험 단계에서 그 게임에 중독될 수 있도록 했다. WoW는 낮은 레벨의 플레이어를 위해서 새로운 캐릭터들만의 시작 지역을 만들었고, 입문자들을 위한 게임 퀘스트 로드맵을 명확하게 제시하였으며, 빠른 초기 레벨업과 빠른 초보자 아이템 획득을 제공했다. 혹자는 WoW의 이러한 정교한 튜토리얼(tutorial), 즉 '처음 사용자 경험'을 좋은 게임 디자인이라 부른다. WoW의 놀라운 초기 게임 경험 덕택에 많은 입문자가 게임 초기부터 게임에 몰입하여 즐겼다.

그 결과, WoW는 에버퀘스트보다 훨씬 빠른 속도로 성장하여 첫 해에 무려 백만 명의 이용자를 돌파했다. 게다가 WoW가 초기에 시장을 장악하자마자, 블리자드는 구독을 더욱 개선했다. 블리자드는 커뮤니티를 육성하는 과업을 믿을 수 없을 정도로 잘 수행했을 뿐만 아니라, 시장 지배력을 확고히 다지기 위해 구독 수익을 게임에 재투자했다.

블리자드는 월 14.99달러의 요금으로 모은 수익을 게임에 재투자하여 대규모 멀티플레이어 온라인 게임 역사상 가장 빠르고 공격적인 콘텐츠 업데이트 일정을 보여주었다. 블리자드는 더 많은 퀘스트, 새로운 능력, 더 큰 도전을 지속적으로 추가했다. WoW는 지속적으로 게임의 품질이 향상되었다: 매 패치마다 더 많은 사람이 WoW를 플레이했을 뿐만 아니라 게임 자체가 계속 개선되었기 때문이었다. 블리자드는 구독 수익 모델을 잘 터득하였고, 그 결과 블리자드를 왕좌에서 끌어내리는 것이 불가능해 보일 정도였다.

2010년 절정기에 WoW는 1,200만 명의 활성 플레이어(active players)를 자랑했으며, 구독 수익은 무려 14억 달러로 추산되었다. 그리고 전환 비용, 네트워크 효과 및 커뮤니티의 힘 덕분에 WoW는 이 글을 쓰는 시점에서도 세계에서 가장 인기 있는 MMO 게임으로 남아 있다. 2019년에는 오리지널 WoW에 대한 향수를 불러일으키고자 2004년의 WoW를 재현한 WoW Classic을 출시하기도 했다. 출시된 지 15년이 지났음에도 불구하고 WoW는 올해 가장 높은 수익을 올린 비디오 게임 중 하나다.

이런 성공은 WoW의 가장 주목할 만한 측면을 부각한다. 주목할 만한 측면이란 그 게임이 벌어들인 수십억 달러의 수익이 아니라, 수십 년 동안 그 게임을 지탱한 커뮤니티의 열정이다.

WoW는 사람들의 삶을 규정한다. WoW는 우정을 위한 온상이 아니라, 삶을 변화시키는 사교 행사를 위한 온상이다. WoW의 그룹 퀘스트와 심야 채팅에서 수많은 결혼이 이루어졌다.5 그리고 아마도 더 주목할 만한 것은 더 많은 이혼이다. 2011년에, 몇몇 국가들에서 WoW가 이혼의 15% 이상에 기여한 것으로 추산되었다.6 그렇다. 이혼 7건 중 1건은 배우자가 아제로스에서 너무 많은 시간을 보냈기 때문에 발생했을 것이다.

결론적으로, WoW는 단순히 게임에서의 새로운 사업 모델이 아니라, 진정한 가상 커뮤니티였다. 그리고 이는 e스포츠의 탄생이 머지않았다는 것을 의미했다.

Chapter 04 인터넷 방송

당신의 모든 생활을 온라인으로 방송할 수 있다면 어떨까? 트위치의 전신인 저스틴tv는 라이프로그(Lifelog)(*역주: 개인의 일상을 기록하는 모든 것) 콘텐츠를 실시간으로 송출하는 플랫폼으로 출발했다. 저스틴tv의 창립자인 저스틴 칸(Justin Kan), 카일 보그(Kyle Vogt), 마이클 세이벨(Michael Seibel), 에밋 쉬어(Emmett Shear)는 트루먼쇼에 영감을 받아 누구나 온라인으로 자신을 방송할 수 있는 세상을 꿈꾸었다. 누구나 참여할 수 있는 가정용 비디오가 유튜브(YouTube)라 한다면, 누구나 참여할 수 있는 가정용 케이블 방송의 자리는 저스틴tv가 차지하기를 바랐다. 저스틴tv의 공동 설립자인 저스틴 칸은 웹캠이 부착된 야구 모자와 방송을 위한 장비들이 들어있는 배낭을 들고 다니며 8개월 동안 24시간 라이브 인터넷 방송을 진행했다.

저스틴 자신은 그의 독특한 컨셉으로 많은 언론의 주목을 받은 반면에, 어떠한 인터넷 방송인에게도 개방되어 있는 그의 방송 플랫폼인 저스틴tv에 대한 대중들의 관심은 여전히 미미했다. 출시 후 약 1년 뒤에 저스틴tv는 충분한 시청자를 확보하여 라이브 콘텐츠를 범주별로 분류하는 필터를 도입했다.

저스틴tv에서 콘텐츠 카테고리는 크게 실패했다. 비전문가가 시사 문제나 기술과 같은 주제에 대해 끊임없이 이야기하는 것을 시청하는 것은 지루했다고 해도 과언이 아니었다. 그러나 한 필터 카테고리는 특별한 청중을 사로잡았다. 바로 게임이다.

시청자는 다른 사람의 게임 플레이를 보는 것을 즐겼으며, 특히 자신이 좋아하는 게임을 잘하는 사람의 플레이에 관심을 가졌다. 그리고 아마도 더 중요한 점은, 저스틴이 했던 것처럼 웹캠이 달린 특수 제작된 모자와 무거운 배낭을 들고 다니며 방송하는 것보다 고정된 PC에서 게임을 방송하는 것이 훨씬 더 쉬웠다는 사실이다.

게임 카테고리는 폭발적으로 성장했다. 2011년에는 저스틴tv의 게임 인터넷 방송이 큰 인기를 끌게 되자 게임 카테고리를 별도의 자체 웹사이트인 트위치tv(twitch.tv)로 분리하여 새롭게 서비스했다. 그리고 2014년에는 저스틴tv는 트위치 인터랙티브(Twitch Interactive)로 개명한 모회사에 합병됨으로써 완전히 폐쇄되었다. 그리고 트위치는 빠르게 성장하여 역사상 가장 빨리 성장한 미디어 기업들 가운데 하나가 되었다. 드디어 게임을 인터넷에서 방송하는 시대가 도래했다.

대기업들이 트위치에 주목했다. 먼저 주목한 것은 구글이었다. 구글은 2014년에 트위치를 인수하기 위하여 믿어지지 않을 정도로 경쟁력 있는 일련의 고조된 제안을 하면서 적극성을 보였다. 트위치에서 사용자 주도형의 미디어라는 새로운 매체의 잠재력을 보았던 구글은 자사의 비디오 서비스인 유튜브와 통합하였을 때의 시너지 효과에 주목했다. 2014년 7월 14일, 구글이 트위치를 10억 달러에 인수했다는 기사들이 나왔다.[1]

하지만 사실이 아니었다. 막판에 제프 베조스(Jeff Bezos)와 아마존이 거래를 낚아채어, 전액 현금으로 9억 7천만 달러에 트위치를 인수했다. 보도된 것처럼 트위치에 대한 아마존의 전략적 비전이 트위치 설립자들의 비전과 더 밀접하게 일치한다는 사실을 고려하면, 구글이 제시한 가격보다 약간 낮은 가격표는 충분히 이해할 수 있다. 아마존은 유튜브와 같은 기존 서비스와 병합하는 대신 트위치를 독립된 비즈니스로 보았다.

트위치의 성공은 아마존의 풍부한 자금과 전략적 네트워크 공급으로 가속되었다. 2017년에 이르면 트위치는 2017년 총 3,550억 분의 시청 시간을 기록했다고 언론에 보도되었는데, 2018년이 되면 놀랍게도 이 수치는 58% 증가하여 시청 시간이 무려 5,600억 분에 달했다.2

그렇다면 트위치에서는 무엇을 어떻게 시청할 수 있을까?

트위치의 가장 중요한 점은 '트위치가 없는 곳'에서 찾을 수 있다. 트위치는 세계에서 가장 큰 엔터테인먼트 회사들 가운데 하나이지만 TV나 영화관에서 볼 수 있는 것이 아니다. 트위치는 차세대 미디어 서비스로서, PC나 모바일로 시청하는 것을 선호하는 밀레니얼 세대에게 온라인으로만 콘텐츠를 제공한다. 트위치는 전적으로 '디지털 세대(digital-nativist)'의 경험이다.

트위치의 홈페이지는 디지털 쌍방향 참가를 염두에 두고 설계되었다. 트위치는 아주 다양한 추천 채널과 함께 게임별로 여러 생중계를 제공할 뿐만 아니라 다양한 프로모션 이벤트를 주최한다. 트위치는 시청자들이 끊임없이 탐색하고 발견하도록 고무한다.

일단 당신이 어떤 채널을 클릭하면, 게임을 믿을 수 없을 정도로 잘하는 동시에 자기가 하는 게임을 설명하는 사교적인 생방송 게이머와 마주치게 될 것이다. 모든 인터넷 생방송에는 채팅창이 있으며, 시청자는 채팅창에 무엇이든 입력할 수 있다. 시청자 간에 채팅할 수 있지만 방송인과 직접 채팅을 주고받을 수도 있다. 그러면 방송인은 그들이 게임에서 눈을 뗄 수 있을 때 채팅에 응답하고, 큰소리로 코멘트하고 시청자를 칭찬하거나 약 올린다.

단번에 트위치는 TV와 사회적 상호 작용을 결합하여 WoW에 의해 대중화된 온라인 게임 커뮤니티의 개념을 더욱 확장했다. 인터넷 방송에서 시청자가 방송인을 축하하고 위로하고 갈등하는 일종의 프로게이머 숭배가 벌어진다. 그리고 이 모든 것은 시청자가 선호하는 게임의 비디오로 이어져있다. 인터넷 방송은 유튜브의 궁극적인 버전이라 볼 수도 있다: 시청자는 보고 싶은 방송을 실시간으로 보면서 언제든지 방송인과 상호작용할 수 있다.

트위치의 시청자 플랫폼은 새로운 온라인 커뮤니티를 창출한 것을 넘어서, 게임과 e스포츠를 위해 대단히 중요한 공헌을 했다. 바로 트위치는 SCAR 모델의 네 번째 구성 요소인 보상의 개념을 도입했다.

트위치 이전에 프로 게임은 훌륭한 취미였지만, 생계를 유지하기에는 턱없이 부족했다. 2000년대 내내 대회가 프로게이머 수입의 원천이었지만, 대회 상금이 여전히 터무니없이 낮았다. 가령 2005년에 열렸던 월드 사이버 게임즈 US 챔피언십(World Cyber Games US Championship)의 우승 상금은 겨우 5천 달러에 불과했다.3 우승할 가능성이 아주 희박했다. 심지어 유명 대회에서 승리해도 최저 임금보다 낮은 금액의 상금을 받았다. e스포츠는 최선의 경우라 할지라도 부수적인 직업에 불과했고, 최악의 경우 재정적 파멸에 이르는 지름길이었다. 한마디로 비디오 게임을 전업으로 하는 것은 이치에 맞지 않았다.

사람들이 농구나 축구를 잘하는 데 인생을 바치는 이유는 중요한 성취에 대해서 명확하게 정해진 시스템이 있기 때문이다. 대학 장학금에서 마이너 리그 계약에 이르기까지 운동선수 지망생에게는 상당한 보상이 있다. 그리고 최고의 선수들은 막대한 재정적 수입을 누린다. 제2의 르브론 제임스가 될 가능성은 매우 희박하기는 하지만, 그 수준으로 올라가면 연봉이 5천만 달러 이상이 된다. 프로 게임도 농구처럼 사람들에게 동기부여를 할 수 있는 '황금 항아리'가 필요했다. 트위치 채팅은 이를 뒷받침해주는 천문학적인 보상을 제공했다. 하지만 어떻게?

인기가 높아진 인터넷 방송의 채팅창은 찰나의 순간에도 수백 개, 심지어 수천 개의 채팅으로 가득 찬다. 트위치의 시청자는 자신의 채팅이 인터넷 방송인의 관심을 끌어 응답될 수 있도록 직접 방송인에게 도네이션(donation)(*역주: 인터넷 방송에서 이루어지는 금전적 후원)을 할 수 있다. 트위치 초창기에는 다양한 서드파티의 앱들을 통해 도네이션을 해야만 했으나, 얼마 지나지 않아 비트라는 가상 통화를 거쳐 시청자가 방송인에게 도네이션을 하는 자체적인 시스템을 갖추었다.

도네이션은 또 다른, 심지어 더 강력한 수익 모델인 구독과 짝을 이루었다. 트위치에서 특정 인터넷 방송을 즐기는 시청자는 월간 구독료(보통 $4.99)를 지불하여 해당 채널을 구독하고 비공개 채팅이나 카파(Kappa) 이모티콘 등의 다양한 특전을 이용할 수 있다. 그런 특전이 작아 보일 수 있지만 하루에 약 2~3시간 이상을 특정 트위치 콘텐츠에 소비하는 평균적인 트위치 시청자에게는 이러한 차별화가 매우 의미 있다.

카파(Kappa)란?

트위치의 뉘앙스를 진정으로 인식하기 위해서는 트위치의 이모티콘을 이해할 필요가 있다. 이모티콘은 채팅창에 나타나는 조그만 형상으로서, 특수 텍스트 명령을 사용해 이모티콘을 사용할 수 있다. 트위치에서 기본으로 제공하는 이모티콘 외에도 각각의 채널은 해당 채널의 구독자들만이 사용할 수 있는 전용 이모티콘을 제공한다.

카파 이모티콘은 트위치에서 상당히 보편적으로 사용된다. 카파는 트위치의 전신인 저스틴tv의 초기 직원이었던 조쉬 드세노(Josh DeSeno)의 모습을 축소한 이모티콘이다. 조쉬는 자신의 실사 이모티콘의 이름을 일본의 전설에 나오는 요괴인 캇파에서 따와서 카파라 명명했다. 트위치 사용자는 조쉬의 업적을 기리며 카파를 적극적으로 사용하기 시작했는데, 그 이유 가운데 하나는 조쉬가 초창기부터 트위치 커뮤니티에 적극적으로 참여했기 때문이다.4 오늘날 카파는 트위치에서 매일 약 100만 번 사용된다. 그 의미는 상황에 따라 매우 다르다. 보통 방송인을 칭찬하거나 더 열심히 하라고 격려하기 위해 사용하는 것이 가장 일반적이다. 하지만 카파의 색상을 바꾸거나 일부 모양을 변경하면 아주 다양한 의미를 가질 수 있다. 예를 들어, 인기 있는 카파 이모티콘인 무지개 카파는 다양성과 포용을 찬양하는 것이다. 카파는 트위치 문화의 독특한 한 부분이며, 현대 게임을 이해하는 데 재미있는 참고 자료다.

트위치의 도네이션과 구독이 프로 게임에 미친 영향은 높게 평가받아야 마땅하다. 사상 처음으로 프로게이머가 메이저 대회에서 우승하지 않고도 돈을 벌 수 있는 방법이 생겼다. 이제 프로게이머는 트위치에서 방송하면서, 처음에는 천천히 그러나 시간이 지나면서 확고하게, 자신의 열렬한 팬들을 확보하기 시작할 수 있었다. 팬들 각각은 방송 중에 1.99달러를 도네이션하거나 구독으로 매달 4.99달러를 지불한다. 이러한 도네이션과 구독은 빠르게 증가했다. 최근에 등장한 중견 방송인인 빈센트 추(Vincent "Deathsie" Chu)는 다음과 같이 설명한다: "괜찮은 수입을 얻는 데 그렇게 많은 구독자가 필요한 것은 아닙니다. 500명만 되면 최저 임금 이상을 벌 수 있습니다. 당신이 500명의 구독자를 확보하기란 쉽지 않겠지만, 일단 이를 달성하고 나면 지금까지의 여정이 헛되지 않았다고 느낄 것입니다. 저는 팬들의 수가 늘어나는 것을 보면서 성취감을 느낍니다."

인기 있는 인터넷 방송인들은 5백 명이 훨씬 넘는 구독자를 자랑한다. 2017년에 이르면 최고의 인터넷 방송인은 5만 명 이상의 월간 구독자를 확보하기도 했다. 이는 구독만으로 연간 3백만 달러 이상의 수익을 올렸다는 것을 의미한다.

무엇보다도 트위치 수입은 안정적이다. 매월 구독료를 받기에, 이제는 더 이상 메이저 게임 대회에서 행운의 연승 행진에 매달릴 필요가 없다. 트위치는 게임을 취미로 하는 사람이 자신의 즐거움을 다른 사람들과 공유하여 안정적인 수익을 얻을 수 있는 수단을 제공한다.

상황은 더욱 좋아지고 있다. 트위치는 도네이션 및 구독의 수수료를 통해 수익을 얻기에 시청자는 별도의 시청비를 낼 필요가 없다. 트위치 채널 자체가 미디어 플랫폼인데, 이런 플랫폼은 광고주와 스폰서들로 하여금 인기 방송인을 주목하는 수백만의 시청자들에 접근할 수 있게 한다. 처음에는 인터넷 방송을 후원하는 브랜드는 소수였고 특정 지역에 한정되었었다. 그러나 마케팅 담당자들이 트위치 시청자 규모가 커지는 것을 알게 되자 후원이 폭발적으로 증가했다. 필사적으로 밀레니엄 세대에게 다가가려고 하는, 모든 세대를 포괄하는 브랜드들인 코카콜라나 BMW 등이 기존에 인터넷 방송을 후원하던 레이저(Razer)

같은 기업에 가담하기 시작했다.

오늘날 최정상의 인터넷 방송인은 브랜드 광고만으로 매년 1,000만 달러 이상을 벌고 있다. 여기에 구독과 도네이션 수입 및 기타 부수적 수익원(예를 들면 방송 하이라이트를 유튜브에 업로드하는 것)을 종합하면 연간 2,500만 달러 이상의 수입을 올릴 수 있다.

이제 정상급 방송인이 되면 엄청난 재정적 수입만이 아니라 명성이라는 또 다른 보상을 얻게 되었다.

수만, 심지어 수십만 명의 시청자가 정상급 방송인들의 방송을 시청하기 때문에, 이들은 유명인사가 되었다. 이들은 막대한 부를 얻는 동시에 우상이 되었기에 디지털 세대의 '핀볼 마법사'라고 할 수 있다.

"닌자" 타일러 블레빈스(Tyler "Ninja" Blevins)

세계에서 가장 우상화되고 저명한 인터넷 방송인은 "닌자" 타일러 블레빈스일 것이다. 닌자는 보도에 따르면 게임으로 연간 3천만 달러를 벌고 있을 뿐 아니라, 대중문화에서 폭넓은 명성을 누리고 있다. 닌자는 슈퍼볼 광고에 출연했고, 멀티북 계약을 했다. 그리고 머리를 독특하게 염색하고 밝은 라벨이

붙은 머리띠를 한 닌자는 그를 후원하는 수십 개의 브랜드의 얼굴이 되었다.

더 중요한 것은, 닌자가 이 자리에 올라오기까지의 여정이 프로게이머 일생의 축소판이라는 사실이다. 닌자는 2009년 헤일로 3(Halo 3)의 프로게이머로 시작하였다. 이후 8년 동안 다양한 게임을 통해 생계를 꾸려나가다가, 2017년 포트나이트(Fortnite)로 우연히 전환했다. 이런 우연한 전환은 그 게임의 폭발적 인기와 동시에 발생했다. 거의 하룻밤 사이

"닌자" 타일러 블레빈스. 오늘날 현존하는 가장 유명한 e스포츠 스타

에 닌자의 구독자수는 폭발적으로 증가하여 2017년 말 50만 명의 팔로워에서 2018년 초에 500만 명 이상으로 증가했다.5

닌자의 분수령은 자신의 열렬한 팬인 힙합 아티스트 드레이크(Drake)와 함께 인터넷 방송을 진행한 순간이었다. 무려 635,000명의 팬이 시청하며 채팅창에서 실시간으로 채팅하는 진풍경이 벌어졌고, 트위치의 실시간 동시 시청자 기록을 경신했다. 이러한 획기적 사건으로 닌자는 역사상 가장 시장성 있는 프로게이머의 자리를 굳건히 하고 있다.

트위치의 엄청난 성공은 실리콘 밸리 거물들의 주목을 받았다. 페이스북은 누구나 자신의 페이지에서 본인의 게임 방송을 실시간으로 친구와 공유할 수 있는 페이스북 게이밍(Fb.gg)을 출시하여 인터넷 방송 서비스 경쟁에 뛰어들었다. 이후 블리자드와 긴밀한 파트너쉽을 맺은 페이스북은 인터넷 방송과 게임을 연동하여 누구나 실시간으로 손쉽게 블리자드 게임을 페이스북으로 실시간 방송할 수 있도록 지원하였다.

유튜브는 유튜브 게이밍(YouTube Gaming) 브랜드를 런칭하며 자사의 인터넷 방송 서비스를 홍보했고, 이후 블리자드와 전략적 협업을 맺으며 블리자드의 e스포츠 대회를 독점적으로 송출하는 계약을 체결했다. 마이크로소프트는 자사의 가정용 비디오 게임기인 Xbox의 라이브 콘텐츠 제작을 촉진하기 위해 인터넷 방송 사이트인 BEAM을 인수하고 믹서(Mixer)로 사명을 변경하며 인터넷 방송 경쟁에 참여했다. 심지어 미국의 지상파 TV 방송국 FOX는 카페인(Caffeine)이라는 신생 인터넷 방송 기업에 대규모 투자를 했다.

그 결과, 인터넷 방송인들은 다양한 인터넷 방송 플랫폼으로부터 경쟁적으로 러브콜을 받으며 유리한 계약을 얻어내었다. 닌자 자신도 2019년 말에 트위치를 그만두고 믹서와 독점 계약을 체결했다. 마이크로소프트의 제안이 너무 좋아서 거절할 수 없었다.

이제 e스포츠가 폭발하는 데 필요한 모든 요소를 갖추었다. 마침내 4가지 SCAR 요인이 모두 갖춰지게 되었다.

기술(Skill) - 게임들이 어지러울 정도로 고도화되었고, 이를 마스터하려면 심원한 기술이 필요했다.

커뮤니티(Community) - 온라인 네트워크가 발달하면서 게임 온라인 커뮤니티가 크게 성장했고 플레이어들 간의 경쟁이 촉진되었다.

접근성(Accessibility) - 비교적 저렴한 게임기와 널리 보급된 가정용 PC 덕분에 게임과 게임 플랫폼이 사람들의 일상 생활에 자리 잡았고, 게임에 대한 접근성을 크게 높였다.

보상(Rewards) - 트위치, 믹서를 비롯한 인터넷 방송 플랫폼이 명성과 수백만 달러의 보상을 제공했기 때문에, 프로게이머가 되는 것은 시간을 들일 가치가 있었다.

SCAR 요소들은 "프로 게임을 위한 배양 접시"처럼 e스포츠의 비상을 촉진할 준비가 되어 있었다. 과연 e스포츠의 비상은 어디에서 시작되었을까?

Chapter 05 | 스타크래프트

　1993년 "쓰레쉬" 데니스 퐁(Dennis "Thresh" Fong)은 전례가 없었던 새로운 여정을 시작했다. 1인칭 슈팅 게임(FPS) 둠(Doom)에 대한 순수한 애정에서 출발하여, 당시 16세였던 쓰레쉬는 1인칭 슈팅 게임 장르를 마스터하는 데 전념했다. 쓰레쉬는 당시 개최된 주요 대회에 참가하여 압도적인 성적을 기록했다.

　쓰레쉬는 한 대회에서 당시로는 가장 큰 상금인 중고차를 받으면서 게임 역사에서 자신의 위치를 확고히 다질 수 있었다. 1997년 PC 게임 퀘이크(Quake)의 레드 어나힐레이션(Red Annihilation) 토너먼트의 결승전에서 쓰레쉬는 "엔트로피" 톰 킴지(Tom "Entropy" Kimzey)를 상대로 무려 14 대 -1이라는 믿을 수 없는 격차를 내며 승리하였다(엔트로피는 14번이나 죽는 동안 한 번도 상대를 죽이지 못했고, 오히려 자폭으로 인한 패널티를 받았다). 쓰레쉬는 퀘이크 제작자인 존 카맥(John Carmack)의 밝은 빨간 색의 좀 낡은 중고차를 상품으로 받았다. 당시 게임계에서는 파격적인 우승 상품이었다.

1인칭 슈팅 게임(FPS)이란 무엇인가?

1인칭 슈팅 게임(First-person shooters, FPS)은 반사 운동을 기반으로 하는 총기 게임 장르로, 3차원의 공간을 게임상의 캐릭터의 시점으로 조종하여 전장를 돌아다니며 점차 강력해지는 화기로 경쟁자를 제압한다. FPS 장르는 이드 소프트웨어(id Software)의 호버탱크 3D(Hovertank 3D), 카타콤 3D(Catacomb 3D), 울펜슈타인 3D(Wolfenstein 3D)이나 번지(Bungie)의 마라톤(Marathon)과 같은 초기작에서 토대가 마련되었으나 1993년 이전까지는 인기 있는 주류 게임 장르가 아니었다. 1993년에 이드 소프트웨어에서 출시한 둠(Doom)은 당시 최첨단 3D 그래픽을 자랑했을 뿐만 아니라, 처음으로 온라인 멀티플레이어 기능을 지원하여 전 세계에 있는 게이머들이 서로를 날려버릴 수 있었기에 폭발적인 인기를 얻었다.

초기 둠의 랜(Local Area Network, LAN) 연결이나 DWANGO(Dial-up Wide-Area Network Game Operation)와 같은 호스팅 서비스는 현대 온라인 멀티플레이어 게임의 토대를 마련했다. 이후 이드 소프트웨어의 퀘이크(Quake)가 멀티플레이어 게임으로 큰 인기를 끌고 플레이어들 간의 대결이 활발하게 이루어지면서 오늘날 e스포츠의 초기 형태로까지 발전했다.

오늘날 FPS는 e스포츠에서 가장 인기 있는 장르 중 하나다. 게임의 초점이 퀘이크와 같은 개인 간의 전투에서 카운터 스트라이크: 글로벌 오펜시브(Counter-Strike: Global Offensive), 발로란트(Valorant) 및 오버워치(Overwatch)와 같이 긴밀하게 조정된 팀 기반 전투로 바뀌긴 했지만 말이다.

　　1997년 쓰레쉬의 승리를 둘러싼 모든 것은 당시 e스포츠가 얼마나 초기 단계에 있었는지를 보여준다. 우승 상품이 중고차(돈을 들여 튜닝하기는 했지만)였고, 결승전은 믿을 수 없을 정도로 일방적이었고, 대회가 메인이벤트가 아니라 E3 무역 박람회의 사이드쇼로 열렸으며 전용 관중석조차 없었다. 쓰레쉬는 믿을 수 없을 정도로 재능 있는 게이머였으며 사람들에게 찬사를 받을 자격이 있었지만, e스포츠 현장은 쓰레쉬를 위한 준비가 되어 있지 않았다.

하지만 e스포츠는 분명 비상하고 있었다. 서구 세계의 바깥에서, 그리고 완전히 새로운 장르의 게임 안에서 말이다.

1995년 블리자드의 게임 디자이너인 크리스 멧젠(Chris Metzen)과 제임스 피니(James Phinney)는 워크래프트 II의 뒤를 이을 실시간 전략 게임 개발에 착수했다. 워크래프트 시리즈는 당시 블리자드의 최고 히트작으로서, 혼자 힘으로 실시간 전략 게임 장르를 대중화시켰다고 해도 과언이 아니었다.

실시간 전략 게임(Real-Time Strategy, RTS)이란 무엇인가?

실시간 전략 게임은 게임상에 주어진 전략적 요소를 실시간으로 활용하여 상대를 물리치고 목적을 달성해야 하는 방식의 게임을 말한다. 실시간 전략 게임에서 플레이어는 자신이 지을 수 있는 생산 건물과 모집할 수 있는 병력을 결정짓는 고유한 종족 혹은 진영을 선택한다. 플레이어는 군대에게 자원을 수확하고 새로운 기지를 건설하고 신병들을 조련하라고 명령한다. 그리고 맵에 있는 빈약한 자원을 획득하기 위해 적과 전투를 벌인다(그래서 RTS의 유명한 문구로 "광물이 부족합니다"라는 대사가 있다).

실시간 전략 게임의 기원에 대해서는 논란이 많다. 게임업계의 일부 사람들은 1981년의 유토피아(Utopia)나 심지어 그 이전으로 거슬러 올라가 그 기원을 찾는다.[1] 그러나 다수의 사람들은 영화 듄(1984년작)을 게임화한 듄 2(Dune II)를 실시간 전략 게임의 진정한 탄생이라고 생각한다.[2] 듄 2는 오늘날 실시간 전략 게임의 핵심 요소들인 자원 채취, 군대 운영, 건물 건설 등을 갖추고 있다. 듄 2는 병력 생산과 군대 간의 전투라는 기본적인 형식을 정립했다.

오늘날, 현대 실시간 전략 게임에는 두 가지 종류의 게임 플레이 기술이 있다: 전투에서 개별 유닛의 정확한 공격을 조작하는 '마이크로 컨트롤'과 자원 수확과 기지 건설을 비롯한 전반적인 경영을 관리하는 '매크로 컨트롤'이다. 프로게이머들은 다수의 건물과 유닛들 사이에서 신속하게 마이크로 컨트롤과 매크로 컨트롤을 오가며 분당 300개 이상의 명령을 수행한다. 실시간으로 많은 수의 유닛을 광범위한 범위에 걸쳐서 조작해야 하기 때문에 실시간 전략 게임은 모든 e스포츠 중에서도 가장 기술 집약적인 게임이다.

워크래프트는 본래 게임즈 워크샵(Games Workshop)의 훌륭한 보드게임인 워해머(Warhammer)를 기반으로 제작될 게임이었으나 판권을 확보하지 못하자 독자적인 지적 재산권(IP)으로 출시된 게임이다.

게임즈 워크샵과의 이런 껄끄러운 역사에도 불구하고 멧젠과 피니는 새로운 게임에 대한 영감을 얻기 위해 게임즈 워크샵과 계속해서 교류했다. 마침내 두 디자이너는 마침내 게임즈 워크샵의 인기 SF 브랜드인 워해머 40,000으로부터 여러 아이디어를 차용하여 스페이스 오페라 배경의 실시간 전략 게임을 계획하기 시작했다. 역사상 가장 위대한 실시간 전략 게임이 탄생하는 순간이었다.

1998년 3월에 출시된 스타크래프트는 처음부터 특별했다. 상대적으로 낮은 시스템 요구 사항에도 불구하고 최첨단 그래픽을 자랑했다. 그리고 감염된 초능력자, 사라 케리건(Sarah Kerrigan)과 같은 여러 주목할 만한 캐릭터들을 등장시키면서 아주 매력적이면서도 믿을 수 없을 정도로 창조적인 우주 전쟁 이야기를 들려주었다. 이 게임은 실시간 전략 게임 장르에 두 가지 놀라운 혁신을 가져왔다.

첫 번째 혁신은 개성이 뚜렷한 진영 간의 대결을 보여주었다는 것이다. 이전의 실시간 전략 게임들은 진영 간에 거의 같은 유닛 및 건물 구성을 사용했으며, 각 진영 간의 차이는 매우 미미했다.

스타크래프트는 이러한 한계에서 벗어나 세 개의 완전히 다른 진영을 구현했다: 테란, 프로토스, 저그는 고유한 건물과 유닛 그리고 생산과 전투 방식에 이르기까지 세세하게 차별화되었다. 무엇보다도 세 종족의 밸런스를 거의 완벽하게 맞추었다. 보이지 않는 다크템플러에 매력을 느껴 프로토스를 선택했든, 핵미사일에 매력을 느껴 테란을 선택하든, 각 종족은 대등한 위치에서 경쟁했다. 이로 인해 게임 플레이가 재미있고 다양해졌으며, 실시간 전략 게임에서의 기술 상한선이 전례 없이 높아졌다.

더 중요한 것은, 종족의 다양성 덕분에 게이머들은 본인이 플레이하는 종족에 남다른 애정과 충성을 쏟기 시작했다는 점이다. 본인이 좋아하는 종족이 진정으로 중요했다. 게이머들은 단순한 스타크래프트 플레이어가 아니었다. 프로토스의 사령관, 혹은 저그의 여왕이었다.

스타크래프트의 또 다른 커다란, 아마도 가장 중요한 혁신은 온라인 멀티플레이 시스템이었다. 1996년 블리자드는 게이머가 서로 직접 겨룰 수 있는 최초의 게임 내 멀티플레이어 플랫폼인 배틀넷(Battle.net)을 출시했다. 게이머를 동기화하는 시스템은 이미 존재했지만 배틀넷은 온라인 대전을 진정으로 매끄럽게 만든 최초의 시스템이었다. 배틀넷 등장 이전에는 멀티플레이를 하기 위해서는 상대를 구하고 모뎀으로 연결하는 과정부터 격렬한 전투 중에 갑자기 느리고 버벅거리는 화면에 이르기까지 고난의 연속이었지만, 이제 게임 클라이언트에서 배틀넷을 클릭하는 것만으로 곧바로 온라인 대전을 즐길 수 있었다.

블리자드는 온라인 멀티플레이만 가능한 스폰 설치(Spawn Install) 기능을 도입하여 멀티플레이어 플랫폼을 더욱 널리 보급했다. 스폰 설치를 하면 오직 멀티플레이만을 즐길 수 있었으나, 1개의 CD로 여러 대의 컴퓨터에 동시에 설치하여 즐길 수 있었다. 스타크래프트를 소유한 친구가 있으면 누구나 자신의 컴퓨터에 제한된 멀티플레이어 전용 버전을 설치하고 다른 게이머와 무료로 배틀할 수 있게 되면서 스타크래프트의 접근성이 더욱 향상되었다.

그 결과, 스타크래프트는 배틀넷의 주력 게임을 넘어 전 세계적으로 크게 흥행했다. 스타크래프트는 출시된 해에 150만 장이라는 놀라운 판매량을 기록하면서 1998년에 가장 많이 PC 게임이 되었다.[3] 그 이후 10년 동안 세계적으로 수백만 개가 팔렸는데, 약 절반이 한국에서 팔렸다.

세계에서 가장 인구가 많은 25개국에도 포함되지 않는 나라가 어째서 스타크래프트 판매량의 절반 가까이를 차지할 수 있었을까?

북한과의 껄끄러운 관계부터 재벌이라고 불리는 국내의 거대 기업들에 의해 지배되는 독특한 경제에 이르기까지, 한국은 언제나 상대적으로 독특한 국가였다. 그러나 e스포츠의 촉진이라는 관점에서 보면, 한국은 이를 위한 두 가지 중요한 요소를 가지고 있었다. 첫 번째는 초고속 인터넷이 상당히 높은 밀도로 보급되었다는 점이다. 한국은 지구상에서 인터넷이 가장 많이 보급된 국가이자 인터넷 속도가 가장 빠른 국가가 되었다.[4] 두 번째는 인구가 극단적으로 집중되었다는 점이다. 한국 인구의 약 절반이 서울과 수도권에 살고 있었고, 이들 가운데 많은 사람이 1997년 아시아 금융위기로 인해 불완전 고용 상태에 있었다.

당시 서울의 극도로 밀집된 생활 환경 때문에 다소 생소한 유형의 사업 기회가 생겼다. 가정이나 사무실에서 벗어나서 '제3의 장소'를 찾는 분위기가 조성된 가운데, 어디에서나 값싼 인터넷을 누릴 수 있는 환경으로 말미암아 PC방이 등장했다. PC방은 보통 게임 까페 또는 LAN 센터로 번역된다. PC방은 잔인하게 긴 회사 근무 시간(세계 1위에서 3위 사이)과 혹독한 대학 입시 준비로 스트레스에 시달리는 한국 사회의 탈출구였다.5 PC방 고객들은 긴장을 풀고 커피나 심지어 음식을 주문하며 친구들과 함께 판타지 게임의 세계로 탈출할 수 있었다.

그리고 PC방에서 선택한 게임은 스타크래프트였다.

한국은 세계 어느 나라보다도 e스포츠에 필요한 SCAR 요소들에서 훨씬 앞서게 되었다. 인터넷 통신 인프라의 발달은 높은 접근성을 제공했고, PC방은 커뮤니티를 창출했고, 스타크래프트는 기술을 가져왔다.

그러나 보상은 어떠하였을까?

한국에서 뛰어난 게이머는 언제나 약간일지라도 사회적인 이점을 누렸다. 게임 커뮤니티의 게시판에서 명망을 얻거나, 혹은 게임의 랭킹 순위권에 기록되면서 말이다. 그러나 결정적으로 중요한 점은, 이런 지위가 온라인상의 무형의 것이었다는 사실이다.

하지만 PC방 문화는 온라인이 아닌 실생활에서도 게임 유명인사들을 창출했다. 미국 예산관리국의 무역 및 금융 분야의 수석 경제학자인 조세프 안(Joseph Ahn) 박사는 다음과 같이 설명한다: "스타크래프트는 모두가 플레이하는 국민 게임이었기 때문에, 높은 수준의 기술을 가진 플레이어는 진정한 사회적 명성을 누릴 수 있었습니다. 당신이 단골 PC방의 챔피언이라 가정해봅시다. 당신은 그 PC방을 대표하여 매일 밤 한국 전역에서 벌어지는 온라인 스타크래프트 전장에서 전투를 벌였습니다. 이런 경쟁 속에서 많은 플레이어들은 '나는 어느 수준까지 잘할 수 있을까'라고 생각하게 되었습니다."

어떤 면에서, PC방 문화는 과거 영국 핀볼 문화나 캘리포니아 오락실 문화와 비슷했다. 그러나 이런 선례들과는 달리, 인터넷으로 상호 연결되어 있고 인구 밀도가 높은 서울은 더욱 강력한 네트워크 효과를 일으켰다. 안 박사는 다음과 같이 설명한다: "어디든 PC방이 있었습니다. 온전한 한 세대의 아이들이 스타크래프트를 플레이하고, 전략을 의논하고, 방과후 자신의 기술을 자랑하고, 대회에 참가하면서 자랐습니다."

게임에서 처음으로 보상이 생겼다. 비록 사회적 보상이기는 하지만 말이다. 그러나 한국의 독특하게 고립된 경제에서, 성공은 곧 경제적 보상으로 바뀌게 된다.

"박서(BoxeR)" 임요환은 한국 PC방을 지배하여, "테란의 황제"라고 불리게 되었다. 임요환은 당시 스타크래프트의 인기에 힘입어 전국적으로 열렸던 KPGA, 스타리그, WGC 챔피언십 등의 주요 대회에서 우승하였다. 임요환은 WGC 챔피언십에서 한 차례가 아닌 무려 두 차례나 우승하며 최고의 성취를 거두었고, 세계 최고의 선수라는 의미의 '본좌'라는 타이틀을 최초로 획득했다.

그러나 매우 중요한 점은, 임요환이 E3 무역 박람회의 이벤트장에서 우승한 것이 아니라 TV로 전국에 방송되는 대회에서 우승했다는 사실이다. 당시 스타크래프트의 인기와 저렴한 경기 중계 비용에 힘입어 온게임넷(OGN)과 같은 게임 전문 방송채널이 설립되었다. 처음에는 게임 전문 미디어로 출발했지만 높은 인기에 힘입어 곧 케이블 채널을 개국하고 국내 방송 계약을 빠르게 확보하여 전국에 방송하기 시작했다.

임요환은 단순히 e스포츠 대회에서 우승한 것이 아니었다. 임요환은 한국의 국민들 앞에서 우승트로피들을 들어올렸다.

임요환이 대중의 시선을 사로잡으면서 e스포츠에 국가적인 이목이 집중되었다. 임요환은 e스포츠 게임단, SK 텔레콤(한국 재벌인 SK 텔레콤의 e스포츠에 대한 관심 때문에 이렇게 명명되었다)에 가담했다. TV 중계권과 기업의 지원으로 상금이 치솟았다. 임요환의 평생 상금은 빠르게 10만 달러를 돌파했다.6, 7 비록 대단한 금액이 아니지만, 과거에 쓰레쉬가 상금으로 받았던 중고차에 비하면 훨씬 나아졌다.

그러나 임요환에게 상금 자체가 반드시 중요한 것은 아니었다. 왜냐하면 돈을 버는 더 확실한 방법을 가졌기 때문이었다. 바로 팬이었다.

아시아의 폭넓으면서도 약간 컬트적인 팬클럽 문화 덕택에, 임요환은 50만 명이 넘는 헌신적인 추종자들을 보유했다. 그리고 이 추종자들은 경기 티켓, 상품, 물품, 임요환의 명경기를 모은 DVD 등을 구매했다. 당시 팬클럽 구조는 원시적이었지만, 트위치의 구독 시스템을 적어도 부분적으로 예견하는 것이었다.

높아진 임요환의 명성은 스폰서들을 끌어들이는 데 도움이 되었다. 특히 국내 마케팅에 전적으로 초점을 맞추는 경향이 있는 폐쇄적 성격을 가진 한국 기업들은 스폰서에 더욱 적극적으로 참여하였다. 대한항공은 스타크래프트 캐릭터의 이미지를 비행기 꼬리날개에 마킹했고, 대한민국 공군은 의무적으로 군 복무를 해야 하는 젊은 세대에게 어필하기 위해 자체 e스포츠 게임단을 창단했다.

기업 후원은 e스포츠 인재에 대한 투자를 촉진했다. 세계 최초로 한국 e스포츠 게임단은 감독, 코치, 스파링 파트너, 심지어 팀 전용 숙소(선수들이 먹고 잠자고 연습하는) 등으로 구성된 조직적인 e스포츠 생태계를 발전시켰다. e스포츠 게임단들은 제2의 임요환을 기대하면서 유망주를 확보하기 위해 급여, 복지, 상금 분할 등을 명시하며 경쟁적으로 스카우트 계약을 했다. 오늘날까지 한국의 e스포츠 인재 육성 생태계는 한국이 e스포츠에서 계속 우위를 점하는 데 기여하고 있다.

한국에서 스타크래프트의 인기가 커지면서 성공에 대한 보상이 증가하였다. 아직까지 한국에서 스타크래프트 프로게이머로서 생계비를 버는 것은 여전히 어려웠지만, 적어도 임요환은 행운의 소수 사람들에게 중요한 성공 사례를 만들어냈다. 임요환은 전성기 시절 1년에 아마도 25만 달러 이상을 벌었다.

임요환의 재정적 성공과 전국적 명성으로 점점 더 많은 헌신적인 스타크래프트 팬들이 이를 주목하기 시작했다. 국내에서는 이영호와 이제동 같은 새로운 전설들이 등장했다. 대부분의 스타크래프트 프로게이머들이 여전히 한국인들이었지만, 전 세계의 프로게이머 지망생들이 게임하기 위해 한국으로 이주하기 시작했다. 국제적으로 자신의 실력에 대한 보상을 받을 수 없었던 전 세계의 프로게이머 지망생들은 용감하게 새로운 고향으로 이주하였고, 이 새로운 고향에서 비록 언어소통이 되지 않았지만 자신의 능숙한 실력에 대한 재정적 보상을 받으려 했다. 이런 선봉대 가운데 아마 가장 유명한 사람이 기욤 패트리(Guillaume Patry)로, 프랑스계 캐나다인 스타크래프트 프로게이머이자 최초의, 그리고 유일한 비한국인 스타리그 우승자이다.

2000년대 초반에 한국에서 e스포츠 인프라가 등장했을 때, 서구 언론들은 이런 인프라를 보고 비웃었다. 서구 언론들은 한국을 불합리의 축소판으로, 다시 말해 게임 문화가 지나치면 어떤 일이 벌어질 수 있는가에 대한 경계의 이야기로 보았다. 2010년 말까지도 인기 영어 웹 사이트에는 "한국은 왜 스타크래프트에 미쳤는가?"[8]라는 낚시성 기사가 게시되었다.

그러나 다른 나라들이 간과한 것은 e스포츠가 번성할 수 있는 조건들이 처음으로 한국에 존재했다는 사실이다. 한국이 이상한 것이 아니었다. 한국인들이 앞서 있었던 것이다. 한국인들이 1위였기에 독특해 보였을 뿐이다. 한국의 SCAR 요소들이 전 세계로 확산되자 다른 나라도 한국의 예를 따랐다. 2011년 트위치의 북미 스트리밍 플랫폼 런칭과 더불어 한국의 고립이 끝났다. 마침내 국제적인 e스포츠의 시대가 도래한 것이다.

PART

02

본격적인
e스포츠의 시작

Chapter 06 ⎸ 리그 오브 레전드

인터넷 방송 플랫폼의 보급으로 전 세계의 프로게이머가 명성과 재정적 보상을 얻을 수 있게 되면서 e스포츠가 도약하였다. SCAR 요소들이 세계화되면서 스타크래프트가 한국에서의 성공을 다른 곳에서도 재현하고 최초의 진정한 국제 e스포츠가 되었을까?

아니다. 아이러니하게도 스타크래프트는 국제 e스포츠가 되는 대신 자신의 가장 강력한 경쟁자를 키웠다. 새로운 장르의 게임인 멀티플레이어 온라인 배틀 아레나(MOBA)는 자신을 키워준 부모인 스타크래프트를 폐위하고 e스포츠를 지배하게 된다.

멀티플레이어 온라인 배틀 아레나(MOBA)란 무엇인가?

멀티플레이어 온라인 배틀 아레나(Massive online battle arena, MOBA)는 실시간 전략 게임(RTS)이 진화한 것으로서, 실시간 전략 게임과 매우 유사하다. MOBA에서 플레이어는 하나의 영웅을 선택하고 레벨과 스킬 및 아이템을 통해 강화시켜 상대 팀의 캐릭터를 제압하고, 상대 진영의 요새화된 기지를 파괴한다. 플레이어는 AI가 조종하는 병력이 주기적으로 생성되는 공격로에서 상대방의 병력과 타워를 파괴하고, 성장하여 상대 플레이어와 전투를 벌인다. 궁극적인 목표는 상대 기지를 돌파하여 상대 팀의 중앙 구조물을 파괴하는 것이다.

MOBA는 믿을 수 없을 정도로 많은 기술을 필요로 한다. 숙련된 플레이어는 지도를 보면서 아군과 상대방의 위치를 파악하는 동시에 본인이 다루는 챔피언의 능력을 적재적소에 활용하여 전투를 한다. 게다가 많은 MOBA 게임은 플레이어가 AI가 조종하는 상대 병력에 최종 타격을 가해야만 추가 보상을 받을 수 있는 '마지막 타격'이라는 게임 메커니즘을 도입하고 있기에 기술 상한선이 더욱 높다.

스타크래프트는 베스트셀러 실시간 전략 게임 그 이상이었다. 스타크래프트에는 강력하고 창조적인 맵 에디터(map editor)가 포함되어 있었다. 대담한 사용자들은 맵 에디터를 활용하여 자신만의 맞춤형 전장을 구축할 수 있었다. 맵 에디터 덕분에 전설이 된 이 실시간 전략 게임은 지속적으로 플레이할 만한 가치를 얻었고, 게임의 깊이가 더해졌다.

아마추어 게임 디자이너들은 스타크래프트의 맵 에디터를 조사하면서 야심 찬 프로젝트를 기획했다. 특히 맵 에디터는 던전 앤 드래곤과 같은 롤플레잉 게임(role playing game, RPG)를 만드는 데 사용될 수 있었다. 이러한 롤플레잉 게임들은 스타크래프트처럼 3인칭 하향식 시점에서 플레이하지만, 군대에 명령을 내리는 대신 단일 유닛(영웅)만 조종하는 데 중점을 두었다. 다양한 버전의 스타크래프트 롤플레잉 게임 모드가 인기를 얻었는데 그 가운데에서도 특히 주목을 받은 것은 Aeon of Strife였다.

Aeon of Strife(Aeon Strife나 AoS라고 부르기도 한다)에서, 영웅은 3

개의 공격로에서 파도처럼 몰려오는 상대와 맞서 싸우고, 영웅의 공격력과 방어력 및 보호막 등을 업그레이드하는 데 사용할 수 있는 자원을 얻는다. AoS는 당시 큰 인기를 끌었지만 AoS를 게임 진화의 선구자로 보는 사람은 아무도 없었다.

그러나 블리자드 엔터테인먼트는 AoS에서 영감을 받았다. 특히 영웅 중심의 매커니즘은 스토리텔링에 적합한 듯 보였다. 영웅 중심의 메카니즘은 강력한 영웅 한 명을 그를 둘러싸고 있는 총알받이 병사들보다 더 중요하게 부각할 수 있었다.

2002년 7월 3일, 블리자드가 출시한 스타크래프트의 후속작, "워크래프트 III: 레인 오브 카오스"에 영웅 시스템이 본격적으로 등장했다. 이전의 실시간 전략 게임들은 대규모 군대의 충돌에만 초점을 맞추었고, 개인주의의 여지가 없었다. 그러나 워크래프트 III는 이런 관례를 버렸다. 워크래프트 III의 영웅 유닛은 기존 롤플레잉 게임처럼 레벨을 올리고 금을 획득하고 아이템을 구매하였다. 게다가 맵 자체도 단순히 전투를 위한 정적인 환경이 아니었다. 영웅 유닛은 맵의 주요 거점을 지키는 크립(creep)이라는 중립 몬스터를 사냥하여 레벨을 올리고 자원을 얻을 수 있었다. 이 두 가지 매카니즘은 AoS에서 영감을 받았다고 할 수 있을 것이다.

워크래프트 III의 일부로서 이런 특징들은 스토리를 전달하는 데 크게 기여했다. 주인공들은 스토리가 진행되면서 점점 진화하고 강력해졌다. 게이머들은 영웅 중심의 서사와 군대 관리가 풍부하게 결합된 워크래프트 III에 크게 열광했다. 워크래프트 III는 판매를 시작한 첫 달에 무려 100만 장이 팔려 당시 가장 빨리 팔린 PC 게임이 되었다.[1]

MOBA의 탄생, 모드(MOD)

모드(MOD)는 이미 완성되어 출시된 게임의 내부 요소를 수정하여 만든 유저 제작 게임을 뜻한다. 모드는 일반적으로는 등장하는 캐릭터의 외모를 수정하거나 일부 콘텐츠를 바꾸는 간단한 변형으로 그치는 경우가 대부분이지만 아예 기능이나 시스템을 추가하여 전혀 다른 새로운 게임이 되는 경우도 있다. 모드는 기존의 게임 요소를 변조하여 제작하기에 원작 게임이 있어야 플레이가 가능하다.

모드는 일반적으로 게임 커뮤니티와 게임사 모두에게 크게 환영받는다. 원작 게임을 하던 유저는 모드를 통해 새로운 경험을 즐길 수 있는 동시에 원작 게임의 인기와 판매량 또한 늘어나기 때문이다. 게임사에 따라서는 게임의 주요 요소들을 변경할 수 있는 툴을 제공하기도 하며, 대표적으로는 스타크래프트와 워크래프트 III의 맵 에디터를 들 수 있다. Aeon of Strife(AoS)는 성공적인 모드의 사례이다.

워크래프트 III도 이전의 스타크래프트와 마찬가지로 맵 에디터 기능을 제공했다. 워크래프트 III의 맵 에디터는 스타크래프트에 비해 훨씬 발전했다. 워크래프트 III의 맵 에디터는 아예 게임 자체를 새롭게 재해석할 수 있을 정도로 강력했다. 예를 들면, 워크래프트 III 맵 에디터의 한 실행 예제에서는 탱크 레이싱 시뮬레이션을 제작할 수 있었다.

크게 영감을 받은 게임 디자이너 을(Eul)은 워크래프트 III에서 AoS를 리메이크하는 데 착수했다. 을은 워크래프트 III의 다양한 개선점들을 최대한 활용했다. AoS 역사상 처음으로 영웅 유닛은 기본 능력을 강화할 수 있었을 뿐 아니라, 새로운 능력을 습득하고 강력한 유물들(artifacts)을 구입할 수 있게 되었다. 그리고 워크래프트 III에서 동시

참여 플레이어 숫자가 크게 늘어났기 때문에, 을은 최대 5명으로 구성된 팀이 3개의 공격로를 두고 싸울 수 있도록 했다. 이렇게 해서 인기 있는 모드인 도타(Defence of the Ancients, DotA)가 탄생하였다.

도타는 초기 버전에서 다양한 능력을 지닌 영웅, 다양한 아이템 구매, 3개의 공격로로 구성된 전장 등의 게임 시스템을 보여주었고, 이는 현대 멀티플레이어 온라인 배틀 아레나(MOBA) 장르의 특징들이기도 하다. 모드 제작에서 을의 탁월성은 과소평가할 수 없다. 도타는 급격히 인기를 얻었다. 초기 도타의 인기도에 대한 정확한 자료를 수집할 수는 없지만 당시 워크래프트 III 멀티플레이의 10%가량이 도타와 관련되어 있을 것으로 추정된다. 아마추어 게임 디자이너가 제작한 모드라는 점을 감안하면 매우 놀라운 수준의 인기였다.

하지만 워크래프트 III의 확장팩인 프로즌 쓰론이 발매되면서 기존 모드를 해킹할 수 있는 버그가 발생하여 도타의 호환성에 문제가 생겼다. 도타를 해킹하여 무단제작한 도타의 파생 모드가 우후죽순으로 등장하기 시작한 것이었다. 아이템 가격을 조정하는 비교적 간단한 변화에서 영웅 능력을 아예 새롭게 재해석하는 커다란 혁신에 이르기까지 도타에서 파생된 모드들이 난립하였다. 이때에 메이안(Meian)과 라그너(Ragn0r), 그리고 나중에 가담한 구인수(Guinsoo) 등 여러 아마추어 게임 디자이너들이 인기 있는 도타 파생 모드의 장점을 모아서 궁극적인 모드인 도타 올스타(DotA Allstars)를 제작했다.

놀랍게도 도타 올스타의 인기는 워크래프트 III 자체를 가릴 정도로 뜨거웠다. 이 시점에 워크래프트 III는 출시 이후 이미 인기가 여러 차례 반감기를 거치며 급속히 하락했다. 반면에 도타 올스타는 또 다른 게임 디자이너 아이스프로그(IceFrog)의 관리하에서 무수한 밸런스 업데이트와 시스템 개선을 통해 점차 인기를 얻고 있었다.

그러나 도타 올스타에 열성적으로 헌신하는 사람들이 있었음에도 불구하고, 도타 올스타는 분명한 한계도 있었다. 바로 워크래프트 III를 기반으로 하여 제작되었다는 것이다. 도타 올스타는 워크래프트 III의 기존 시스템과 디자인에 전적으로 의존했다. 도타 올스타가 혁신과 재해석, 수정을 거듭하여 뛰어난 게임이 된다고 할지라도 근본적으로는 워크래프트 III에서 실행된다는 한계를 벗어날 수 없었다.

게다가 도타는 워크래프트 III의 지적 재산권과 게임 자산으로 제작된 모드이기에 워크래프트 III를 개발한 게임사인 블리자드가 도타에 대한 소유권을 주장할 수 있었다. 결국 블리자드는 도타의 성공을 활용할 수 있는 완벽한 위치에 있었다. 블리자드가 도타에 대한 소유권을 주장하고 독립적으로 실행 가능한 게임을 제작하여 도타 올스타를 발전시킬 수 있었다.

하지만 그렇게 되지 않았다.

도타 올스타의 인기가 상승하고 있을 때, 블리자드의 또 다른 게임인 WoW(World of Warcraft)가 세계를 장악했기 때문이었다. WoW의 막대한 재정적, 문화적 성공은 부정적인 부작용도 초래해서, 블리자드로 하여금 도타의 잠재력을 간과하게 했다. WoW가 온라인 세계의 규칙을 다시 쓰고 있을 때 어떻게 블리자드가 아마추어의 맵에 관심을 가질 수 있었겠는가? 게다가 WoW의 성공은 본의 아니게 또 다른 대형 게임사인 액티비전(Activision)의 관심을 끌었고, 2007년과 2008년에 걸쳐 합병이 추진되었다가 무산되며 혼란이 초래되었다.2

무엇보다 근본적으로 블리자드는 도타를 위협으로 인식했다. 결국, 게이머들은 도타를 플레이하기 위해서는 여전히 워크래프트 III를 구매해야 했다. 애당초 블리자드가 게임에 맵 에디터를 함께 제공한 이유는 커뮤니티의 적극적인 참여를 유도하고 게임 판매를 촉진하기 위해서였다.

나쁜 디자인이 오히려 좋을 수 있다고?

현대 게임 디자인에서 흔히 인용되는 신조는 '플레이어에게 의미 있는 선택을 주어라'이다. 좋은 게임은 일련의 흥미로운 결정을 제시하기 때문에 플레이하는 것이 즐겁다. 따라서 플레이어에게 의미가 없는 선택을 제시하는 것은 일반적으로 나쁜 게임으로 여겨진다. 왜냐하면 제시된 결정이 흥미롭지 않기 때문이다. 두 가지 예를 들어 이 점을 설명하기로 하자.

첫째, 내가 플레이어에게 화염구(Fireball)와 라이트닝 볼트(Lightning Bolt)라는 두 마법 가운데 하나를 선택하게 하는 마법사 게임을 만들었다고 가정해보자. 이 두 마법은 용도가 다르다. 예를 들면, 화염구는 얼음 정령에게 더 효과적이지만 로봇에게는 라이트닝 볼트가 더 효과적이다. 화염구와 라이트닝 볼트 사이의 선택은 의미 있다. 왜냐하면 각각의 마법이 고유한 가치가 있기 때문이다. 이것은 좋은 게임 디자인으로 여겨진다.

이와는 대조적으로, 마법사 게임이 게이머에게 화염구(Fireball)와 더 강력한 화염구(Stronger Fireball) 가운데 하나를 선택하게 한다고 가정해보자. 기술적으로 그 게임은 선택지를 제시하고 있다. 그렇지만 그 선택지는 나쁜 선택지이다. 왜냐하면 더 강력한 화염구가 모든 면에서 화염구보다 낫기 때문이다.

그러나 현대 게임 디자이너가 종종 간과하는 것은, 가끔 잘못된 선택들이 신규 플레이어를 빨리 끌어들이는 강력한 도구라는 사실이다. 예를 들면, 어느 마법사 게임이 플레이어에게 화염구와 산성 폭발(Acid Blast) 가운데 하나를 선택하게 한다고 가정해보자. 이 플레이어는 한 시간 동안 플레이한 후에, 산성 저항력을 갖춘 적들이 거의 없기에 산성 폭발이 화염구보다 강하다는 것을 깨닫는다. 기술적으로는 산성 폭발과 화염구 가운데 하나를 선택하는 것은 화염구와 더 강력한 화염구 가운데 하나를 선택하는 것과 같다.

그러나 플레이어가 이를 진정으로 잘못된 선택지라고 느낄까? 많은 게이머들은 이러한 선택에서 좌절감이 아니라 성취감을 느낄지 모른다. 왜냐하면 그 게임을 하고 난 뒤 게이머들이 산성 폭발이 더 낫다는 것을 배웠기 때문이다. 눈에 띄게 게임에 숙달되었다. 결국 초보자만 화염구를 선택한다.

리그 오브 레전드(LoL)는 잘못된 선택(기술적으로는 나쁜 게임 디자인)을 아주 효과적으로 이용하는 데 특히 능숙하다. 리그 오브 레전드는 아이템의 선택지가 매우 다양하여 글자 그대로 수백만 개의 조합이 가능하다. 그러나 각각의 영웅에게는 오직 몇 개의 아이템만이 유효하며, 이것들을 온라인에서 쉽게 검색할 수 있다. 플레이어는 올바른 아이템과 스킬을 선택하기 위해 온라인으로 검색하고 연구하는 과정에서 게임에 더욱 능숙하게 된다.

e스포츠에서는 접근성과 기술이 모두 중요하다. 선택 오류 디자인은 게임을 플레이하는 데 필요한 기술에는 궁극적으로 크게 기여하지 않지만, 어떤 게임을 접근할 만하다고 느끼게 하는 데는 도움이 된다.

마지막으로 블리자드에는 문화적 문제가 있었다. 이 회사는 세계 최고의 게임들을 만들었으며, 그 성공은 오만함을 낳았다. 어떻게 게임 혁신이 블리자드의 외부에서 올 수 있었겠는가? 블리자드는 도타를 비롯한 MOBA 게임을 단순화된 실시간 전략 게임이라고 인식했다. 도타에서 플레이어는 단지 하나의 맵에서 단 하나의 유닛에 초점을 맞추어 플레이한다. 정말로 도타는 플레이하는 데 더 적은 기술을 필요로 하는 더 원시적인 게임이었을까?

블리자드는 도타의 소위 단순함이야말로 굉장한 게임 디자인 강점이었다는 사실을 간과했다. 신규 플레이어도 간단해 보이는 도타를 실행하여 부담 없이 영웅을 선택하고 플레이했으며, 이런 간단해 보이는 겉모습 뒤에는 놀라운 복잡성이 숨어있었다. 도타에서 한 명의 영웅을 제어하는 것은 스타크래프트에서 수백 명의 군대를 제어하는 것보다 더 간단했다. 하지만 더 쉽지는 않다는 것이 드러났다. 플레이어는 영웅의 능력을 적절한 타이밍에 픽셀 단위로 정교하게 사용해야 하고, 상대방의 기습 매복에 대비하여 위치를 잘 선정해야 하며, AI가 제어하는 병력을 가능하면 많이 마지막 타격으로 제거하여 골드를 얻고, 상황에 맞게 적절한 아이템을 구매해야 했다.

도타는 겉보기와는 달리 고도로 기술 집약적인 게임으로 밝혀졌다.

앞에서 우리는 SCAR의 각 요소를 좋은 것으로, 즉 "많으면 많을수록 좋은 것"으로 논의했다. 가령 커뮤니티가 성장하거나 보상이 증가하면, e스포츠의 잠재력은 더욱 촉진된다. 그러나 SCAR의 두 요소인 기술과 접근성은, 항상은 아니지만 흔히 부정적인 상관관계에 있다.

게임의 기술이 증가하면 게임 시스템을 배우는 어려움도 증가한다. 그래서 게임이 복잡할수록 초보자는 압도되는 느낌을 받으며 낙담하거나 혼란스러워 하기 때문에, 기술의 증가는 종종 새로운 플레이어의 경험에 해로운 영향을 미친다. 즉 기술이 증가할수록 접근성이 떨어진다.

스타크래프트나 워크래프트의 입문자가 200개의 유닛과 생산기지를 동시에 제어하기는 어렵다. 시간이 지나면서 많은 재미와 보람을 느낄 수 있겠지만 입문자는 그저 혼란스럽고 스트레스를 받을 뿐이다. 어디에 건물을 지었는지 기억하기 어려우며, 군대가 공격받는 것을 한참 늦게 알아차린다. 한 번에 너무 많은 일이 일어나기 때문에 자신이 무엇을 잘못하고 있는지, 어떻게 개선해야 하는지 알아차리기 어렵다. 게임이 재미있어 보여도 즐기지는 못한다. 그래서 떠나 버린다. 실시간 전략 게임의 기술 집약성은 신규 플레이어를 내몰아 버린다.

기술과 접근성 사이의 역관계도 성립한다. 게임이 너무 배우기 쉬우면, 근본적으로 기술 저하가 초래된다. 틱택토 룰은 쉽게 배울 수 있다. 그러나 틱택토는 특별히 심도 있는 게임은 아니다. 접근성과 기술은 서로 자연스럽게 균형을 이루어야만 한다.

도타가 단일 영웅에 초점을 맞추어 기술을 너무 많이 희생시키지 않고도 실시간 전략 게임보다 훨씬 더 접근하기 쉽게 만들었다는 사실을 블리자드는 간과했다. 그 결과 MOBA는 구조적으로 더 강력한 e스포츠 종목으로 자리 잡았다. 블리자드가 MOBA 시장을 장악하지 못했다면, 누가 장악했을까?

워크래프트 III 출시로부터 무려 7년 후인 2009년에, GPG(Gas Powered Games)는 최초의 상용 MOBA 게임인 데미갓(Demigod)을 출시했다.

게임업계의 전설인 크리스 테일러(Chris Taylor)가 설립한 GPG는 던전 시즈(Dungeon Siege) 시리즈로 성공을 거둔 트리플 A 개발업체였다. 이제 게이머는 워크래프트 III에 의존하지 않고도 MOBA 장르 게임을 즐길 수 있었다. 당시 트위치가 막 뜨고 있던 시기에 출시되었다는 점까지 고려한다면 데미갓의 출시 타이밍은 완벽해 보였다. 하지만 행운의 여신은 데미갓에게서 고개를 돌렸다.

4월 14일 데미갓의 공식 출시일을 앞두고 게임 소매업체인 게임스탑(GameStop)의 실수로 4월 9일부터 데미갓을 판매하면서 커다란 기술적인 문제가 발생했다. 게임의 서버가 아직 출시되지 않았기 때문에 게임스탑에서 데미갓을 주문한 열성적인 고객들이 온라인 플레이를 할 수 없었다. 출시 초기부터 부정적인 여론이 급증했다. 게다가 인터넷 방송은 데미갓에 대한 여론을 호전시키기는커녕 더욱 악화시켰다. 출시일 당일 데미갓을 켰던 몇몇 열정적인 방송인들은 게임을 제대로 플레이할 수 없었다.

데미갓은 부정적 여론의 악순환에서 결코 회복하지 못했다. 표면상으로 보이는 것만이 아닌 게임 그 자체는 사랑받을만 했을지라도, 크리스 테일러의 잊혀진 걸작은 역사의 쓰레기통에 들어가게 되었다.

MOBA의 왕관은 아직 누구도 차지하지 못했다. 그러면 누가 다음번에 MOBA 왕관의 주인이 되려고 할까?

도타 커뮤니티의 유명 게임 디자이너였던 구인수가 새로운 회사인 라이엇 게임즈(Riot Games)에 가담했다. 이 시기에 라이엇 게임즈는 입증된 혈통 없이 그저 MOBA 장르에 대한 열정만을 가진 신생 게임사였다. 서던 캘리포니아 대학교의 룸메이트였던 브랜든 백(Brandon Beck)과 마크 메릴(Marc Merrill)이 공동으로 설립한 라이엇 게임즈는 도타 올스타와 유사하지만 워크래프트 III의 족쇄에서 벗어난 MOBA 게임을 만들기 시작했다.

마침내 구인수의 도움으로 현대 e스포츠의 거물인 리그 오브 레전드(League of Legends, LoL)가 탄생했다. 2009년 10월에 출시된 리그 오브 레전드는 기본적인 도타의 시스템에 더하여 구인수가 도타에 추가했던 시스템을 발전시키고 다양한 영웅들과 아이템 조합 시스템을 갖춰 게임성이 크게 향상되었다.

딱 한 가지 문제가 있었다. 리그 오브 레전드는 혼자가 아니었다. 거의 같은 시기에, S2 게임즈(S2 Games)가 도타 올스타와 유사한

MOBA 장르 게임인 히어로즈 오브 뉴어스(Heroes of Newerth, HoN)를 출시했다. S2 게임즈의 이 게임은 라이엇 게임즈보다 많은 구조적 우위를 가지고 있었다. 이미 2003년에 세비지(Savage)를 출시하여 상업적으로 성공을 거두었던 S2 게임즈는 6년의 개발 기간으로 게임의 품질을 끌어올렸다. 출시 당시 히어로즈 오브 뉴어스는 리그 오브 레전드보다 훨씬 더 우수한 게임이었다.

리그 오브 레전드의 경쟁자는 히어로즈 오브 뉴어스 외에 또 있었다. 하프라이프(Half-Life)로 유명한 전설적인 게임사인 밸브 코퍼레이션(Valve Corporation)도 도타 올스타의 성공에 주목하였고, 도타 올스타의 게임 디자이너인 아이스프로그(IceFrog)를 영입했다. 당시 아이스프로그와 구인수는 서로 비판하고 비난했으며, 상대가 사적인 이익을 위해 무단으로 도타의 자산을 이용했다고 주장했다. 근본적인 진실이 무엇이었든, 아이스프로그는 밸브의 MOBA 프로젝트를 주도하였다. 밸브의 MOBA 게임은 유명한 게임사에 의해 제작되었다는 사실 외에도 다음과 같은 이유로 도타의 명백한 계승자로 보였다. 바로 도타의 브랜드를 상속하여 도타 2라는 이름이 지어진 것이다.

MOBA의 미래를 위한 전투가 이제 막을 올렸다.

라이엇 게임즈는 2009년 말에 리그 오브 레전드를 출시하면서 수익 모델에 대해서 중요한 결정을 내렸다. 리그 오브 레전드에 새로운 유형의 수익 모델인 부분 유료화를 도입하기로 했다.

부분 유료화(Free-to-Play, F2P) 수익 모델은 아시아 전역에서 이미 수년 동안 성공적으로 이용되고 있었지만, 서구에서는 모바일 게임의 인기가 증가하면서 본격적으로 추진되었다. 부분 유료화 게임에서 게임의 다운로드나 설치는 완전히 무료다. 게임 제작사는 게임의 판매로 돈을 버는 것이 아니라, 게임 내의 콘텐츠 판매로 수익을 올린다. 이런 디지털 콘텐츠는 게임을 수월하게 해주는 아이템(예: 추가 생명)부터 외형 업그레이드(예: 새로운 의상)에 이르기까지 다양하다.

부분 유료화는 게임 자체를 판매하는 것이 아니라 유저들에게 다수의 소액 구매를 유도하여 수익을 얻기에 소액 결제(Microtransaction)라고도 부르며, 이는 BAMS 모델의 M이다.

여러 면에서 부분 유료화는 가정용 비디오 게임기 산업에서의 면도기-면도날 수익 모델을 현대적으로 해석한 것이다. 과거 "면도기"는 비디오 게임기, "면도날"은 게임 카트리지였지만, 오늘날 부분 유료화 모델에서 "면도기"는 게임 자체이고 "면도날"은 게임 내의 유료 콘텐츠이다. 다만 이제 게임 카트리지나 CD와 같은 물리적인 형태 없이도 온라인으로 게임을 배포할 수 있으므로 게임을 생산 및 배포하는 데 필요한 비용이 거의 없다. 즉, "면도기"인 게임을 무료로 제공하더라도 유료 콘텐츠로 충분한 수익을 올릴 수 있다. 그 결과 부분 유료화 모델을 택한 게임의 접근성은 매우 높다. 어쨌든 게임들이 무료니까!

라이엇 게임즈는 부분 유료화 모델의 창시자는 아니지만, e스포츠에 부분 유료화 개념을 도입한 최초의 게임사들 가운데 하나였다. 그리고 부분 유료화는 MOBA 전쟁에서 라이엇이 승리하는 데 결정적인 요인이었다. 라이엇 게임의 잠재적 플레이어 기반이 선결제 때문에 인위적으로 제약되지 않았기 때문이다.

반면에 히어로즈 오브 뉴어스(HoN)는 2010년 5월 12일에 유료 패키지 게임으로 출시되었다. 그 결과 히어로즈 오브 뉴어스를 플레이하려면 $59.99를 먼저 지불해야 했기에 플레이하기에는 부담이 있었다.

리그 오브 레전드는 히어로즈 오브 뉴어스보다 많은 유저수 덕분에 더 빠른 매치메이킹이 가능해졌고 유저 간의 유대 관계는 더 공고했으며, 유저들이 자체적으로 생산한 콘텐츠도 더 많았다. 월드 오브 워크래프트가 다른 대규모 멀티 플레이어 온라인 롤 플레잉 게임(MMORPG)으로부터 독보적인 위치를 차지할 수 있게 해준 원동력이었던 네트워크 효과와 전환 비용을 리그 오브 레전드도 마찬가지로 누릴 수 있었다. 이 모든 것들이 바로 커뮤니티에 의해 촉진된 것이었다.

그리고 리그 오브 레전드는 히어로즈 오브 뉴어스보다 많은 수익을 올릴 수 있었다. S2 게임즈는 히어로즈 오브 뉴어스를 선불로 판매하면서 59.99달러를 벌었지만 라이엇 게임즈는 리그 오브 레전드의 새로운 영웅과 각 영웅의 스킨(치장용 아이템)을 판매할 때마다 약 10달러를 벌었다. 유저들은 한두 명이 아니라 수십 명의 영웅을 구입했기에 리그 오브 레전드의 부분 유료화 수익 모델은 라이엇의 황금알을 낳는 거위로 자리 잡았다.

그 결과, 리그 오브 레전드 때문에 히어로즈 오브 뉴어스도 출시한 지 1년 후인 2011년에 부분 유료화 모델을 채택하였지만 회복하기에는 타격이 너무 컸다. 2012년에 리그 오브 레전드는 1,200만 명의 월간 이용자 수를 기록한 반면에 히어로즈 오브 뉴어스는 유저들의 이탈로 재앙과도 같은 재정적 어려움을 겪었다.[3] 얼마 지나지 않아 히어로즈 오브 뉴어스는 점진적으로 게임을 폐쇄하는 수치스러운 과정을 시작했다.

이제 라이엇의 성공은 광범위하게 모방되었다. 오늘날까지 리그 오브 레전드의 권좌를 노리는 수많은 MOBA 장르의 게임들이 도전장을 내밀었다. 우버 엔터테인먼트(Uber Entertainment)의 슈퍼 먼데이 나이트 컴뱃(Super Monday Night Combat), 터바인 스튜디오가 제작한 DC 코믹스 브랜드의 인피니트 크라이시스(Infinite Crisis), 심지어 모바일 게임사인 징가(Zynga)의 솔스티스 아레나(Solstice Arena)에 이르기까지 매주마다 리그 오브 레전드에 도전하는 MOBA 장르 게임들이 발표되었다. 하지만 이 게임들의 대부분은 사람들에게서 잊혀졌다. 이들은 라이엇 게임즈가 부분 유료화 수익 모델을 통해 구축한 네트워크 효과와 전환 비용에 맞서 고군분투하면서 조용히 사라져 갔다.

하지만 그 가운데 리그 오브 레전드에 맞서 살아남은 가장 큰 도전자가 있었다. 바로 도타 2다. 도타 2가 3년이 넘는 개발 기간 끝에 2013년에 출시되었을 때, MOBA 왕관을 두고 라이엇 게임즈와 겨룰 진정한 경쟁자가 등장했다는 확연한 느낌을 주었다. 실제로 도타 2는 리그 오브 레전드 이후 등장한 MOBA 게임들 가운데 처음으로, 그리고 유일하게 상업적으로 성공했다. 도타 2가 성공한 이유는 매우 우수한 게임이었기 때문도 아니고(물론 도타 2는 매우 우수한 게임이기는 했지만), 도타의 유산을 물려받은 적장자이었기 때문도 아니고, 역시나 BAMS 수익 모델의 채택 때문이었다.

밸브 코퍼레이션은 히어로즈 오브 뉴어스의 몰락을 지켜보면서 연구하고 배웠다. 이 회사는, 도타 2가 기회를 잡기 위해서는 이 게임이 MOBA 장르의 전환 비용을 해결해야 한다는 것을 알았다.

따라서 출시할 때 도타 2는 부분 유료화를 채택한 게임이었을 뿐 아니라, MOBA 장르에서는 최초로 모든 영웅을 무료로 플레이할 수 있게 해주어 유저들의 접근성을 크게 향상시켰다. 게다가 도타의 게임 플레이는 리그 오브 레전드와 매우 유사했기에 게임을 플레이하는 데 필요한 기술 수준에 큰 차이가 없었다. 이 두 가지 결정으로 리그 오브 레전드에서 도타 2로 갈아타는 것이 더 쉬워졌다.

그리고 도타 2는 세 번째 중요한 결정을 내렸다. MOBA 장르에서는 최초로 수익 모델을 e스포츠 대회의 상금에 직접 연동시킨 것이다. 도타의 광적인 팬들이 장식 아이템을 비롯한 게임 내 편의성을 개선하는 서비스를 더 많이 구매할수록 도타 토너먼트의 상금은 더 많아졌다. 이를 통해 도타 커뮤니티의 열정적인 반응을 이끌어 내었을 뿐만 아니라 천문학적인 상금으로 많은 사람의 이목을 끌었다. 2019년 도타 2의 국제 대회인 인비테이셔널(Invitational)의 상금은 무려 3천만 달러를 돌파하는 등 도타 2는 오늘날 가장 많은 상금을 가진 e스포츠 종목으로 남아있다.4

도타 2는 잘 설계된 게임일 뿐만 아니라 접근성을 개선하고 커뮤니티를 육성하고자 수익 모델을 혁신한 덕분에 리그 오브 레전드의 강력한 도전자가 되었다.

오늘날 도타 2는 세계에서 두 번째로 인기 있는 MOBA로서 밸브에게 매월 수천만 달러의 수익을 가져다주고 있다.5 그리고 도타 2는 세계에서 가장 기술 집약적인 e스포츠로 진화하였고, 리그 오브 레전드와의 전략적 차별화를 더욱 공고히 다졌다.

도타 후계자들이 상업적으로 성공했기 때문에 2012년이 되면 심지어 블리자드도 MOBA 장르의 중요성을 받아들였다. 처음으로 MOBA 장르를 낳은 블리자드가 마침내 도전장을 내밀었고, 새로운 MOBA 게임의 개발에 박차를 가했다. 그러나 기존 MOBA의 경쟁자들이 이미 커뮤니티에 깊은 뿌리를 내리고 있었기에 처음부터 전망이 암울했다.

설상가상으로, 도타가 블리자드 게임에서 탄생했음에도 불구하고 블리자드는 도타 브랜드에 대한 소유권을 다소 상실했다. 2012년 5월, 블리자드는 밸브와의 오랜 소송 끝에 도타라는 이름에 대한 밸브의 소유권을 인정했다.6 블리자드가 더 일찍 조치를 취했다면 도타라는 브랜드를 통제했을 것이 거의 확실했기에 아쉬운 결과였다.7

블리자드는 소송 결과에 개의치 않고 개발을 계속했다. 도타 올스타의 직계 혈통이라 주장하기 위해서 새로 개발하는 MOBA 게임의 타이틀을 블리자드 올스타로 리브랜드 했다. 그리고 블리자드는 도타 2 및 리그 오브 레전드와의 차별화를 위해 노력했다.

블리자드가 차별화를 노린 요소는 두가지였다. 첫 번째는 스토리 중심의 캐릭터였다. 도타 2와 리그 오브 레전드에는 캐릭터의 스토리가 부족했다. 특히 도타 2는 저격수(Sniper)나 도끼전사(Axe)와 같이 캐릭터가 성격이 아닌 능력으로 명명되었기에 IP 차별화에 취약했다. 블리자드는 게이머들의 마음을 사로잡기 위해 스타크래프트, 워크래프트, 디아블로 시리즈의 영웅들과 이들의 서사를 적극적으로 활용했다.

두 번째로는 기존 MOBA 장르에서 채용되어 왔던 돈, 아이템, 3개의 라인, 마지막 타격(막타) 등의 게임 시스템을 과감히 삭제했다. 블리자드는 기존 MOBA의 시스템이 불필요하게 복잡하고 기술집약적이다 보니 입문한 유저들이 적응하기 힘들다고 생각했다. 예를 들어, 마지막 타격은 리그 오브 레전드와 도타 2의 게임 플레이에서 없어서는 안 될 부분으로 남아 있었다. 비록 마지막 타격이 워크래프트 III에서 영웅의 경험치를 할당하는 방식에서 유래한 것이었음에도 불구하고 그러했다. 도타 2는 이 메커니즘에서 한발 더 나아가 플레이어가 자신의 병력을 마지막으로 공격하여 상대방이 골드를 얻는 것을 방해할 수 있어서 더욱 기술집약적이었다. 블리자드는 기존의 지나치게 복잡하거나 불필요한 시스템을 제거하여 현대화하고 간소화된 MOBA를 만들고자 했다. 마찬가지로, 돈 및 아이템 자체를 제거한 것도 플레이어의 잘못된 최적화 선택을 방지하기 위해서였다.

그리하여 2015년 6월 2일에 블리자드 올스타에서 다시 명명한 블리자드의 야심작, 히어로즈 오브 더 스톰(Heroes of the Storm)이 출시되었다.

하지만 출시 첫날부터 엉망진창이었다. 블리자드가 자사의 MOBA에 대하여 확인한 시장 격차는 실제 시장 격차가 아니었기 때문이었다. 우리가 앞에서 살펴본 것처럼, e스포츠는 SCAR 요소들을 바탕으로 성장하였다. 스토리가 있는 캐릭터를 도입하는 것은 아무 효과도 없었고, 기술을 줄이는 것은 총체적으로 부정적이었다.

설상가상으로 블리자드는 도타의 성공에서 교훈을 배우지 않았다. 블리자드는 네트워크 효과와 전환 비용에 맞서 싸울 수 있는 수익 모델을 채택하지 않았다. 블리자드는 그 대신 리그 오브 레전드의 부분 유료화 모델을 그대로 채택하였다.

히어로즈 오브 더 스톰은 출시되자마자 사망선고를 받았다.

오늘날, 히어로즈 오브 더 스톰은 다른 e스포츠의 귀중한 반면교사가 되었다. 그 게임 실패의 핵심에 근본적이고 무서운 진실이 있기 때문이다. 그 진실이란 히어로즈 오브 더 스톰 게임 자체는 좋다는 것이다. 히어로즈 오브 더 스톰은 개성 있는 영웅 메커니즘과 풍부하게 연마된 게임 엔진에 있어서 높은 평가를 받았고, 심지어 오늘날까지도 여전히 플레이하는 것이 재미있다. 그러나 e스포츠에서는 훌륭한 것이 좋은 것은 아니다. SCAR 요소들을 증대시키거나 BAMS 수익모델을 개선하지 않으면 경쟁력이 없다. 블리자드가 패배를 인정하는데 몇 년이 걸렸다. 2018년 말에 블리자드는 히어로즈 오브 더 스톰 e스포츠를 공식적으로 중단했다.8

블리자드의 도전이 실패한 반면, 라이엇 게임즈는 e스포츠를 다시 한번 발전시켰다. 리그 오브 레전드의 유저가 1억 명에 육박하자 라이엇 게임즈는 통합된 경쟁 생태계를 만들기 시작했다.

그렇게 하기 위해서, 라이엇 게임즈는 멋있지만 어려운 선택들(도미니언 모드의 수정의 상처(Crystal Scar)와 같은 인기 있는 게임 모드를 삭제하는 등)을 했는데, 이는 리그 오브 레전드의 게임 플레이를 표준화하기 위한 것이었다. 그러나 가장 중요한 것은 라이엇 게임즈가 직접 주최하는 리그 오브 레전드 e스포츠 리그를 만들었다는 점이다.

2012년 8월, 라이엇 게임즈는 리그 오브 레전드 챔피언십 시리즈(LCS)를 발표했다. 한국의 스타크래프트 리그에서 영감을 받아 만들어진 LCS는, 10개의 팀이 수백만 달러의 상금을 놓고 경쟁하는 동시에 승격과 강등 제도를 도입하여 하위 팀을 순환시키는 생태계를 갖춘 e스포츠 리그였다. 이 라이엇 게임즈의 탁월한 선택으로 인해 이제 리그 오브 레전드는 워크래프트 III보다 축구나 야구와 더 많은 공통점을 갖기 시작했다. 진정한 스포츠가 탄생하고 있었다. 혹은 적어도 지속적인 경쟁 게임이 탄생하고 있었다.

LCS는 성장을 거듭했다. LCS는 서양에 프리미엄 프로덕션을 도입한 최초의 e스포츠 리그로, 전용 호스트와 프로 선수들의 비디오 프로필에 이르기까지 최신식 방송 시스템을 갖추고 있었다. 그리고 결정적으로 LCS는 리그 오브 레전드를 플레이하는 보상을 강화했다. 아마추어 팬들이 열망하고 감탄할, 진정한 프로 시스템을 만든 것이다.

이제 이 책의 맨 앞에 등장했던 e스포츠 이벤트인 로스앤젤레스 스테이플스 센터에서 열린 리그 오브 레전드의 2013 월드 챔피언십이 바로 이런 맥락에서 개최되었다. e스포츠를 대중의 머리에 각인시킨 이 대회는 우연이 아니라 수십 년 동안의 게임 산업 발전의 자연스러운 결과였다.

그리고 블리자드는 이 모든 라이엇의 성공을 참담한 심정으로 지켜보았다. 라이엇이 전쟁에서 승리했는가? 신생 게임 회사가 게임계의 골리앗을 왕좌에서 몰아냈는가? 그렇지 않으면, 리그 오브 레전드는 블리자드에게 뼈아픈 교훈, 즉 고통만이 아니라 배움을 가져다주는 교훈이 되었을까?

블리자드는 패배를 인정하기보다는 라이엇에 반격할 준비를 했다. 블리자드는 e스포츠의 왕관을 되찾기 위해 복수심에 불타며 쿠데타를 일으킬 준비를 하고 있었다.

Chapter 07 | 오버워치(Overwatch)

블리자드는 2008년 초에 프로젝트 타이탄(Project Titan)이라는 코드명으로 비밀리에 게임을 개발하기 시작했다. 이 일급비밀 프로젝트는 두 가지 전략적 목표를 달성하고자 했다: 월드 오브 워크래프트를 뛰어넘는 차세대 대규모 멀티 플레이어 온라인 롤 플레잉 게임(MMORPG)을 제작하는 동시에, 완전히 새로운 IP를 구축하는 것이다.

이후 5년 동안, 프로젝트 타이탄은 클래스 기반의 대규모 멀티플레이어 슈팅 게임으로 구체화되었다. 가까운 미래의 지구를 배경으로 슈퍼히어로의 세력 사이에서 플레이어들은 낮에는 경제 활동을 하고 밤에는 공상과학 전쟁에 참여했다.

분명히 좋아 보이기는 했다. 그러나 정확히 무엇이 잘못되었는지는 불분명하지만, 게임은 엉망이었다. 다양한 증언, 즉 퇴사한 직원들이나 테스트 플레이어들의 증언에 따르면 비전이 지나치게 야심적이었고, 개발 일정이 불분명했고, 핵심 게임 플레이 요소의 균형을 맞추기 너무 어려웠다. 실패한 최종 원인이 무엇이었든지 간에, 블리자드가 매년 계속해서 게임에 자원을 쏟아부었음에도 불구하고 프로젝트 타이탄은 점점 더 악화되었을 뿐이었다.

이 프로젝트는 2013년 가을에 공식적으로 취소되었다. 개발 팀의 대부분은 다른 팀으로 이동했다. 그러나 그 프로젝트의 소수 핵심 인력들은 남아서, 5천만 달러의 잿더미에서 쓸만한 것들을 건져내는 임무를 맡았다.[1]

사기는 바닥에 떨어졌다. 블리자드가 게임을 취소한 것은 이번이 처음은 아니지만, 이런 대형 프로젝트를 취소한 적은 결코 없었다. 타이탄 프로젝트가 취소된 후에 잔류한 개발팀은 이전의 명성을 되찾기 위해 최선을 다했다. 잔류한 개발팀은 타이탄의 최대 강점은 슈팅 메카닉(shooting mechanics)이라는 점을 곧 간파했고, 이 점에 초점을 맞추어 몇 주 만에 FPS 프로토타입을 제작했다. 타이탄에 등장하는 영웅들이 활약하는 FPS 프로토타입은 카운터 스트라이크(Counter-strike)와 같은 사실적인 FPS 게임과 비교하여 강력한 인상을 심어주었다. 실패의 잿더미 속에서 새로운 프로젝트가 승인되었다. 그리고 오버워치(Overwatch)가 탄생했다.

가까운 미래의 밝고 낙관적인 모습의 지구에서 영웅들이 전투를 벌이는 "하이퍼 FPS" 오버워치에 강력하면서도 다양한 개성을 가진 영웅들이 빠르게 합류하기 시작했다. 2014년 11월 블리즈컨에서 공식 발표된 오버워치는 빠르게 발전하여 2015년에 비공개 베타 테스트를 시작했다. 얼마 지나지 않은 2015년 10월에 시작된 공개 베타 테스트에 무려 1천만 명에 달하는 플레이어가 모였다.[2] 게이머들은 블리자드의 멋진 새 IP에 열광했다. 2016년 5월에 정식 출시된 오버워치는 출시부터 대대적인 호평을 받았다.

오버워치는 폭발적으로 성장하여 2년 만에 4천만 명의 플레이어를 확보하게 되었다. 당시로는 거의 유례가 없는 일이었다.[3] 오버워치의 성공은 무엇 때문일까? 믿을 수 없을 정도로 잘 설계된 게임 시스템과 미려한 그래픽, 매력적인 캐릭터 등을 들 수 있다. 하지만 e스포츠의 역사에서 오버워치를 주목해야 하는 이유는 따로 있다. 바로 e스포츠에 새로운 수익 모델을 가져다주었기 때문이다.

2014년까지 게임사는 '면도날 모델'과 '구독 모델', 그리고 최근에는 '부분 유료화 모델' 등 네 가지 BAMS 모델 중 세 가지를 사용해 수익을 올렸다. 이러한 수익 모델들은 모두 한 가지 중요한 가정을 하고 있는데, 우리는 이러한 가정을 게임을 통해 수익을 얻는다는 '게임 우선주의 패러다임(game-first paradigm, GFP)'이라고 부를 것이다.

게임 우선주의 패러다임에서 e스포츠는 게임의 판매를 촉진하는 역할을 한다. 라이엇과 이 회사가 성공적으로 주최하는 리그 오브 레전드 챔피언십 시리즈(LCS)의 구조를 생각해보자. LCS는 매우 성공했다고 할 수 있다. 왜냐하면 LCS가 리그 오브 레전드 커뮤니티를 자극하여 그 게임을 더 많이 플레이하고 따라서 그 게임에 더 많은 시간을 보내게 했기 때문이다.

게임 우선주의 패러다임에서 e스포츠는 효과적인 마케팅 수단이었다. 게임사는 게임의 판매를 증가시키고 장기적으로 더 큰 수익을 얻고자 e스포츠 대회를 재정적으로 지원했다. 장기적인 수익을 위해서 초기 비용을 감수한다는 점에서 면도날 수익 모델 혹은 부분 유료화 모델의 확장이라고도 볼 수 있다.

그러나 게임 우선주의 패러다임은 한 가지 중요한 요점을 놓치고 있다. 내셔널 풋볼 리그(NFL)는 미식축구공을 판매하려고 경기를 주최하는 것이 아니다. 만약에 그렇다면 어리석은 일이다. 우리는 NFL에서 미식축구공의 돼지가죽보다 훨씬 더 많은 것을 떠올린다. 관중으로 가득 찬 경기장, 포효하는 관중, 슈퍼볼, 그리고 물론 슈퍼볼 광고도 빼놓을 수 없다. NFL은 미식축구를 홍보하기 위한 것이 아닌, 그 자체로 훌륭한 엔터테인먼트 경험이다.

당시 블리자드의 연구 및 소비자 인사이트를 담당하는 글로벌 이사였던 네이트 넨저(Nate Nanzer)는 이러한 통찰력을 바탕으로 e스포츠에 대한 새로운 세계관을 널리 알리기 시작했다. 네이트를 비롯한 블리자드의 많은 사람들은 리그 오브 레전드 챔피언십 시리즈의 성공을 바라보면서, e스포츠가 게임이 아니라 엔터테인먼트를 파는 수단이 될 수 있음을 알았다. 그리고 그런 엔터테인먼트는, 엔터테인먼트가 홍보하는 게임과는 별도로 그 자체로 가치있는 것이 될 수 있었다.

그렇게 '엔터테인먼트 우선주의 패러다임'(Entertainment First Paradigm, EFP)이 탄생했다. 엔터테인먼트 우선주의 패러다임에서는 e스포츠가 비용부문(Cost center)(*역주: 수익을 올리지는 않지만 수익부문의 서비스를 제공하고 영업을 잘할 수 있도록 지원하는 기능을 갖는 부서를 가리킴)이나 마케팅 비용이 아니다. e스포츠는 자체적으로 수익을 창출할 수 있는 독립형 비즈니스다. NFL에서 미식축구공을 판매하는 것이 좋은 것처럼 e스포츠가 게임 판매에 도움이 된다는 것은 좋은 일이지만, 그것만이 존재 이유는 아니다. 스포츠는 무엇보다 미디어 자산(프랜차이즈, 후원, 방송권의 판매 등등)으로서 존재한다. 그리고 e스포츠도 다르지 않다.

그리하여 블리즈컨 2016(BlizzCon 2016)에서 이 새로운 패러다임이 오버워치 리그(OWL)의 도입과 함께 세상에 공개되자 애너하임 컨벤션

센터의 홀에서 열광적인 박수갈채가 터져 나왔다. 이 이벤트는 e스포츠 역사상 가장 중요한 날일 것이다. 일거에 유명 인사들과 전통적인 스포츠 프랜차이즈 소유자들, e스포츠 게임단, 심지어 엘론 머스크까지 앞다투어 비공개 세션에서 액티비전 블리자드와 만났다. 그 결과, 블리자드는 e스포츠 최초로 프랜차이즈제를 도입하여 참여하는 e스포츠 게임단의 성장을 촉진할 수 있는 리그 네트워크 및 상호 관계에 대한 시스템을 구축했다.

누가 프랜차이즈 제도를 처음 도입했나?

라이엇 게임즈는 블리자드보다 먼저 엔터테인먼트 우선주의 패러다임의 가치를 이해했느냐는 논란의 여지가 있다. 라이엇 게임즈도 블리자드가 오버워치에 프랜차이즈제를 도입한 것과 거의 비슷한 시기에 리그 오브 레전드에 프랜차이즈제를 도입했다.

그러나 초기에 프랜차이즈제에 대한 라이엇의 접근 방식은 블리자드보다 훨씬 덜 급진적이었다. 게다가 블리자드는 오버워치 출시 이후 얼마 지나지 않아 블리자드가 직접 주최, 주관하는 오버워치 리그(OWL)를 발표하면서 지역 연고를 비롯한 기존 프로 스포츠의 요소들이 접목된 프랜차이즈 개념을 최초로 공개했다.4 더 나아가, 프랜차이즈 판매 과정도 블리자드가 라이엇을 앞질렀다. 라이엇이 프랜차이즈 신청 절차를 공개하는 시점에 이미 블리자드는 7명의 프랜차이즈 소유자를 발표하였다.5, 6 이러한 이유로 이 책은 오버워치 리그를 주최한 블리자드가 e스포츠를 미디어 자산으로 혁신한 최초의 기업이라고 인정한다.

곧바로 오버워치 리그는 엔터테인먼트 미디어로서의 입지를 다지기 시작했다. 이를 위해 세계 최고의 스포츠 엔터테인먼트인 NFL의 구조를 모방했다. 그 결과, 오버워치 리그는 e스포츠에 처음으로 많은 혁신들을 도입했다.

첫 번째이자 가장 눈에 띄는 혁신은, 아무나 오버워치 리그에서 경쟁할 수 없다는 것이다. 액티비전 블리자드는 폐쇄된 리그를 만들어 2천만 달러라는 당시로는 놀라운 가격에 프랜차이즈를 판매했다. 그리고 과거 e스포츠와는 달리 오버워치에서 활동하는 프랜차이즈 게임단은 계약상 필수적으로 보스턴이나 로스앤젤레스와 같은 도시에 연고를 두고 경기장과 훈련 시설을 설립해야 했다. 실제로 프랜차이즈 게임단은 연고지에서 현지 마케팅과 다양한 이벤트를 통해 오버워치 리그에 대한 투자의 상당 부분을 회수하였다. e스포츠 사상 처음으로, 전통 스포츠처럼 e스포츠에 홈팀들이 생겼고, 각 팀은 전통 스포츠의 '신성한' 저지(jersey)와 유사한 유니폼을 가졌고, 팬들은 게임 내에서 응원팀의 유니폼과 유사한 게임 내 스킨과 색상을 구매하여 착용했다.

오버워치 리그는 여기서 멈추지 않고 한 단계 더 나아갔다. 중계권 판매 및 글로벌 스폰서쉽으로 오버워치 리그의 수익을 끌어올렸다. 이전 e스포츠보다 더 정교한 접근법이었다. 인터넷 방송 플랫폼들은 오버워치 리그의 중계권을 얻기 위해 상당한 비용을 지불했다. 거기에 추가적으로 ESPN, ABC 및 Disney XD와 같은 전통적인 지상파 방송국에게도 중계권을 판매하여 TV 채널에서도 오버워치 리그가 중계되었다.

마찬가지로, 오버워치 리그는 과거에 e스포츠 대회가 끌어들였던 PC나 게임 하드웨어 스폰서들보다 훨씬 더 많은 후원 기업들을 끌어들였다. 오버워치 리그는 음료(코카콜라), 장난감(하스브로), 자동차(도요타) 등 다양한 산업에서 위세를 떨치는 거물급 후원 기업들을 대거 선보였다. 그리고 NFL과 마찬가지로 방송 및 라이선스 수익을 게임단과 분배하여 리그 기반의 안정적인 수익원을 창출했다.

도시 연고의 팀과 지상파 방송국 및 스폰서쉽의 조합으로 오버워치 리그는 어느새 전통 스포츠와 훨씬 더 가까워졌다.

그 결과, NFL의 명문 구단인 뉴잉글랜드 패트리어츠(New England Patriots)의 구단주인 로버트 크래프트(Robert Kraft)와 같은 전통 스포츠의 구단주들도 오버워치 리그에 투자하기로 결정했다. 왜냐하면 그 구단주들은 자신들의 전통 스포츠 마케팅 조직을 이용하여 e스포츠에서도 성공할 수 있다는 사실을 깨달았기 때문이다. 마지막으로, 액티비전 블리자드는 전통 스포츠 구단주를 이상적인 오버워치 리그의 프랜차이즈 게임단의 소유주라고 의도적으로 내세웠다. 뉴잉글랜드 패트리어츠와 같은 전통 스포츠 구단의 전문성과 자원은 오버워치 리그의 발전에 큰 도움이 되었을 뿐만 아니라 리그 자체에 대한 신뢰도를 크게 향상시켰다.

엔터테인먼트 우선주의 패러다임에 입각한 오버워치의 초기 성공은 과소평가할 수 없다. 첫해에 12개의 팀이 리그에 합류하기 위해 각각 2천만 달러를 지불했으며, 게다가 중계권 및 스폰서쉽으로 수백만 달러를 확보했다. 게다가 더욱 고무적인 일은, NFL의 잉글랜드 패트리어츠의 뒤를 이어 NBA의 새크라멘토 킹스(Sacramento Kings), NFL의 세인트루이스 램스(St. Louis Rams), NHL의 필라델피아 플라이어스(Philadelphia Flyers) 등을 비롯한 전통 스포츠 구단들이 오버워치 리그에 데뷔했다는 사실이다.

블리자드가 보여준 일련의 훌륭한 전술적 의사 결정은 BAMS 모델에서 A, 즉 '광고와 자산'(Advertising and Assets)을 분명히 보여준다.

왜냐하면 엔터테인먼트 우선주의 패러다임을 채택한 게임사는 이제 완전히 새로운 두 가지 방식으로 수익을 올릴 수 있었기 때문이다. 중계권부터 스폰서쉽에 이르기까지 광고를 판매하는 방식과 프랜차이즈 및 라이선스의 형태로 자산을 판매하는 방식이다. 광고 및 자산 수익 덕택에 e스포츠는 적자에서 벗어났다. e스포츠는 이제 더 이상 게임사의 은행 계좌를 고갈시키는 비용부문(Cost center)이 아니었다. e스포츠는 진정한 스포츠로 재탄생했다. 처음으로 e스포츠는, e스포츠를 탄생시킨 게임과는 상관없이, 돈을 벌 수 있었다. 이런 이유만으로도 오버워치 리그는 모든 현대 e스포츠에서 가장 중요한 발전 중 하나일 것이다: 오버워치 리그는 e스포츠를 엔터테인먼트로 변모시켰다.

그러나 엔터테인먼트 우선주의 패러다임과 '광고 및 자산'을 통해 e스포츠를 수익화하는 방식에는 내재적인 문제가 있다. 이 문제는 간단한 것으로서, e스포츠가 엔터테인먼트로 성공하려면 기본 게임이 엔터테인먼트가 되도록 설계되어야만 한다는 것이다.

과거에, 게임사는 우연히 새로운 형태의 수익 모델을 채택했기 때문이 아니라 수익 모델을 게임 디자인과 통합했기 때문에 성공할 수 있었다. 예를 들면, WoW(World of Warcraft)와 에버퀘스트(EverQuest)는 모두 구독 모델의 개척자들이었다. 그러나 WoW는 구독을 확실하게 확보할 수 있도록 더 잘 설계되었기 때문에 경쟁자를 물리쳤다. 슈퍼 마리오와 같은 명작이 있었다면 WoW는 성공하지 못했을 것이다.

WoW는 수익 모델의 혁신이 게임 디자인의 의도를 충족시켰기 때문에 성공했다.

오버워치 리그는 e스포츠를 재편성한 경이로운 전략적인 결정이었다. 훌륭한 아이디어였지만, 문제는 게임 그 자체였다. 오버워치는 시청률을 염두에 두고 설계된 e스포츠 게임이 아니었다. 오버워치는 WoW를 뛰어넘는 대규모 멀티 플레이어 온라인 롤 플레잉 게임(MMORPG)을 목표로 하다 좌초된 프로젝트 타이탄의 잔해에서 시작되었다. 따라서 오버워치에는 모든 스포츠의 필수적 특성인 '시청 용이성(Watchability)'이 부족하다. 오버워치는 관람을 위해 설계되지 않았다. 이러한 문제들 가운데 일부(예를 들면 빈약한 게임 내 관전 시스템)는 해결할 수 있지만, 대부분의 문제들은 근본적인 것이다.

예를 들어, 슈퍼 히어로 같은 스킬은 오버워치의 플레이를 매우 즐겁게 만드는 멋진 요소일지라도 관전하기에는 끔찍하다. 근거리 순간이동인 점멸을 사용하는 오버워치의 영웅 트레이서(Tracer)는 특히 플레이와 관전 간의 상보성이 매우 뚜렷하다. 플레이어는 점멸을 사용하여 상대방을 교란시키며 즐거움을 느끼지만 관중은 순식간에 사라지는 트레이서의 움직임을 따라가기 어렵다. 쿼터백이 야드 라인과 엔드 존 사이에서 계속해서 점멸하며 무작위로 나타나는 미식축구 경기를 상상해 보라.

점멸은 관전자가 아니라 플레이어 중심으로 설계된 오버워치의 수많은 메커니즘 중 하나일 뿐이다. 새로운 팬들에게는 물론이요, 심지어 숙련된 게이머조차도 오버워치의 초능력을 관전하는 것은 복잡하고 혼란스러우며 불만족스럽다.

오버워치 리그는 엔터테인먼트로 판매되었을지라도 엔터테인먼트

용도로 설계되지 않았다.

오버워치는 e스포츠를 위한 새로운 수익 창출의 가능성을 열었지만, 그렇다고 해서 오버워치 리그의 새로운 수익 모델이 오버워치에서 지속가능할지는 또 다른 문제다. 우리는 이미 앞에서 여러 번 이런 것을 보았다: 에버퀘스트는 WoW에게 밀려났고, 아타리는 닌텐도에게 밀려났다.

이 글을 쓰는 시점에서, 오버워치 리그의 미래는 여전히 오리무중이다. 게임의 초기 성공에도 불구하고 인기는 나날이 떨어져왔다. 이제 오버워치 리그는 사람들이 가장 많이 본 e스포츠 상위 5위 안에 들지 못하는 경우가 많아지고 있다.

오버워치 리그의 평균 시청률은 꾸준히 감소하면서 2019년 기준으로 출범 시즌보다 낮다. 게다가 최근 높은 중계권 수익을 올리기 위해 유튜브와 독점적인 계약을 체결한 2020년에는 더욱 열악한 추세를 보이고 있다.

하지만 결승전 시청률이 증가하고 후원하는 그룹이 크게 확장되는 등 일부 긍정적인 징후들도 있다.7 게다가 블리자드는 게임 자체의 문제를 인식하고 변화의 필요성을 반영하여 2019년 말에 오버워치 2에 대한 계획을 발표했다. 그럼에도 불구하고 오버워치 2에서 추가될 이야기 임무나 영웅 임무 등의 새로운 대체 컨텐츠들은 커뮤니티를 집중시키기보다는 여러 갈래로 분산시키는, 과거부터 게임 산업에서 했던 실책이 반복될 것 같다. 오버워치가 주요 e스포츠 종목의 자리를 유지하기까지는 여전히 갈 길이 멀다는 것은 확실하다.

그러나 오버워치 리그 이면에 있는 획기적인 혁신은 시간이 지나도 사라지지 않을 것이다. 이미 오버워치 리그는 경쟁 게임사들을 자극하여 지속적으로 프랜차이즈에 기반을 둔 모델을 도입하도록 했다. 대표적으로 라이엇 게임즈는 2018년 북미 리그 오브 레전드 챔피언십 시리즈(NA LCS)에 프랜차이즈제를 도입하여 10개 팀으로 구성된 프랜차이즈 리그를 출범했고, 다른 지역으로 빠르게 확장했다. e스포츠에 '광고 및 자산' 모델이 광범위하게 퍼지고 게임사가 자신들의 게임을 점차 엔터테인먼트로 전환하면서 오늘날 e스포츠는 게임에서 엔터테인먼트로 새롭게 정의되고 있다.

Chapter 08 게임단

e스포츠의 아주 초창기부터 팀들은 존재했다. 플레이어 간의 교전을 위해서 긴밀하고도 조직적인 플레이가 필수적이다. 심지어 1993년에 둠이 출시되었을 때도 열성적인 게이머들은 함께 모여서 훈련했다

하지만 90년대의 초기 e스포츠 팀은 그저 느슨하게 묶인 친구 그룹, 소위 '클랜'(clan)에 불과했다. 클랜은 함께 연습하고 경쟁했지만 진정한 조직에 속하지 않았다. 클랜은 계약을 체결하거나 정기적인 급여를 받지 않았다.

밀레니엄 전환기에 e스포츠 상금이 수천 달러에 달하면서 팀이 더 중요해졌다. 1999년 FPS 대회에서 Team 3D가 팀으로서 최초로 상금을 수상한 것을 시작으로,1 한국에서 스타크래프트가 부상하면서 게임단이라 부를만한 공식적인 팀들이 폭발적으로 증가했다.

그러나 e스포츠 프로팀의 초기 구조는 여전히 단순한 '거래 관계(quid pro quo)'였다. 선수들은 굶지 않고 훈련할 수 있는 안정적인 수입원을 원했고, 게임단은 시합을 하면 수익을 내기에 충분한 상금 몫을 원했다. 그러나 거래 관계로 시작된 것이 명성 관계로 바뀌었다: 최고의 선수들은 게임단에 속했고, 따라서 선수단은 재능과 신뢰성의 표식

이 되었다. 2000년대 중반에 이르면서 이런 명성은 후원을 낳았다. 비록 이런 후원들은 한국 이외의 지역에서는 여전히 상대적으로 미약하기는 했지만.

팀은 프로 게이머들에게는 매우 중요했지만, e스포츠 역사에서는 그리 중요하지 않았다. 그리고 트위치 등장 이전에 초기의 팀들이 많은 팬들을 확보했지만, 그 팀들이 가치있거나 심지어 생존가능한 비즈니스는 분명 아니었다. 심지어 2010년대 초반까지도 최고의 e스포츠 팀들이 거의 공짜로 거래되었다. 예를 들면, 잭 에티엔(Jack Etienne)은 2012년 말에 약 1만 달러를 주고 퀀틱 게이밍(Quantic Gaming)을 구매하여 Cloud9을 설립했다.2

그렇다면 어떻게 해서 Cloud9은 불과 6년 후 세계에서 가장 가치 있는 e스포츠 게임단(경제잡지 포브스는 이 선수단의 가치를 3억 달러 이상으로 평가했다)이 될 수 있었을까?3

이 엄청난 가치 상승은 인터넷 방송을 통한 e스포츠 시청률의 증가만으로는 설명하기 어렵다. 2010년대 중반에 리그 오브 레전드와 같은 인기 e스포츠 종목의 시청률이 급증했지만 게임단의 가치는 천문학적으로 상승하지 않았다. 2015년까지도 최고의 리그 오브 레전드 게임단을 100만 달러에 구입할 수 있었고,4 당시 많은 유명 선수들은 심지어 가장 인기 있는 게임에서도 최저 임금을 벌기 위해 여전히 고군분투했다.5

게임단의 가치가 폭발적으로 증가한 것은 광고와 자산을 도입한 BAMS 수익 모델을 도입한 덕분이다. 게임사가 e스포츠를 미디어 자산으로 발전시키면서 프랜차이즈를 판매하자 의도하지 않게 게임단은 엄청난 혜택을 얻게 되었다: 이제 게임단은 방어 가능한 자산을 보유하게 된 것이다.

　프랜차이즈제가 도입되기 전까지 게임단은 두 가지 주요 수익원 (주요 시합에서 받은 상금과 시청자들로부터의 후원)을 가지고 있었다. 두 수익원 모두 승리에 달려 있다. 게임단의 가치는 순전히 대회에서의 실적과 연관되어 있었다. 대회에서 실적을 내지 못하면 전혀 돈을 벌 수 없으며, 그 누구도 맨날 지는 팀을 후원하려고 하지 않는다. 그리고 아마도 더 중요한 점은, 뛰어난 선수들은 패배를 거듭하는 팀에 합류하려고 하지 않는다는 사실이다.

　팀 성적을 계속해서 최정상으로 유지하기란 사실상 불가능하다는 것은 전통 스포츠에서 이미 널리 알려진 명백한 사실이다. 뉴욕 양키스처럼 승률이 높은 왕조들이 더러 있지만, 그들이 지속적으로 지배하기 위해서는 다른 팀들보다 많은 돈을 지출하는 구단주들의 헌신이 필수적이다.6 그리고 양키스조차 10년에 한 번 정도 월드 시리즈에서 우승한다.

　최고 레벨의 비즈니스를 위해서는 단순히 승리로 돈을 버는 것만으로는 부족하다. 사실, 명실상부 MLB 최고의 명문 구단이자 다른 팀보다 많은 돈을 초과 지출할 수 있는 막대한 재력을 갖춘 뉴욕 양키스라 할지라도 실제로 영입할 수 있는 선수들은 한계가 있다. 여기서 프랜차이즈 이전의 e스포츠 게임단의 중요한 문제를 살펴볼 수 있다. 과거에 아무리 많은 승리를 거두었다고 해도 게임단의 성적은 현재 속한 선수들의 실력에 따라 결정된다. 당시 e스포츠 게임단은 장기 자산을 보유하고 있지 않았기에 게임단의 총 가치는 그저 팀에 계약되어 있는 선수들의 가치를 합한 것에 불과했다. 다시 말해서, 당시 e스포츠 게임단의 가치는 해당 팀의 프로 선수를 매입하는 비용이나 다름없었다.

그렇다면 왜 뉴욕 양키스의 가치는 오늘날 50억 달러에 달할까?7 뉴욕 양키스는 방어가능한 장기 자산을 가지고 있기 때문이다. 그 자산이란 프랜차이즈다. 뉴욕 양키스는 메이저 리그에 참가할 수 있는 프랜차이즈를 보유한 30개 팀 중 하나다. 뉴욕 양키스는 자신의 지역에서 후원을 받고 티켓 및 상품들을 판매할 수 있는 권리를 가질 뿐만 아니라 MLB 방송, 특히 양키스 경기를 통해 얻는 수익의 일부를 분배받는다.

액티비전 블리자드와 라이엇 게임즈 등의 게임사가 유사한 엔터테인먼트(미디어) 모델로 전환함에 따라, 오버워치 리그와 LCS가 프랜차이즈 제도를 도입하기로 한 결정은 e스포츠 역사의 분수령이었다. 처음으로 게임단도 장기적인 자산을 소유할 수 있게 되었다.

따라서 2018년도에 e스포츠 게임단의 가치가 폭등했다. 가령 e스포츠가 미래의 스포츠라고 가정한다면, 프랜차이즈를 보유한 팀들은 연회 테이블에서 영구한 자리를 누릴 수 있게 될 것이다. 그 결과, 단 2년 만에 1억 달러 이상의 가치를 가지는 e스포츠 팀이 20개를 넘게 되었다. 프랜차이즈가 모든 것을 바꾸었다.

오늘날 세계에서 가장 가치 있는 e스포츠 게임단 가운데 하나인 로그(Rogue)의 공동 설립자인 프랭크 비야레알(Frank Villarreal)은 로그를 설립하던 시기를 다음과 같이 설명한다: "성공을 확신해서 나의 팀을 출범시키는 것은 아니었습니다. 그러나 어느 시점에, 나는 나 자신을 믿고 나 혼자 독립해야만 했습니다."

2015년 11월, 프랭크는 현재는 없어진 라스베가스의 신생 e스포츠 게임단 에너미(Enemy)의 일원으로서 자금을 조달하기 위해 고군분투하고 있었다. 프랭크는 다음과 같이 설명한다: "당시는 프랜차이즈제가 도입되기 이전이었습니다. 트위치 덕분에 e스포츠 시청률이 폭발적으로 증가하기 시작했지만 아직 대규모 투자는 없었습니다. 제가 에너미를 계속 유지하기 위해 현금을 얻으려고 동분서주하며 노력하던 와중에, 어느날 한 친구가 제게 물었습니다. '프랭크, 너는 왜 다른 사람을 위해 이렇게 열심히 일하는 거야?'"

프랭크는 이 친구의 간단한 질문을 계기로 처음으로 자신의 게임단을 만드는 것을 고려하게 되었다. 프랭크는 e스포츠 시장이 곧 폭발적으로 성장할 것을 알고 있었다: 만약 프랭크가 독립할 예정이라면 지금이 적기였다.

"에너미를 떠나는 결정을 내리기까지 정말 어려웠습니다. 저는 동료들의 일자리를 걱정했습니다. 내가 나가면 에너미는 망할 것이 분명했습니다. 그래서 저는 코네티컷으로 돌아가 두 번째 아버지와도 같은 루 프레스먼(Lou Pressman)을 만났습니다. 루는 저의 모교인 하치키스(Hotchkiss) 기숙학교의 철학 교사였으며, 오랜 기간 깊은 친분을 맺고 여러 차례 의지했던 저의 길잡이였습니다. 루에게 조언과 축복을 얻고자 했습니다. 추수감사절에 루와 3일을 보내며 에너미를 포기하는 도덕적 문제와 혼자 떠나는 길에 대한 두려움에 대해 이야기했습니다. 정말 특이한 휴가였습니다."

결국 루는 '독자 행동을 하는 것'은 올바른 결정이라고 프랭크를 설득했고, 그래서 게임단 '로그'가 탄생했다.

프랭크는 당시 상황을 다음과 같이 상술한다: "게임단은 하룻밤 사이에 만들어지는 것이 아닙니다. 게임단 로그를 시작하려면 선수들이 필요했습니다. 더 중요한 것은, 어떤 게임에 뛰어들 것인가였습니다. 아직 왕좌에 오른 팀이 없는 새로운 e스포츠 게임이면서도 충분히 의미 있는 팬층을 만들 수 있을 만큼 큰 게임이어야 했습니다."

프랭크에게는 다행히도 액티비전 블리자드의 최신 FPS 게임 오버워치가 출시를 준비하고 있었다. "오버워치는 우리의 모든 기준을 충족하고 있었습니다. 블리자드 게임이었기에 e스포츠의 규모가 엄청날 것이 분명했습니다. 많은 게임단이 오버워치를 주목하고 있지만 아직 선수 스카우트에 대한 전문 지식이 없거나 프로 선수들에게서 어떠한 요소를 중점적으로 살펴봐야 하는지 몰랐습니다. 공평한 경쟁의 장이 있었던 셈입니다."

프랭크는 자신의 게임단에 합류할 선수들과 계약하기 위해서 먼저 자본을 조달해야 했다. "정말 스스로의 힘으로 모든 것을 해결해야 했습니다. 저는 친구 숀 멀라이언(Sean Mulryan)과 힘을 합쳐, 저의 성(姓)인 비야레알(Villarreal)을 영어로 번역한 단어인 '로얄 타운(Royal Town)'이라는 이름의 컨설팅 사업을 시작했습니다. 우리는 라스베가스의 도로를 누비며, 밀레니엄 세대를 끌어들이려는 호텔 체인들을 비롯하여 여러 사업체와 상담했습니다. 그렇게 6개월을 버텼습니다. 그 컨설팅 사업의 모든 목적은 우리 게임단에 투자할 사람을 물색하는 것이었습니다. 우리는 좋은 의뢰인과 계약을 끝내자마자, 그들에게 우리의 꿈을 홍보했습니다."

거의 즉시, 로그는 중요한 결정에 직면했다: "우리는 중간에 회사 절반의 지분을 25만 달러에 판매하라는 제안을 받았습니다. 당시 우리는 은행에 정말 아무것도 없었고, 25만 달러는 당시 e스포츠에서는 큰 금액이었습니다. 매우 어려운 결정이었지만, 그러나 우리 자신을 믿기로 하고 그 제안을 거절했습니다."

프랭크는 이러한 미팅들 가운데 한 미팅에서 데릭 넬슨(Derek Nelson)이라는 잠재적 투자자를 만났는데, 그는 프랭크를 충분히 신뢰하여 로그의 공동 창립자로 합류하였다. 이제 약간의 현금으로 무장한 로그는 오버워치에서 최고의 인재를 적극적으로 고용하기 시작했다.

"저는 이미 TviQ라는 선수를 주목하고 있었습니다. 이 선수가 속한 팀 IDDQD는 해체되고 있었습니다. 저는 TviQ에게 우리 선수단에 합류하라고 설득하는 데 겨우 성공했습니다. 하지만 IDDQD의 나머지 멤버들을 로그에 합류하라고 설득하는 데는 실패했습니다. IDDQD의 나머지 멤버들은 신생 게임단인 로그에서 새로운 도전을 펼치기보다는 훨씬 더 큰 e스포츠 게임단인 엔비어스(EnVyUs)로부터 들어온 영입 제안을 받아들이기로 결정했습니다. 오버워치는 총 6명의 선수가 필요하지만 저는 이제 막 한 명의 선수를 영입했을 뿐입니다. 우리는 다소 곤경에 처했습니다."

프랭크는 e스포츠의 창시자 중 한 명인 "2GD"("Too Good"으로 발음됨) 제임스 하딩(James Harding)에게 눈을 돌렸다: "2GD의 집의 지하실에서 한 번도 프로 생활을 한 적이 없는 게이머 리인포스(Reinforce)가 살고 있었습니다. 2GD는 리인포스가 오버워치에서 놀라울 정도로 뛰어난 탱커임을 알아차렸습니다. 리인포스를 설득하여 TviQ와 짝이 되게 함으로써, 이제 우리는 분대의 핵심 역할을 맡을 선수를 갖게 되었습니다. 뛰어난 탱커인 리인포스와 뛰어난 딜러인 TviQ를 내세워 다른 선수들을 참여하라고 설득할 수 있었습니다."

그러나 자본은 여전히 제약으로 남아있었다. 25만 달러 수표를 거절했기에, 로그는 TviQ와 Reinforce와 계약을 한 후에 남은 돈이 얼마 없었다.

프랭크는 다음과 같이 설명한다: "우리는 프랑스로 눈을 돌렸습니다. 우리는 정말로 뛰어난 몇몇 프랑스 선수들을 알고 있었고, 프랑스의 e스포츠 시장은 언어 장벽으로 인해 저평가되고 있었습니다. 로그의 초기 단계에, 우리는 마케팅이나 후원에 신경 쓰지 않고 승리에만 신경 썼습니다. 2GD는 우리가 할 수 있는 범위에서 최고의 프랑스 선수들과 계약하자고 제안했고, 다른 선택의 여지도 별로 없었습니다. 우리의 최종 멤버는 프랑스인이 3명, 스웨덴인이 3명으로 다양하게 구성되어 있었습니다. 많은 문화 충돌이 있었지만, 능력 면에서는 최고 수준의 팀이었습니다."

마침내 풀 로스터를 완성한 로그는 이름을 떨치기 시작했다.

"우리는 e스포츠에서 성공의 허들이 엄청나게 높다는 것을 알고 있었습니다. 팀 출범 후 첫 6개월 동안 커다란 승리를 거두지 못하면 우리는 죽습니다. 말 그대로 로그에게 생사가 걸린 시간이었습니다. 패배하는 e스포츠 게임단에 오랫동안 자금을 지원하는 사람은 없습니다."

프랭크의 국제 인재 스카우트는 성과를 거두었다: "우리는 곧바로 승리를 거듭했습니다. 오버워치 출시일에 열린 첫 번째 온라인 토너먼트에서 우승했고, 그 직후 열린 유럽 최초의 오프라인 대회에서도 우승했습니다. 하지만 게이머들 사이에는 명확한 증거가 없음에도 불구하고 유럽 팀은 북미 팀보다 약하다는 인식이 있었습니다. 당시 최고의 선수들은 미국에서 뛰었기 때문입니다. 유럽과 미국의 주요 팀들이 참가하는 최초의 오버워치 통합 메이저 대회인 애틀랜틱 쇼다운(Atlantic Showdown)에서 로그는 유럽이 미국보다 강하다는 것을 증명하고자 했습니다. 우리는 우리가 이겨야만 한다는 것을 알고 있었습니다."

프랭크는 다음과 같이 설명한다: "그 대회의 준결승전은 전설적이었습니다. 우리 로그는 IDDQD의 선수들을 거머쥔 우리의 오랜 숙적이자 북미 최고의 팀 엔비어스(EnVyUs)와 맞붙었습니다. 오늘날까지 많은 사람들은 이 7전제 경기를 역대 최고의 오버워치 경기로 생각합니다. 우리는 7전제의 마지막까지 혈투를 벌였습니다. 준결승에서 이긴 후 우리는 대회 우승을 확신했습니다."

프랭크의 승리는 매우 시의적절했다. 일렉트로닉 댄스 뮤직(EDM)의 아이콘인 스티브 아오키(Steve Aoki)가 우연한 기회에 로그의 성공을 알게 되었기 때문이다.

프랭크는 계속해서 다음과 같이 말한다: "로그의 공동 설립자 데릭 넬슨의 형인 조엘 넬슨(Joel Nelson)은 스티브 아오키의 매니저인 매트 콜론(Matt Colon)과 함께 자금 관리 회사에서 일했습니다. 어느날 매트는 조엘에게 전화를 걸어 스티브 아오키가 자신의 e스포츠 게임단을 만들고 싶어하는 것에 대해 불평했습니다. '스티브는 자신이 e스포츠 게임단을 운영할 시간이 있다고 생각하는지 모르겠어요. 결국 내가 엄청나게 많은 일을 떠맡게 될 것 같아요'라고 매트가 말하자, 조엘은 매트에게 '내 동생이 e스포츠 게임단을 막 시작했는데 꽤 훌륭합니다'라고 말했습니다."

로그는 스티브 아오키의 전략적 가치를 알아차렸기 때문에 곧바로 그에게 사업 투자를 권유했다. 스티브는 로그에 대한 투자에 더하여, 본인이 미래 투자자들을 위한 낚시 바늘이 되겠다고 했다. 유명 인사가 가세한다면 로그에 대한 투자가 더 안전하게 느껴질 터이다. 그리고 물론, 라스베가스의 아이콘인 스티브는 팀을 위해 초기 인기와 팬을 구축하는 데 도움이 될 터이다.

프랭크는 다음과 같이 회상한다: "스티브와의 실제 계약은 애틀랜타 E리그(Atlanta ELEAGUE)가 열리는 동안에 이루어졌습니다. 로그의 공동 설립자인 데릭과 저는 관람석에서 저희 팀의 경기를 지켜보고 있었습니다. 매트인지 스티브인지 기억이 확실하지 않지만 그 두 사람 가운데 한 명이 우리에게 전화를 걸었고, 우리는 곧바로 휴게실로 달려가 거래를 진행했습니다. 계약이 체결되었을 때에 우리는 대회를 진행하고 있었습니다. 그 토요일 밤, 스티브 아오키에게 경의를 표하기 위해 아오키의 가족이 소유한 베니하나(Benihana) 레스토랑에 로그의 선수들을 데려가서 좋은 소식을 전했습니다. 그 직후 데릭과 저는 스티브가 공연할 트위치콘(TwitchCon, 트위치에서 주최하는 주요 게임 이벤트)으로 가는 항공편을 예약했습니다."

프랭크는 승리의 순간을 회상하면서 환하게 웃는다: "다음 날 아침 우리는 비행기를 탔습니다. 우리는 샌디에이고에 있는 어느 카페에서 보도 자료를 작성한 다음, 스티브를 만나기 위해 파드리스(Padres) 경기장의 백스테이지로 곧장 향했습니다. 우리는 스티브가 트위치콘의 수많은 관중 앞에서 공연하고 있는 무대 뒤편의 어두운 통로에서 기다렸습니다. 스티브의 투어 매니저인 엘리자(Eliza)가 위스키 한 병을 가지고 다가와서 말했습니다. '당신들 긴장하신 것 같아요. 술 한잔 쭉 들이키세요. 스티브가 당신들도 무대에 올라왔으면 해서요.' 숀과 저는 위스키 한 병을 단숨에 비우면서 긴장을 풀었습니다. 그것은 초현실적인 절정의 순간이었습니다. 그런 다음 우리는 스티브와 함께 무대에 올랐고, 스티브는 트위치 커뮤니티들 앞에서 로그에 투자한다고 발표했습니다. 그것은 로그의 커다란 전환점이었습니다."

하지만 예상한 대로 흘러가지 않았다. 큰 재앙이 바로 가까이에 도사리고 있었기 때문이다.

프랜차이즈제의 도입이 모든 팀에게 좋은 것은 아니다. 프랜차이즈에 포함되지 않은 게임단에게는 치명적일 수 있다. 로그는 프랜차이즈제 때문에, 팀의 짧은 역사 속에서 가장 큰 도전에 직면하게 된다.

"오버워치 리그가 프랜차이즈제를 도입하면서 리그에 참가할 수 있는 영구적인 자리를 판매한다는 소식을 듣고 매우 기뻤습니다. 이것이 얼마나 중요한 일인지 바로 알았습니다. 우리는 오버워치 리그에서 자리를 잡아야 했습니다. 우리 게임단이 얼마나 크거나 승리를 거두는지는 이제 중요하지 않을 수도 있었습니다. 오버워치에서 시합할 수 있는 권한이 없으면 팀의 팔로워는 사라지고 초기의 인기는 아무 의미가 없게 됩니다. 프랜차이즈제는 e스포츠에 제도적 자금이 들어오는 과정의 시작이었고, 그런 자금이 현대 게임의 승자와 패자를 결정할 것이었습니다. 오버워치 프랜차이즈를 소유하는 것이 최우선 순위였습니다. 오버워치 프랜차이즈를 보유한 다음에야 우리 업계에서 로그의 다음 성장 단계를 바라볼 수 있으니까요."

프랭크와 로그는 오버워치 리그에 참여할 수 있는 영구적 자리를 구입하는 데 필요한 2천만 달러를 모으기 시작했다. 스티브 아오키의 명성에 힘입어 로그는 모든 자금 조달을 맡겠다고 제안한 최고의 e스포츠 개발 컨설팅 업체 ReKTGlobal과 신속하게 손발을 맞췄다. 놀랍게도 한 달 반도 채 지나지 않아 ReKT가 모든 자금을 조달해냈다.

프랭크는 이렇게 회상한다: "만사형통 같았습니다. 우리 로그는 여러 차례 우승을 거두었고, 거물 유명인 투자자가 있었고, 수백만 달러의 자금이 줄을 섰습니다. 우리 로그가 어떻게 성공하지 않을 수 있을까요?"

하지만 날벼락이 떨어졌다. 로그가 오버워치 리그의 프랜차이즈 선정에서 탈락한 것이다.

"프랜차이즈 선정에서의 탈락은 사업을 거의 망쳤습니다. 최악의 재앙이었습니다. 프랜차이즈 탈락은 우리가 오버워치에서 쌓아 올린 모든 것이 하룻밤 사이에 아무 가치도 없는 휴지 조각으로 바뀌는 것을 의미했습니다. 저는 말 그대로 수영장에서 24시간을 보냈습니다. 더 이상 무엇을 해야 할지 알 수 없었습니다. 선수들, 내 친구들, 스티브 아오키 등 모두가 완전히 의욕을 상실했습니다. 조직 전체가 슬픔에 사로잡혀 마치 죽은 것과 같았습니다. 불이 꺼지는 순간이었습니다."

프랜차이즈는 리그 진입의 장벽이 있기에 가치가 있다. 그리고 이런 배제의 고통은 로그와 수십 개의 신생 및 주류 오버워치 팀들이 어렵게 깨달은 것이었다.

프랭크는 다음과 같이 말한다: "우리는 오버워치에서 죽었습니다. 블리자드의 단 한 번의 결정으로 우리의 모든 사업 모델이 파괴되었습니다. 프랜차이즈 게임 외부에서의 사업은 생존이 불가능합니다. 기껏해야 다른 팀에게 선수를 공급해주는 농장 팀(2군 팀)으로 격하된 것이나 다름없습니다. 그래서 우리는 즉시 모든 오버워치 선수들을 놓아주었습니다. 오버워치에서 우리가 이뤄왔던 모든 성공은 사라졌습니다."

하지만 그렇다고 해서 로그가 완전히 사라진 것은 아니었다. 프랭크는 현 상황을 검토하여 앞으로 나아갈 새로운 길을 탐색했다. "우리는 e스포츠 게임단에 필요한 모든 요소를 여전히 가지고 있다는 것을 깨달았습니다. 최고 경영진, 유명 인사, 게다가 ReKT를 통해 자본과 네트워크도 확보했습니다. 그저 다른 누군가의 결정으로 로그가 저지되었을 뿐입니다. 저와 Rekt는 포기하지 않고 더 밀어붙이기로 결정했고, 다른 프랜차이즈에 도전하기로 했습니다."

새로운 거래가 등장했다: 즉 로그는 ReKT의 자회사가 되는 대신 ReKT는 로그의 상당량의 지분을 구매하기로 했다. ReKTGlobal의 최고 크리에이티브 책임자인 케빈 노크(Kevin Knocke)는 다음과 같이 설명한다: "우리는 프랭크의 사업을 살펴보았고, 특히 로그가 엔터테인먼트 및 스티브 아오키와 연계된 방식이 마음에 들었습니다. 우리는 그 팀이 점점 더 엔터테인먼트로서 마케팅되고 있는 것을 보면서, 로그는 오버워치가 없더라도 여전히 특별한 것을 만들 수 있다고 생각했습니다. 그래서 우리는 거래를 했습니다."

로그와 ReKT는 함께 당시 유일한 프랜차이즈 e스포츠인 리그 오브 레전드의 빈자리를 사냥하기 시작했다. 프랭크는 다음과 같이 설명한다: "우리는 북미의 자리를 놓쳤습니다. 그래서 유럽 리그에서의 자리를 사기 위해 최대한 열심히 노력했습니다. 또 하나의 미친 짓일지 모릅니다. 하지만 그렇지 않았습니다. 두 번째 시도에서는 로그의 매력을 입증했습니다. 많은 노력과 신중한 계획으로 우리의 홍보는 성과를 거두어, 로그가 빅 리그에 진출했습니다."

오늘날 로그는 세계에서 가장 크고 성공적인 프로팀 중 하나다. 프랭크는 다음과 같이 말하고 있다: "제가 루 선생님에게 무슨 일이 있었는지 이야기하기 위해 되돌아갔을 때 놀라운 일이 벌어졌습니다. 루 선생님은 자신이 곧 은퇴할 예정이며, 저의 성공 스토리야말로 그분의 교육 경력에서 가장 완벽한 최고의 업적이라고 말했습니다."

로그의 이야기는 단순히 한 팀이 두각을 나타낸 이야기가 아니다. 그 이야기는 프랜차이즈의 위험과 이점, 그리고 이러한 추세가 앞으로 e스포츠 산업을 어떻게 변화시킬지에 대해서 명확히 보여준다.

프랭크는 다음과 같이 설명하고 있다: "프랜차이즈제는 앞으로 주요 e스포츠 게임에 도입될 것입니다. e스포츠에서 피할 수 없는 다음 단계입니다. 당신이 다른 어떤 e스포츠 팀을 가든 당신이 이야기하는 모든 사람은 이 말에 동의할 것입니다. 프랜차이즈가 e스포츠의 미래입니다."

그러나 이런 현상은 좋은 일인가?

프랭크는 이런 질문에 다음과 같이 말하고 있다: "물론이죠. 프랜차이즈제는 e스포츠 업계의 안정성을 올리는 원동력입니다. 프랜차이즈가 도입되면 e스포츠 경기에서 안정적으로 일정 수준 이상의 관중을 확보할 수 있습니다. 또한 프랜차이즈에 참가하는 팀은 후원과 중계권으로 얻은 대회 수익을 배분받기에 안정적인 수입원이 확보됩니다. 즉, 대회에 참가한 팀은 안정적인 운영이 가능해집니다. 개별 팀의 성적이 저조하더라도 사람들의 인기를 끌 수 있는 e스포츠 종목이라면 충분히 프랜차이즈제를 도입할 수 있습니다."

ReKT의 케빈은 다음과 같이 덧붙인다: "프랜차이즈가 중요한 또 하나의 이유가 있습니다. 많은 사람들은 프랜차이즈의 높은 가격표를 보면서 2천만 달러나 3천만 달러를 낭비하는 것이나 다름없다고 생각합니다. 하지만 이것은 사실이 아닙니다. 프랜차이즈는 자산과 관련된 금전적 가치를 가지고 있기에, 투자한 자금은 그대로 자산으로 들어갑니다. 즉, 프랜차이즈를 사는 것은 부동산을 사는 것과 같습니다. 시장성 있는 상품에 장기 투자를 하고 있는 것이나 다름없습니다."

프랭크가 케빈의 말에 덧붙인다: "프랜차이즈는 궁극적으로 e스포츠 팀에게 힘을 실어줄 수 있습니다. 현재 게임사는 우리 업계에서 압도적인 영향력을 행사하고 있습니다. 액티비전 블리자드의 한 결정으로 로그가 거의 사라질 뻔 했던 사실에서도 그런 점을 알 수 있습니다.

그러나 역설적으로 프랜차이즈는 e스포츠 팀이 업계에서의 통제권을 되찾는 길이 될 수 있습니다. 게임사는 프랜차이즈를 도입하면서 게임단에게 돈을 받는 대신 영구적으로 권리를 양도합니다. 프랜차이즈의 높은 가격표 때문에 게임사는 크래프츠(Krafts, 뉴잉글랜드 패트리어츠의 구단주)나 윌폰스(Wilpons, 뉴욕 메츠의 대주주)같은 헤비급 기관 투자자를 협상 테이블로 끌어들여야 합니다. 그리고 이러한 헤비급 기관 투자자들은 게임사를 상대로 강력한 발언권을 가집니다. e스포츠 산업의 동력이 변하고 있습니다. 점점 더, 어쩌면 자신도 모르는 사이에 게임사는 e스포츠 스스로의 힘을 제한하는 시장 상황을 만들고 있습니다. 게임사는 언제나 e스포츠 업계에서 강력한 힘으로 남아있을 것입니다." 프랭크는 다음과 같이 결론 내린다: "그러나 현재 프랜차이즈 덕분에 e스포츠 팀들도 힘을 얻고 있습니다."

Chapter 09 프로게이머

"앰니지액(Amnesiac)" 윌리엄 바튼(William Barton)은 '형제 사이의 경쟁'이라는 고전적인 이유로 비디오 게임을 시작했다.

"저는 형인 진(Gene)과 함께 비디오 게임을 시작했습니다. 저와 형의 나이 차이는 4살이었어요. 비디오 게임은 어색한 나이 차이를 메울 수 있는 쉬운 방법이 되었습니다. 게임은 함께 할 수 있는 것이었어요."

바튼은 처음에는 아무 생각 없이 그저 재미로 게임을 했지만, 곧 새롭게 떠오르는 온라인 실시간 전략 게임인 스타크래프트 II를 발견했다. "형이 스타크래프트 II를 시작했을 때 저는 10살이었기에 혼자서는 제대로 플레이할 수 없었습니다. 게다가 부모님은 제게 컴퓨터를 사주지 않으셨어요. 저는 형이 플레이하는 것을 지켜보았습니다. 아주 많이요. 더 나아가 자연스럽게 다른 사람들이 플레이하는 모습을 지켜보게 되었습니다. 저는 e스포츠의 팬이 되어 온라인에서 다양한 게이머를 팔로우하기 시작했지요."

바튼의 이야기는 신흥 프로게이머 세대의 전형적인 성장과정을 보여준다. 아마추어 선수가 프로 선수를 보며 고무되는 것처럼, 바튼은 스타크래프트를 잘하는 게이머에게 매료되었다. "저는 잘하는 게이머들을 그저 우상으로 여긴 것이 아닙니다. 그 이상입니다. 저는 그들이 하는 것을 보았고, 저도 할 수 있다고, 그들과 똑같이 잘할 수 있다고 생각했습니다."

바튼은 가장 좋아하던 스트리머인 "Day9" 션 플롯(Sean Plott)이 새로운 수집형 카드 게임(CCG), 하스스톤(Hearthstone)의 비공개 베타 테스트에 참여하는 것을 보면서 인생의 전환점을 맞이했다. 바튼도 곧 게임을 다운로드했다. "저는 자연스럽게 잘했어요. 2주 만에 최고 등급인 전설(Legend)을 달성했습니다."

수집형 카드 게임(CCG)란 무엇인가?

앞에서 FPS, RTS 및 MOBA 장르를 살펴보았다. 이제 수집형 카드 게임 (CCG, 트레이딩 카드 게임 또는 디지털 카드 게임이라고도 함) 장르에 대해 이야기를 할 차례다. 수집형 카드 게임은 e스포츠의 네 번째 주요 게임 장르로, 반사 신경보다 전략이 더 중요하다.

수집형 카드 게임에서 각 카드는 고유의 능력을 가지고 있으며, 이를 사용하거나 활성화하기 위해서는 특정 비용이 필요하다. 플레이어는 수집한 카드 중에서 시너지 효과를 내는 자신만의 카드 덱(Deck, 플레이어가 게임에서 사용하는 카드 묶음)을 만들어 다른 플레이어와 겨룬다. 플레이어들은 자신의 카드들을 가상의 배경이나 보드에 서로 번갈아 가며 올려놓는다. 그리고 능력들을 빨리 조합하거나, 더 강력하지만 비싼 카드들이 활성화될 때까지 지연시킴으로써 상대를 압도하려고 한다. 일반적으로 수집형 카드 게임의 주된 테마는 판타지나 공상 과학 장르이지만 공포 테마나 지적 재산권이 있는 만화, 스포츠 등을 테마로 하기도 한다.

현존하는 모든 수집형 카드 게임은 매직 더 개더링(Magic The Gathering) 이라는 카드 게임에서 강하게 영감을 받았고, 그중 일부 수집형 카드 게임은 심지어 직접 복사한 것이라고 해도 과언이 아닐 것이다. 2018년 매직 더 개더링의 차세대 디지털 게임인 매직 더 개더링 아레나(Magic The Gathering Arena)가 출시되어 e스포츠계에 합류했다.

바튼은 시작한 지 불과 14일 만에 불가능해 보이는 일을 해냈다. 하스스톤의 시청자에서 수백만 명의 플레이어 중 상위 0.1%에 드는 최상위 랭커로 변신한 것이다. 분명히 바튼은 천부적 재능이 있었다. 그렇다고 하더라도 어떻게 그런 급격한 상승이 가능했을까?

바튼은 다음과 같이 설명하고 있다: "e스포츠에서는 시청하는 것이 정말 좋은 연습이 될 수 있습니다. 이런 점이 트위치가 인기 있는 이유 중 하나라고 생각합니다. 저는 하스스톤을 다운로드하기 전에 하스스톤 최상위 플레이어들이 어떻게 플레이하는지 연구했습니다. 트위치로 시청하면서 게임의 기본적인 시스템을 이해하고 전략을 익혔습니다. 누구나 저와 똑같이 할 수 있다고 굳게 믿습니다. e스포츠는 학생처럼 배우려고 노력하면 누구나 쉽게 접근할 수 있습니다."

바튼은 하스스톤 상위 0.25%의 유저들이 속하는 최고 등급인 전설(Legend)을 달성하면서 새롭게 동기 부여가 되었다. 바로 순위표였다.

"처음으로 랭킹에 올라와있는 아이디와 숫자를 보고 제가 얼마나 잘하는지 정확히 알 수 있었습니다. 제 아이디가 117등이라고 떴거든요. 저는 거의 항상 세계 최고의 선수 100명 안에 들었습니다. 저는 제가 게임에서 평균 이상이라는 것을 알고 있었지만 하스스톤 이전까지는 제가 프로게이머가 될 것이라고는 생각해본 적이 없었습니다. 하지만 하스스톤의 랭킹에 들면서 이제는 제가 얼마나 잘하는지 정확히 알 수 있었습니다."

이러한 점에서 e스포츠는 독특하다. 어느 한 고등학생 쿼터백이 미식축구를 얼마나 잘하는지 정확한 수치로 아는 것은 불가능하다. 그러나 온라인 대전 게임에서는 플레이어 간의 공정한 매치메이킹을 위해서 실시간으로 업데이트되는 정교한 랭킹 시스템을 통해 플레이어들의 실력 수준을 정확하게 평가한다. 덕분에 누구나 자신의 정확한 실력 수준을 쉽게 알 수 있으므로 최상위권 플레이어들은 자연스럽게 프로의 길을 가게 된다. 누구나 집에서 편안하게 게임을 즐길 뿐만 아니라 나날이 발전하고 있는 자신의 모습을 정확히 알 수 있다.

"누구나 게임에 중독될 수 있습니다. 좋은 방법으로요"라고 바튼은 설명한다.

바튼은 재능 있는 게이머지만, 지하실에 사는 너드(nerd)라는 상투적인 이미지와는 거리가 멀다는 점을 덧붙일 필요가 있다. 사실 오늘날 대부분의 프로게이머가 너드라는 고정 관념은 사실이 아니다. 바튼은 다음과 같이 설명하고 있다: "저는 매우 건강하게 자랐습니다. 미식축구, 농구, 축구를 했어요(바튼은 테니스도 매우 잘한다). 저는 경쟁을 좋아하는 사람입니다. 그리고 저는 게임을 경쟁의 또 다른 수단으로 보았습니다. 저에게 게임은, 심지어는 프로 게임도 저만의 균형 잡힌 라이프 스타일의 일부일 수 있습니다."

사실 바튼의 원만한 성격은, 바튼의 부모가 바튼이 하스스톤에 전념하는 것을 불편하게 생각하지 않았던 이유들 가운데 하나였다.

"8학년 시절, 저는 학교를 잘 다녔고 스포츠를 즐겼습니다. 그러고도 여전히 하루에 약 4시간의 여유 시간이 있었습니다. 속으로 생각했습니다. 좋아, 이 하스스톤을 한번 제대로 해보자. 내가 얼마나 잘할 수 있는지 보자."

이 무렵 또 다른 프로게이머 "아마즈(Amaz)" 제이슨 찬(Jason

Chan)이 게임 내에서 바튼과 교류하면서 우정을 쌓기 시작했다. 찬은 거의 전적으로 트위치 수입만으로 생계를 꾸려온 1세대 프로게이머였다. 찬은 바튼이 얼마나 뛰어난 플레이어인지 알았기에 바튼에게 인터넷 방송을 시작하도록 격려하기 시작했다.

"저는 아마즈가 설정을 도와준 덕택에 인터넷 방송에 필요한 모든 것들을 준비할 수 있었습니다. 이제 예전처럼 편하게 하스스톤을 플레이했지만, 이전과의 차이점이라고 한다면 바로 게임을 플레이하는 동시에 실시간으로 청중에게 방송하고 있다는 점입니다. 매일 3~4시간씩 방송했습니다. 그렇게 해서 두 달 만에 시청자가 1,000명을 넘어섰습니다."

또다시 e스포츠의 접근성이 명백하게 드러난다. 전통 스포츠에서 선수가 대중들 앞에 서는 엔터테이너가 되기까지의 장벽은 상당히 높다. 그러나 e스포츠의 디지털 특성 때문에 바튼이 하스스톤을 플레이하다가 하스스톤을 방송으로 전환하는 것은 간단하다. e스포츠 선수와 e스포츠 엔터테이너는 대부분 사실상 동의어이다.

성공적인 트위치 채널을 가지게 되면 또 다른 이점이 있다: 취미가 직업으로 바뀐다. "게임으로 돈을 벌게 되자, 제가 게임에 보낸 시간에 재정적 보상이 생겼습니다. 아르바이트와 비디오 게임이 동일한 것 같았습니다"라고 바튼은 말한다.

바튼이 하스스톤을 플레이하는 시간을 두 배로 늘리자 찬은 바튼에게 팀 아콘(Team Archon)에서 인터넷 방송인이자 프로게이머로서 활동할 것을 제안했다. 팀 아콘은 바튼의 인터넷 방송을 지원할 뿐만 아니라 프로게이머로서 바튼에게 안정적인 급여를 제공하겠다는 매력적인 제안을 했다.

바튼은 계속해서 다음과 같이 말한다: "저는 형에게 제가 살해되거나 사기당하지 않을 것이라고 부모님께 설명해달라고 부탁했습니다. 부모님은 저처럼 어린 고등학교 신입생이 어떻게 프로가 될 수 있는지 믿기 어려워하셨습니다. 하지만 부모님은 대단하게도 저를 믿어주었습니다. 제가 인터넷 방송으로 돈을 벌기 시작하자 그 제안이 충분히 합당한 것이라고 이해하신 것 같습니다. 제안을 받은 지 일주일도 지나지 않아 팀 아콘에 합류하여 하스스톤 대회에서 뛰기 시작했습니다."

그러나 스포트라이트를 처음 받는 것은 순탄하지 않았다. 바튼이 프로게이머의 세계에서 겪는 첫 고난이었다.

"저의 첫 e스포츠 대회는 2015년 9월 하스스톤 지역 예선이었습니다. 저는 너무 긴장해서 대회 날에 아무것도 먹을 수가 없었어요. 이렇게 긴장된 적은 지금까지 한 번도 없었어요. 결국 잘하지 못했지만 상관없었습니다. 저의 첫 대회였으니까요. 앞으로의 일은 지금과는 다를 것이라는 것을 깨달았습니다. 이제 단순한 취미가 아니라 진정한 직업이니까요. 놀라운 기회이기도 하지요. 열심히 하면 다음 대회에서 더 잘할 수 있을 것이라고 생각했습니다."

바튼은 예언한 대로 얼마 지나지 않아 멋진 성공을 거두었다.

"다음 예선에서 우승했어요. 아빠가 저를 데려갔던 기억이 나네요. 너무 어렸기 때문에 법적 보호자가 참석해야만 했습니다. 그 후에 엄마가 지켜보고 있는 가운데 동계 선수권 대회에서 우승했습니다. 부모님께 제가 프로게이머로서 경험하는 삶과 성공하는 모습을 생생하게 보여드렸다고 생각합니다."

바튼은 첫 번째 챔피언십 타이틀을 얻으며 엄청나게 빨리 최고의 하스스톤 플레이어들 가운데 한 명이 되었다. 그러나 바튼의 성공은 오늘날 e스포츠의 뛰어난 접근성을 더욱 돋보이게 하는 것이기도 하다. 가령 14세 소년이 NBA에 직행하는 것은 문자 그대로 불가능할 것이다. 그러나 누구에게나 평등한 e스포츠에서는 재능만 있다면 얼마든지 성공을 거둘 수 있다.

불행히도 바튼은 2016 하스스톤 세계 선수권 대회에서 우승하지 못했다. 그러나 바튼은 상위 8위에 오르며 50,000달러라는 인상적인 상금을 집으로 가져갔다. 무엇보다 바튼은 팬들에게서 '어린 야수'(Young Savage)라는 애정 어린 별명을 얻으며 자신의 명성을 널리 알렸다. 바튼은 하스스톤 세계 선수권 대회에 출전할 자격을 얻은 최연소 프로였다. 바튼은 e스포츠의 인기 있는 게임 중 하나인 하스스톤에서 가장 저명한 게이머 중 한 명이었지만 여전히 고등학교 신입생이었다.

앰니지액(AMNESIAC)의 유래

많은 프로게이머는 자신의 아이디에 대해 특이한 혹은 미심쩍은 유래를 가지고 있다. 자부심이 느껴지는 것도, 당혹감이 느껴지는 것도 있다. 윌리엄 바튼의 이야기도 다르지 않다.

"저는 앰니지액(Amnesiac)이라는 아이디로 시합합니다. 프로게이머는 멋진 한 단어로 된 아이디가 필요하다고 생각해서 선택했습니다. 그 당시 저는 스타크래프트(StarCraft)를, 형은 암네시아: 더 다크 디센트(Amnesia: Dark Descent)를 플레이했기 때문에 이 두 게임들 합쳐서 Amnesia_StarCraft, 이를 줄여서 AmnesiaSC로 만들었습니다. 하스스톤에서 사람들은 저를 계속 '앰니지액'이라 잘못 읽었지만 저는 '그래, 그게 더 멋있어'라고 생각하고 받아들였어요. 그렇게 제 아이디가 탄생했습니다."

"세계 대회에 출전한 이후 수업에 집중하기가 어려웠습니다"라고 바튼은 인정하고 있다. "이 무렵에 부모님이 저를 혼내기 시작했습니다. 예를 들면 '역사를 더 열심히 해야지' 같은 식으로요. 하지만 그건 우선순위의 문제였습니다. 제가 돈을 가장 많이 받는 곳이 어디인지 명확했기에 학교를 우선시하기 어려웠습니다. 저는 이것이 e스포츠의 문제라고 생각하지 않습니다. 어렸을 때 성공한 사람이라면 누구에게나 일어나는 일입니다. 재능 있는 십대 골퍼나 첼리스트도 마찬가지일 것입니다."

바튼의 명성이 널리 알려지면서 더 큰 게임단들도 바튼에게 관심을 가지기 시작했다.

"2017년에 NRG(NRG Esports)와 계약했던 기억이 납니다. 처음으로 자유계약선수가 되자 앤디 밀러(Andy Miller)가 저를 영입했습니다. 신나는 일이었습니다. 저는 앤디의 배경(성공한 실리콘 밸리 기업가이자 NBA 새크라멘토 킹스의 구단주)을 알고 깜짝 놀랐습니다. 이 남자가 저를 원한다는 것이 믿기지 않았습니다. 게다가 NBA의 슈퍼 스타인 샤킬 오닐(Shaquille O'Neal)이 NRG에 투자한 사실도 알았습니다. 그래서 샤킬 오닐과 게임할 것이라고 사람들에게 말하는 것은 신나는 일이었습니다."

그러나 바튼을 원한 것은 e스포츠 조직만이 아니었다.

"NRG와 계약한 이후에 레드불(Redbull)에서 전화가 왔습니다. 이게 정말 현실인지 믿기 어려웠습니다. 저는 아버지와 함께 레드불의 간부를 만났습니다. 여전히 보호자가 필요했거든요. 그리고 우리 둘 다 레드불과의 이야기가 잘 진행되고 있음을 느꼈습니다. 집으로 차를 타고 돌아가는 도중에 아버지가 저를 보면서 '레드불은 너를 뽑을거야'라고 말씀하셨습니다. 아버지의 말이 맞았습니다. 몇 주 후에 저는 레드불의 후원을 받았습니다. 역대 최연소 레드불 게이머로요."

분명히 이 일은 아직 고등학교 1학년이었던 앰니지액이 재정적으로 커다란 성공을 거두었음을 의미했다. 그러나 그해 연말까지도 바튼의 상승세가 꺾이지 않았다.

"크리스마스 시즌이 되자 모든 것이 시야에 들어왔습니다. 아시다시피 저는 게임하면서 많은 돈을 벌기 때문에 선물 사기가 어렵습니다. 제 가족이 저를 위해 뭔가 특별한 것을 계획하고 있다는 것을 눈치챘지만, 정확히 무엇인지는 알지 못했습니다. 크리스마스 아침, 저는 누나가 직접 만들어 준 트로피 케이스를 선물로 받았습니다. 제가 지금까지 받은 모든 트로피를 보관할 수 있는 크기였죠. 그리고 제 부모님은 저의 e스포츠 유니폼을 액자에 넣어 선물로 주었습니다. 정말 믿기지 않는 일이었습니다. 제가 지금까지 이뤄낸 성취를 눈으로 확인할 수 있었고, 무엇보다도 이러한 성취가 제 가족에게 의미 있는 일이었습니다. 제 가족들은 제가 한 일을 자랑스러워했습니다."

그렇다면 바튼은 자신의 발자취를 따르고 싶어 하는 다른 프로게이머 지망생들에게 어떤 조언을 할 수 있을까?

"프로게이머가 되기 위해서는 인터넷 방송이 가장 중요합니다. 저는 프로를 지망하는 사람들에게 먼저 인터넷 방송을 시작하라고 조언합니다. 인터넷 방송을 하지 않으면 아무도 당신에게 신경 쓰지 않습니다. 오늘날 인터넷 방송 시장에서 인기 있는 인터넷 방송인이 되려면 스스로를 차별화해야 합니다. 당신이 물어야 할 질문은 바로 독특함입니다. 그리고 기술만으로는 항상은 아니지만 종종 충분하지 않습니다. 당신은 엔터테이너이기도 합니다. 저의 차별화 요소는 나이입니다. 저는 '어린 야수'였습니다! 그러나 당신이 발견할 필요가 있는 것은 무엇이 당신을 특별하게 만드느냐 하는 것입니다. 그런 것이 없으면 정상에 오르지 못합니다."

하지만 프로게이머로서의 성공의 길에 대해 다음과 같은 경고도 하고 있다.

"게임을 좋아한다고 해서 프로게이머가 될 수 있는 것은 아닙니다. 프로는 결국 직업입니다. 많은 사람들이 현실에서 탈출하기 위해 게임을 하지만 프로는 정반대입니다. 프로게이머에게 게임이야말로 진짜 삶입니다. 더 이상 탈출구는 없습니다."

오늘날 "앰니지액" 윌리엄 바튼은 하스스톤 대회에서 150,000달러 이상을 벌었지만 총 수입은 거의 수백만 달러에 달한다. 레드불을 비롯한 수많은 후원 덕분이다. 그리고 더 중요하고 어쩌면 당연한 일이겠지만, 게임은 그가 대학에 진학하는 데 도움이 되었다. 이 글을 쓰는 시점에 바튼은 프로 게임에서 물러서서 노스웨스턴 대학에서 학업에 집중하고 있다. 여기에 학부모들이 눈여겨볼 점이 있다: "프로게이머라는 배경은 대학 입학 과정에서 저의 주목할 만한 중요한 자산이었습니다. 그것은 재능 있는 트롬본 연주자나 스포츠 선수인 것처럼 중요한 기술입니다"라고 바튼은 조언한다.

바튼의 이야기에서 중요한 점은 바튼의 급속한 성공이 아니라, 어떻게 바튼이 의식적으로 노력하지 않고도 그런 성취를 이룩할 수 있었느냐 하는 것이다. 현대 e스포츠의 뛰어난 접근성 덕분에 스타덤을 향한 바튼의 여정이 가능했던 것이다.

무엇보다 이것이야말로 e스포츠의 매력이다. 우리는 프로게이머들에게서 우리 자신을 볼 수 있다. 프로게이머처럼 플레이하는 본인의 모습을 상상한다. 그리고 우리는 모방과 우상화라는 두 기둥의 사다리를 타고, 사다리 너머 보이는 프로게이머의 모습을 향해 한발 한발 따라 올라간다. 게임을 다운로드하고, 순위를 높이기 위해 랭크 게임을 하며, 인터넷 방송을 시작한다. 자연스럽게 스타덤에 오르기 위한 단계를 밟으며 프로게이머의 길을 향해 나아간다.

바튼의 사례에서 알 수 있는 것처럼, e스포츠는 단순히 인간이 온라인 세상으로 도피하는 것이 아니라 인간의 기술을 수용하는 것과 같다. "그것이 사람들이 저의 이야기에서 취할 가장 중요한 것입니다"라고 바튼은 결론짓는다. "프로 게임은 삶과 균형을 이룰 수 있습니다. 저는 여전히 체육관에 다녔고, 친구들도 있었습니다. e스포츠는 제가 대학에 들어가는 데 도움이 되었고, 대학 생활을 잘 하고 있습니다. 프로 게임은 정상적인 삶의 끝이 아닙니다. 그것은 인생을 더 충만하게 살 수 있는 기회입니다."

Chapter 10 　e스포츠의 영속성

　　우리는 어떻게 하스스톤, 리그 오브 레전드, 오버워치와 같은 인기 게임이 현대 e스포츠의 판도를 만들어냈는지 살펴보았다. 그러나 e스포츠의 불확실성은 이런 게임들의 미래를 어둡게 한다. 이런 게임들은 전통 스포츠처럼 계속해서 자리를 지킬 수 있을까? 아니면 전통적인 비디오 게임처럼 영원히 순환할 운명일까?

　　이것은 "케첩이냐 겨자냐"라는 질문이다. 왜냐하면 이 두 조미료는, 표면적으로 매우 유사해 보이는 두 가지 – e스포츠와 스포츠, 케첩과 겨자 – 가 매우 다른 소비자 시장을 만들어낼 수 있는 것을 명쾌하게 보여주기 때문이다.

　　케첩부터 시작하자. 하인즈(Heinz)는 북미를 기반으로 해서 케첩 시장을 지배하고 있다. 할인점 브랜드들처럼 하인즈가 아닌 브랜드들조차도 하인즈 케첩 맛을 내도록 만들어진다. 물론, 스위트 메이플(sweet maple)과 스리라차(Sriracha)와 같은 환상적인 케첩 맛도 있지만, 이는 전체 케첩 판매에서 매우 작은 부분에 지나지 않는다. 케첩에 관한 한, 우리는 어떤 케첩 맛을 좋아하는지 안다. 우리는 하인즈 맛 케첩을 원한다.

케첩의 건너편에 겨자가 있다. 겨자 시장을 지배하는 한 가지 맛은 없다. 그 대신 매운맛, 달콤한 맛, 곡물 맛 등등 다양한 맛의 세계가 있다. 우리는 상황에 따라서 다른 종류의 겨자를 원한다. 핫도그에는 클래식한 노란색 겨자를, 버거에는 디종 겨자를 선호한다. 케첩과 달리 겨자에 있어서는 어떤 맛이어야 하는지에 대해 사람들이 동의할 수 없다. 우리는 겨자에서 다양성을 갈망한다.

축구와 야구 같은 전통 스포츠는 케첩이다. 예를 들면, 공과 스틱을 이용한 스포츠는 여러 종류가 있지만 지역마다 선호하는 스포츠로 통합되어 자리 잡았다. 크리켓은 인도를 중심으로 통합되었고, 야구는 미국에서 확고하게 자리 잡았다. 전통 스포츠는 역사적으로 융합을 지향해왔다. 그리고 지역마다 규칙이 조금씩 달랐지만, 야구는 결국 메이저 리그로 통합되었다.

스포츠와 달리 비디오 게임은 겨자다. 동일한 장르 내에서도 매년 수백 개의 새로운 게임이 등장한다. 게임은 주관적인 경험이기 때문에 어느 것이 최고인지에 대한 일반적인 동의가 이뤄지기 힘들다. 게다가 게임의 다양성과 참신함은 매우 중요하다. 그래서 게이머들은 자신이 좋아하는 게임을 하다가도 다양하고 참신한 게임 경험을 즐기고자 새로운 게임을 구매하여 즐긴다.

"e스포츠는 케첩이냐 겨자냐?"라는 질문에 대한 답변이 e스포츠 전체가 앞으로 얼마나 성공할지를 결정한다. e스포츠가 전통 스포츠(케첩)와 같이 영속적이라면 e스포츠는 장기적인 가치를 지닐 수 있다. 거대한 경기장을 짓고 프로 팀을 위해 수십억 달러를 투자할 수 있다. 선수들도 프로 무대에서 한 경기라도 뛰기 위해서 기꺼이 평생을 훈련할 수 있다. 당신이 오랜기간 실력을 쌓아올려 프로 무대에 올라설 준비가 되었을 때에도 당신이 선택한 e스포츠 종목은 여전히 그대로 있을 것이라는 확신이 있기 때문이다. 결정적으로 케첩은 모든 세대를 아우르는 경험을 창출한다. 당신이 할아버지와 함께 야구를 보았듯이 미래에 당신은 오버워치 경기를 손자와 함께 볼 수 있을까?

스포츠는 계속 존속할 것이기 때문에 큰 돈의 값어치를 가진다.

이와는 반대로, e스포츠의 겨자 패러다임은 규칙이 없고 무시무시하다. 어떤 게임도 우위를 점하지 못할 것이고, 상당히 다양한 게임이 나왔다가 사라질 것이다. 소비자가 항상 e스포츠를 보고 즐길 것이라는 점은 보증할 수 있다. 그러나 우리가 시청하고 플레이하는 종목 자체가 너무 빠르게 변화하기에 e스포츠 업계가 안정되기 어렵다. 오늘 쌓아올리는 모든 것은 얼마 지나지 않아 사라질 것이다. 게임단, 리그, 심지어 후원도 의미가 없을 것이다. 왜냐하면 게임이 투자를 정당화할 정도로 오래 지속되지 않을 것이기 때문이다.

그렇다면 e스포츠는 케첩과 겨자 중 어떤 것일까? 이 질문에 답하려면 오늘날 가장 성공적인 e스포츠 장르 중 하나에 대한 이야기를 해야 한다.

2000년에 제작된 일본 영화 배틀로얄(Battle Royale)은 무작위로 선택되어 감금된 중학생들의 디스토피아적 이야기다. 최소한의 장비만 받은 학생들은 소설 『파리 대왕』에서처럼 자신을 지켜야 한다. 단, 하나의 함정이 있다. 이 학생들은 살아남기 위해 서로를 죽여야만 한다.

배틀로얄은 아시아에서 엄청난 히트를 기록했고 전 세계적으로 커다란 문화적 영향력을 발휘했다. 헝거 게임과 같은 서양의 히트작은 영화 배틀로얄에서 많은 요소를 차용했다(작가 수잔 콜린스는 소설을 쓰기 시작할 당시 배틀로얄에 대해 들어본 적이 없다고 주장하지만).[1]

"배틀로얄"이라는 용어가 자리 잡을 정도로 대중들에게 큰 인기를 끌자, 게임에서도 배틀로얄처럼 '최후의 1인'의 생존 경쟁을 펼치고자 하는 시도들이 생겼다.

이 중에서 가장 중요한 초기작으로는 2009년 아르마 2(ARMA 2)의 데이즈(DayZ)라는 모드를 꼽을 수 있다. 현실적인 1인칭 슈팅게임(FPS)에 좀비 서바이벌이 가미된 데이즈 모드에서 플레이어는 장비를 수집하여 좀비를 학살하는 동시에, 더 나은 장비를 얻고 자신의 생존 가능성을 높이기 위해 다른 플레이어를 죽인다.

데이즈는 2013년에 아르마 2에서 분리되어 독립적으로 실행 가능한 게임으로 출시되었을 때 약 백만 명의 사용자를 확보하였다. 그러나 데이즈는 좀비들이 활개치는 황량한 세계에서 생존하는 사실주의적인 좀비 아포칼립스 게임에 가까웠다. 플레이어는 주요 거점에서 교전을 벌이는 대신 홀로 지역에 널리 흩어져있는 보급품을 수집하며 고독한 생존 경쟁을 벌였다.

이후 "플레이어언노운(PLAYERUNKNOWN)" 브렌든 그린(Brendan Greene)이 등장했다. 브렌든은 프리랜서 사진작가 생활과 실업자 생활을 번갈아 했던 사람이었다. 그는 데이즈를 더 다듬어 보다 직관적인 게임이 되게 하려고 애썼다. 일본 영화 배틀로얄의 영향을 직접적으로 받은 브렌든은 데이즈: 배틀로얄(DayZ: Battle Royale)을 출시했다. 이 모드는 인기가 있었고, 브렌든의 게임개발 경력의 시작이었다. 2015년 무명에 가까웠던 한국의 게임사 블루홀은 새로운 배틀로얄 게임을 만들기 위해서 브렌든을 영입하였다. 브렌든은 자신의 비전을 펼칠 수 있는 새로운 배틀로얄 게임을 만들기 위해 한국으로 가는 비행기를 탔다. 그 당시에는 아무도 예상하지 못했지만 e스포츠의 위험한 혁명이 시작된 순간이었다.

배틀로얄이란?

배틀로얄(BR)은 e스포츠의 또 다른 주요 장르이다. 표면적으로는 배틀로얄은 1인칭 시점으로 캐릭터를 조종하여 다양한 총과 특수 능력을 사용하여 다른 플레이어를 제거한다는 점에서, 오버워치와 같은 FPS 게임과 유사하다.

그러나 FPS 게임은 팀 기반의 전투에 중점을 둔 반면, 배틀로얄 게임은 다른 참가자 혹은 다른 팀들을 모두 제거하고 살아남아야 하기에 게임 전반에 걸쳐 혼란스러운 전투가 불규칙하게 벌어진다. 또한 배틀로얄에서는 시간이 지날수록 자기장, 폭격, 독가스 등을 비롯해 플레이어를 탈락시키는 오브젝트가 생성되어 전장의 크기가 점점 축소되므로 다른 플레이어들과 강제로 만나게 된다. 게다가 몇몇 배틀로얄 게임은 1인칭이 아닌 3인칭 관점을 택하기도 한다. 예를 들면, 포트나이트(Fortnite)는 어깨 너머의 3인칭 시점에서 캐릭터를 조종한다.

2017년 3월, 배틀그라운드(PlayerUnknown's Battlegrounds, PUBG)가 얼리 액세스(Early access, 게임을 후원함과 동시에 개발 중인 게임을 플레이하며 피드백을 줄 수 있는 시스템)로 발매되었다. 30명으로 이루어진 팀이 1년이라는 이례적으로 짧은 기간 동안 개발했기에 엄청나게 많은 오류와 버그 및 최적화 문제가 발생했지만, 배틀그라운드는 사람들에게 열광적인 반응을 이끌어내며 시장에서 번개처럼 질주했다.

배틀그라운드에서 당신은 비행기에서 뛰어내려 100인 무한 경쟁에 합류한다. 버려진 황무지와 도시에 착륙하여 생존을 위해 가능한 모든 것들을 쓸어가고 상대방을 죽인다. 그리고 마침내 생존에 성공하여 '이겼닭! 오늘 저녁은 치킨이닭!(WINNER WINNER CHICKEN DINNER!)' 이라는 승리 메시지와 함께 치킨을 먹으러 간다. 사람들이 열광적으로 플레이하면서 배틀그라운드는 하룻밤 사이에 커다란 성공을 거두었다.

배틀그라운드는 3일 만에 1,100만 달러를 벌어들여 개발 비용을 모두 환수했다.[2] 3주 후에 동시 접속자가 10만 명 가까이 되었다. 4개월 후 600만장 이상이 팔리며 1억 달러 넘게 벌었다.[3] 무명의 한국 게임사가 만든 무명의 게임이 어느새 블리자드의 오버워치를 넘어섰다. 배틀로얄 장르가 탄생했다.

어째서 데이즈가 실패한 분야에서 배틀그라운드는 성공할 수 있었을까? 브렌든이 초창기 배틀로얄 게임에서 방해가 되는 요소들을 과감하게 제거했기 때문이다. 배틀그라운드는 시간이 흐를수록 점점 좁아지는 전장에서 생존 게임을 벌인다는 게임 메커니즘을 완성했다. 플레이어는 블루존이라 불리는 경기 구역의 밖에서는 계속해서 타격을 받고 결국에는 사망한다. 시간에 따라 축소되는 블루존에 집결한 플레이어들은 서로 끊임없이 마주치며 매복, 반격, 기습으로 점철되어 긴장감이 넘치고 역동적인 순간들로 가득 차게 된다. 게다가 더 많은 플레이어가 죽을수록 영역이 축소되므로 플레이어 간의 충돌이 더욱 많아지고 게임 속도가 더 빨라졌다. 과거의 여러 배틀로얄 게임들이 비슷한 개념을 사용했지만, 이를 최초로 완성한 것은 배틀그라운드였다.

그러나 블루존만이 배틀그라운드를 재미있게 만드는 요소인 것은 아니다.

더 중요한 점은, 배틀그라운드는 배틀로얄을 보다 기술 집약적인 게임으로 만들어 한 가지 SCAR 요소를 개선했다는 사실이다. 이전 배틀로얄 게임에서는 서로가 서로를 죽일 때까지 전장의 구석에 몸을 숨기기만 하면 승리할 수 있었다. 그러나 배틀그라운드의 블루존으로 인한 전장의 변화 때문에, 이제 단순히 은폐하는 플레이는 훨씬 덜 효과적이게 되었다. 이제는 달리면서 총을 정확히 발사할 수 있는 반사 신경이 상대방보다 더 오래 기다리는 인내심보다 더 중요하였다.

배틀그라운드는 또 다른 SCAR 요소인 접근성도 개선했다. 100인 무한 경쟁이라는 혼란스러울 정도의 엄청난 규모에서는 엄격한 매치메이킹이 필요하지 않았다. 기존 FPS 게임에서 플레이어는 실력에 맞는 플레이어와 게임을 하기까지 2~5분을 대기해야 했지만 배틀그라운드에서는 대기하는 즉시 새로운 매치에 참가하여 하늘에서 낙하산을 타고 다시 내려왔다. 게다가 배틀그라운드에서 사망한 플레이어는 기존의 팀 기반 FPS처럼 경기가 끝날 때까지 기다릴 필요 없이 즉시 대기창에 돌아가 새로운 게임에 참가할 수 있었다. 비행기로 돌아가 새로운 전장에 낙하산을 타고 내려왔다.

기술과 접근성을 개선함으로써 배틀그라운드는 게임계의 거물로 성장했고, 약 3천만 장이 팔리며 거의 10억 달러의 수익을 올렸다.[4] 게다가 배틀그라운드는 오늘날 양대 가정용 게임기인 엑스박스 원(Xbox One)에 패키지 게임으로 출시되어 게임기에서도 컴퓨터처럼 배틀그라운드를 즐길 수 있게 되었다. 출시 3개월 후에는 하루에만 무려 8,700만 명의 플레이어가 로그인하는 기록을 세우기도 했다.[5] 믿을 수 없을 만큼 재미있고 세련된 배틀그라운드는 심지어 모바일로도 출시되어 그해 8월까지 1억 건 이상의 다운로드를 기록했다.

모든 지표에서 배틀그라운드는 엄청난 성공을 거두었다. 그렇다면 어떻게 새롭고 핫한 배틀로얄 장르에서도 가장 인기 있는 게임이었던 배틀그라운드가 불과 몇 달 사이에 죽음의 소용돌이로 들어갔을까?

에픽 게임즈(Epic Games)는 2011년에 팀 중심의 좀비 디펜스 게임인 포트나이트(Fortnite)를 개발하기 시작했다. 4명의 플레이어는 AI가 조종하는 좀비 무리에 맞서 서로 협력하여 요새를 건설하고 싸우는 게임이었다. 인간 대 AI에 초점을 맞추었는데 그다지 성공적이지 못했다. 게다가 개발 도중 게임 엔진을 언리얼(Unreal) 3에서 최신 버전인 언리얼 4로 교체하면서 개발이 지연되어 최종 개발까지 무려 6년이나 소요되었다. 그 결과, 2017년에 얼리 액세스로 출시된 포트나이트는 실패했다. 그저 또 다른 좀비 사냥게임에 불과했다.

다만 포트나이트 개발팀은 배틀그라운드의 성공을 보고 그 게임에 매료되었다. 에픽 게임즈는 포트나이트의 게임 클라이언트를 기반으로 배틀그라운드와 유사한 배틀로얄 게임인 '포트나이트: 배틀로얄(Fortnite: Battle Royale)'의 개발에 박차를 가했다. 개발팀은 포트나이트를 재정비하였고, 포트나이트는 몇 달 만에 기지 방어 게임에서 100명의 플레이어가 참여하는 혼돈의 배틀로얄 게임으로 바뀌었다.

포트나이트: 배틀로얄이 2017년 9월에 출시되자 게이머들은 이에 주목했다. 무료로 재출시되었기 때문이다.6 에픽 게임즈는 후발 주자인 포트나이트가 배틀그라운드를 잡으려면 가능한 한 빠르게 플레이어 숫자를 늘려야 한다는 것을 이해했고, 그래서 리그 오브 레전드가 히어로즈 오브 뉴어스를 MOBA 장르의 왕좌에서 끌어내릴 수 있었던 무료

플레이 사업 모델을 채택했다. 무료로 제공되는 포트나이트와 비교해 볼 때, 배틀그라운드의 29.99달러라는 가격은 성공에 장애가 되었다.

그 결과, 포트나이트: 배틀로얄은 출시 2주 만에 천만 명의 사용자를 확보했다.7 출시 1년 후, 포트나이트: 배틀로얄은 본래의 포트나이트를 밀어내고 포트나이트의 이름을 차지했고, 1억 2,500만 명의 사용자를 기록하면서 연간 24억 달러의 수익을 올렸다. 거기에 에픽 게임즈는 추가적으로 10억 달러 이상의 자본을 조달하여 배틀로얄 장르에서 포트나이트의 지배력을 확고히 했다.8

그러나 수익모델이 성공으로 이끄는 가장 중요한 요소이기는 하지만, 포트나이트는 배틀그라운드를 몰아내기 위해 네 가지 다른 결정들도 내렸다.

첫째, 포트나이트는 단지 무료이기 때문에 더 접근성이 있었던 것은 아니다. 포트나이트는 코믹하고 만화 같은 아트 스타일을 특징으로 하였고, 이런 점 때문에 포트나이트는 거칠고 어두운 밀리터리 스타일의 배틀그라운드보다 더 많은 게이머에게 어필할 수 있었다.

둘째, 포트나이트는 정교하게 코믹한 구조물 건설 매커니즘을 제시하여 배틀로얄 장르의 기술을 지속적으로 끌어올렸다. 포트나이트 출시 당시 구조물 건설은 좀비를 막기 위해 설계된 게임 메커니즘이었지만, 포트나이트가 배틀로얄 장르에 이식되면서 이제 플레이어가 생존하기 위해서는 구조물을 빠르게 건설하고 엄폐하여 상대방의 매복이나 기습 공격의 위험을 최소화하고 전술적 이점을 향상시켜야 했다. 플레이어는 구조물을 통한 전술적 이점을 최대한 이용하기 위해서 건설 기술을 향상시켜야 했다.

셋째, 포트나이트는 게임 역사상 유래를 찾아볼 수 없을 정도로 공격적이고 빠르게 새로운 게임 콘텐츠를 출시하는 데 전념했다. 처음에는 매달, 그 후는 매주마다 출시했다. 새로운 아이템, 스킬, 기능 등으로 인해 게임의 양상은 계속 새로웠고, 배틀로얄 장르의 즐거운 혼돈은 더욱 커졌다. 항상 새롭게 발견하고 실험할 것들이 거의 언제나 있었다.

넷째, 에픽 게임즈는 빠르고 공격적인 콘텐츠 출시와 더불어 또 다른 중요한 결정을 내렸다. 바로 라이엇 게임즈처럼 다른 맵을 출시하지 않는 대신에 기존의 맵에 콘텐츠를 집중한다는 결정이었다. 에픽 게임즈는 끊임없이 변화하는 스토리 이벤트로 동일한 장소를 지속적으로 발전시켰다. 그 결과 재미있을 정도로 언제나 다르지만 환영받을 정도로 친숙한 게임이 탄생했다. 지속적인 콘텐츠 업데이트로 인해 에픽 게임즈의 열악한 근무 조건에 대한 의문이 제기되었지만 적어도 시장에서 에픽 게임즈의 접근 방식은 확실히 통했다.9

포트나이트는 배틀그라운드를 무너뜨렸다.

공정하게 말하자면, 배틀그라운드도 배틀그라운드의 몰락에 부분적으로 책임이 있다. 성급한 개발 일정으로 인해 발생한 수많은 버그가 악명을 떨치자 블루홀은 이를 해결하기 위해 오랜 기간에 걸쳐서 대대적인 버그 수정에 집중했다. 진화하는 포트나이트에 맞서서 새로운 콘텐츠를 개발하기는커녕 배틀그라운드는 게임의 문제점을 고치기 위해서 인력과 예산을 투입해야 했다. 게다가 배틀그라운드가 새로운 맵을 개발하기로 하면서 콘텐츠 문제가 더욱 커졌다. 이는 플레이어들을 두 갈래로 나누는 전략적 실수였다.

포트나이트는 이길 자격이 있었다.

배틀그라운드와 포트나이트의 사례는 케첩과 겨자에 관해서 무엇을 시사할까? 포트나이트는 겨자일까? 포트나이트가 배틀그라운드를 왕좌에서 쫓아낸 것처럼, 오늘날 최고의 배틀로얄 게임인 포트나이트도 얼마 지나지 않아 다른 배틀로얄 게임에게 왕좌를 뺏길 수 있지 않을까?10

2019년 초에, 에이펙스 레전드(Apex Legends)가 배틀로얄 장르의 왕좌를 차지하고 있던 포트나이트에게 도전하기 위해 기습적으로 출시되었다. 에이펙스는 완전히 보도통제를 하다가 갑자기 언론에 집중보도하는, 완전히 새로운 마케팅 전략을 채택했다. 출시하기 3주 전만 해도 아무도 에이펙스에 대해 들어본 적이 없었다. 프리뷰(미리보기)도, 사전 미디어 캠페인도, 무역 박람회에서의 게임 데모 시연도 없었다. 에이펙스를 개발한 게임사인 리스폰(Respawn)이 게을렀던 것이 아니다. 에이펙스의 효과적인 마케팅을 위하여 오래전부터 계획된 전략이었다. 출시일에 많은 게이머들에게 커다란 놀라움을 선사하기 위한 포석이었다.

대부분의 게이머는 출시일이 되어서야 에이펙스에 대해서 알게 되었다. 출시와 동시에 포트나이트를 방송하던 인터넷 방송인들 대부분은 리스폰에게 광고료를 받고 포트나이트 대신 에이펙스를 일주일 내내 플레이했다. 이 사건을 계기로 에이펙스를 알게 된 수백만 명의 게이머들은 에이펙스를 구글에서 검색해서 에이펙스는 이제 막 오픈한 새로운 게임이었고, 이제 누구나 이용할 수 있다는 사실을 알았다.

그리고 에이펙스는 무료로 플레이할 수 있었다.

그 결과, 에이펙스는 출시 초기 흥행에 관련된 거의 모든 기록을 경신하고 새로운 이정표를 세웠다. 출시된 지 24시간도 지나지 않아 2

백만 명이 넘는 사람들이 에이펙스의 전장에 참가했다. 그리고 출시 일주일 만에 2,500만 명, 출시 한 달 뒤에는 5,000만 명을 돌파했다. 수익 관련 기록도 새로 경신하여 출시월에 가장 높은 수익을 올린 부분 유료화 게임이 되었다.[11]

에이펙스가 처음 출시되었을 때 에픽 게임즈의 부사장인 마크 레인(Mark Rein)은 분명히 포트나이트는 천하무적이라고 생각하여, 자신의 트위터에서 에이펙스의 게임사인 리스폰 엔터테인먼트(Respawn Entertainment)를 축하하고 게이머들에게 에이펙스를 주목하라고 격려했다. 하지만 해당 트윗은 얼마 지나지 않아 삭제되었다. 불과 며칠이 지나지 않아 포트나이트는 갑작스러운 거대 세력에 맞서 긴급 피해 대책에 들어갔다. 심지어 구글에서 "에이펙스 레전드"와 같은 용어들을 검색하면 포트나이트가 나오도록 광고를 구매하기까지 했다.

그러나 에이펙스 레전드는 끝내 포트나이트를 왕좌에서 끌어내리지 못했다. 출시 초기의 믿을 수 없는 인기에도 불구하고, 불과 몇 달후에 하락세로 돌아섰다. 반면에 포트나이트는 최종적으로 2019년 한해에 가장 많이 성장한 게임이 되며 18억 달러 이상의 수익을 올렸다.[12] 에이펙스 레전드의 게임사 리스폰에게는 안타까운 일이지만 e스포츠의 관점에서는 바람직한 결과였다.

오늘날 포트나이트가 배틀로얄 장르를 계속해서 지배하는 모습은 e스포츠가 케첩처럼 영속성을 가질 수 있음을 시사한다. 초기 야구의 역사에서 그랬듯이, 특정 게임 장르가 발판을 딛고 올라오는 과정에서는 다양한 게임이 난립하면서 불안정할지라도 경쟁에서 살아남는 게임은 안정적으로 그 자리를 오랜 기간 차지할 수 있을 것이다.

그러나 왜 포트나이트는 지속되었는가? 정확하게 무엇이 포트나이트를 케첩으로 만들었는가?

이 책의 마지막 프레임워크(framework)인 OMENS는 e스포츠 게임이 얼마나 안정적인지를 예측하는 판단 기준이다. 근본적으로 케첩인지 혹은 겨자인지를 판단한다. OMENS 프레임워크는 이 책의 앞부분에서 살펴봤던 많은 개념을 요약하여 게임의 안정성을 5가지 요소로 설명한다.

경쟁 기회(Opportunities for competition) – 게임이 현재 얼마나 크고 성공적인가? 게임 시장의 리더인가 새로운 도전자인가? 현재 시장에 유사한 게임이 얼마나 많이 있으며, 다른 게임사가 유사한 게임을 만드는 것이 얼마나 쉬운가?

수익 모델(Monetization) – 게임에서 사용하는 BAMS 수익 모델은 얼마나 정교한가? 게임 수익을 게임의 미래를 위한 개발에 얼마나 적극적으로 재투자하는가? 경쟁 게임이 가격을 낮추어 사람들의 관심을 끌 수 있는가?

생태계 지원(Ecosystem support) – 게임을 중심으로 구축된 게임 생태계는 게이머에게 얼마나 보상을 주는가? 유명 인사와 유명 팀이 게임에 얼마나 묶여 있는가? 게임을 홍보하거나 게임을 마스터하는 데 있어서 커뮤니티가 만들어낸 콘텐츠가 얼마나 중요한가?

네트워크 효과(Network effects) – 매치메이킹과 게임 내 시장을 형성하는 과정에서 게이머의 숫자가 얼마나 중요한가? 게임이 얼마나 사회적 상호 작용을 촉진하나? 게이머 사이에서 게임에 관한 입소문을 얼마나 장려하나?

전환 비용(Switching costs) – 게임 내 자산이 게임 플레이에 얼마나 중요하며, 이를 획득하기가 얼마나 어렵나? 게임을 잘하는 데 필요한 기술은 얼마나 독특하며, 새로운 플레이어는 이러한 기술을 얼마나 빨리 개발할 수 있는가?

OMENS는 배틀그라운드가 포트나이트에 맞서서 자신의 지위를 유지하지 못한 반면에 포트나이트는 에이펙스가 가져온 폭풍을 견딜 수 있었던 이유를 설명해준다.

배틀그라운드는 거의 모든 OMENS 테스트에서 실패한다.

경쟁 기회(O): 배틀그라운드는 기존 FPS와 배틀로얄 장르의 게임들에서 많은 부분들을 차용하여 급하게 만들어졌기에, 개발 시간과 예산이 제한된 경쟁자라도 배틀그라운드를 쉽게 따라할 수 있다.

수익 모델(M): 배틀그라운드는 전통적인 면도날 모델을 사용했기에 후발 주자와의 가격 경쟁을 허용했으며, 버그가 있는 게임을 계속해서 고쳐나가야 했기 때문에 게임의 미래를 위한 새로운 콘텐츠의 개발에 자원을 재투자하기 어려웠다.

생태계 지원(E): 배틀그라운드는 커다란 성공을 했지만, 플레이어가 배틀그라운드에 계속 몰입할 수 있는 경쟁적인 생태계를 조성하는 데 소극적이었다. 가령 20년도에 개편되기 이전의 배틀그라운드 랭크 시스템에서는 점수가 감소하지 않고 증가하기만 했기에 게임을 많이 할수록 높은 순위를 차지할 수 있었다.

네트워크 효과(N): 앞서 말한 랭크 시스템의 문제점으로 인해 배틀그라운드의 매치매이킹은 정교함과 거리가 멀었다. 즉, 배틀그라운드를 이용하는 플레이어의 숫자에 따른 유동성이 부족했다. 배틀그라운드를 이용하는 많은 게이머의 숫자를 제대로 활용하지 못했기에 한 번에 100명의 플레이어가 대기열에 있을 수 있는 다른 게임들과 비교하여 게이머 숫자에 따른 효용의 차이를 만들지 못했다.

전환 비용(S): 배틀그라운드를 플레이하는 데 필요한 기술은 일반적인 밀리터리 슈팅 게임의 기술과 거의 동일했으며, 특정 분야에 뛰어난 전문성이 필요하지 않았다.

그 결과, 배틀그라운드는 폐위될 운명이었다.

여기서 OMENS가 배틀그라운드의 초기 성공을 예측하지 않는다는 점을 명확히 지적할 필요가 있다. 어쨌거나 배틀그라운드는 출시 당시 엄청나게 히트했다. 오히려 OMENS는 게임이 그 성공을 계속해서 유지할 수 있는지 여부를 결정한다. 즉 OMENS는 게임이 전통적인 비디오 게임(겨자)인지, 혹은 진정한 e스포츠(케첩)인지를 결정한다.

이제 OMENS 프레임워크를 포트나이트에 적용해보자.

경쟁 기회(O): '포트나이트: 배틀로얄' 자체는 급하게 출시되었을지라도, 기본적인 뼈대가 되었던 포트나이트는 6년 동안 자사가 전적으로 소유하고 있는 게임 엔진을 사용하여 개발했다.

수익 모델(M): 포트나이트는 부분 유료화로 출시되어 누구나 무료로 즐길 수 있었기에 가격 경쟁력에서 앞서나갔다. 그리고 게임 수익을 새로운 콘텐츠에 공격적으로 재투자했다.

생태계 지원(E): 에픽 게임즈는 파격적인 규모의 상금을 바탕으로 세계에서 가장 높은 평가를 받는 e스포츠 대회인 포트나이트를 주최하는 등 게임 커뮤니티의 활성화를 위하여 적극적으로 투자했다.

네트워크 효과(N): 포트나이트는 MMR(Matchmaking Rating)과 함께 다양한 리그 시스템을 도입하여 실력에 따른 정교한 매치메이킹을 가능케 하여 풍선처럼 팽창하는 플레이어의 숫자를 유용하게 활용했다.

전환 비용(S): 마지막으로, 포트나이트의 구조물 건설은 다른 게임에서는 찾아볼 수 없는 고유한 게임 메커니즘이었다. 포트나이트의 건

축 기술을 마스터한 플레이어는 이를 포기하면서 다른 게임으로 이전하기 어려웠다.

포트나이트의 지속적인 성공은 OMENS 프레임워크에서 새로운 시사점을 제시한다. 바로 게임은 출시할 때에 반드시 모든 요소를 갖춰야 하는것은 아니라는 점이다. 오늘날의 게임은 출시된 후에도 계속 진화한다. 현명한 게임사는 게임이 출시된 후에도 지속적으로 OMENS를 개선하여, 성 주위에 해자를 파는 것처럼 성공한 게임을 더욱 강화시킨다.

OMENS는 마지막 한 가지 중요한 함축적 의미가 있다: 오늘날 e스포츠라고 주장하는 모두 게임이, 심지어 성공한 게임일지라도, 실제로는 e스포츠가 아니다. 현재의 많은 e스포츠 게임들이 살아남지 못할 것이지만, 다른 여러 e스포츠 게임들은 살아남을 것이다. 그리고 현재는 별로 장수할 것 같지 않은 게임들 조차도 지속성을 가진 게임으로 진화할 수 있다.

'징조' 읽기(READING THE OMENS)

OMENS 프레임워크를 사용하여 이 책에서 이전에 논의된 양대 e스포츠 게임인 오버워치와 리그 오브 레전드를 평가해 보자. 이 게임들은 계속 남아있을 운명일까?

리그 오브 레전드부터 시작해보자. 이미 도타 2와 히어로즈 오브 더 스톰의 도전을 막아냈다는 점을 감안하면, 짐작할 수 있듯이 이 게임은 견고하다. 리그 오브 레전드의 5 대 5 대전 시스템 자체는 따라하기 쉬울지 몰라도, 믿을 수 없을 정도로 균형 잡힌 게임 플레이는 이를 따라하려는 클론에게 악몽과도 같다(O). 부분 유료화 게임이기에 무료로 플레이할 수 있으며(M), 지속적인 투자를 통해서 세계에서 가장 크고 정교한 경쟁 생태계를 형성했다(E). 또한 넓은 플레이어 기반을 활용할 수 있는 정교한 매치메이킹 시스템을 도입하여 플레이어는 실력과 선호하는 포지션에 맞춰서 우수한 품질의 게임을 즐길 수 있으며, 또한 플레이어는 150개가 넘는 영웅들의 고유하고도 복잡한 메커니즘을 학습하기 위해 커뮤니티에 크게 의존하고 서로 상호작용한다(N). 마지막으로, 플레이어는 고유한 기술과 특성을 가진 수많은 영웅들 중에서 자신이 선호하는 영웅들을 마스터하기 위해 학습한다(S).

오버워치는 훨씬 더 많은 것들이 혼재되어 복잡하다. 오버워치는 고정된 가격으로 판매하는 면도날 수익 모델을 사용하므로, 경쟁업체가 가격을 낮춰 경쟁할 수 있다(O). 또한 오버워치는 이익을 재투자하여 컨텐츠를 추가하고 업데이트하는 데 매우 느리다. 출시 이후 11명의 새로운 영웅들을 추가한 것이 전부다(M). 신규 플레이어의 진입 장벽을 낮추기 위해 게임 플레이를 간소화했기에 커뮤니티를 통해 영웅의 메커니즘을 배울 필요성이 적으며, 오버워치의 매치메이킹은 리그 오브 레전드만큼의 많은 유동성이 필요하지 않다(E). 무엇보다 오버워치는 기본적인 FPS의 소양인 조준하고 쏘는 플레이가 주된 게임 플레이 방식이며, 각 영웅의 고유한 능력을 활용할 수 있는 게임 기술은 한정되어 있다(S).

그러나 오버워치는 정교하게 구성된 e스포츠 시스템을 갖추어 커뮤니티 사이에서 큰 호응을 얻고 있다(N). 이런 점이 이 게임을 지속시키는 데 충분할까? 답은 경쟁 기회(O)의 요소에 있다. 2019년 2월, 액티비전 블리자드는 콜 오브 듀티(CoD) 월드 리그를 발표했다. 콜 오브 듀티는 오버워치처럼 FPS 게임인 동시에 액티비전 블리자드가 소유하고 있으며, e스포츠에 프랜차이즈제를 도입했다. 아이러니한 것은, 오버워치 리그에서 참가하는 팀은 콜 오브 듀티 월드 리그에 참가할 수 없다는 것이다. 단숨에 액티비전 블리자드는 내부 경쟁자를 만들었다!

NFL(미식 축구 리그)의 주관 기관이 NFL에 속하지 않는 새로운 팀으로 구성된 IFL(국제 축구 리그)을 만들었다고 가정해 보라. NFL 팀들은 자신의 연고지에서 독점적인 권리를 보유하고 있었지만, 갑작스럽게 자신의 연고지에서 IFL 팀들과 시장 점유율을 놓고 경쟁하게 되었다. 팬들은 두 개의 홈 팀 중에서 누구를 응원해야 할까? 후원사들은 어느 팀에 광고비를 할당해야 할까? NFL의 구단주들은 리그의 주관기관이 자기 팀의 독점적인 권리를 빼앗아 가기에 화가 날 수밖에 없다.

액티비전 블리자드의 콜 오브 듀티 월드 리그는 긍정적으로 보더라도 논란의 여지가 있다. 프랜차이즈 수익으로 인해 단기적으로는 액티비전 블리자드에 이익이 될 수 있지만 오버워치의 팬과 팀에게는 해가 되는 결정이다.

리그 오브 레전드는 e스포츠에 장기간 존속할 가능성이 높다. 하지만 오버워치는 사업 모델과 콜 오브 듀티 월드 리그와의 관계를 근본적으로 재검토하지 않는 한, e스포츠에서 장기적으로 성공하지 못할 것이다.

용맹을 위한 승리(A VICTORY FOR VALOR): 발로란트(Valorant)

이 책이 인쇄를 앞둔 가운데, 라이엇 게임즈는 지금까지 시도하지 않았던 FPS 장르에서 새로운 FPS 게임을 클로즈 베타로 출시할 예정이다. 바로 발로란트(Valorant)가 그것이다. 그렇다면 OMENS는 발로란트의 가능성을 어떻게 예측할까?

FPS 시장이 붐비는 가운데, 발로란트는 오래된 CS:GO를 상대로 출시된다. 그리고 발로란트는 최신식 안티 치트 기능을 갖추었을 뿐만 아니라 뛰어난 성능을 가진 글로벌 128틱 서버를 비롯하여 많은 혁신을 자랑하며, 다른 회사에서 이를 따라하기 어렵다(O). 발로란트는 부분 유료화이기에 무료로 플레이할 수 있으며(M), 리그 오브 레전드의 커뮤니티, 그리고 궁극적으로는 리그 오브 레전드의 프랜차이즈를 활용하여 팬층을 확보할 것이다(E). 또한 발로란트는 보급형 컴퓨터에서도 얼마든지 플레이할 수 있을 정도로 뛰어난 최적화 기능을 제공하기에 전파력이 높다(N).

그러나 전환 비용은 어떨까(S)? CS:GO와 달리 발로란트는 고유한 능력을 지닌 영웅을 골라 플레이한다. FPS 게임의 핵심 플레이는 유사하므로(조준과 사격) 다른 FPS로의 전환이 쉽다. 대신 발로란트에서 플레이어는 영웅을 수집해야 하므로 플레이어를 발로란트에 붙잡아 둘 수 있다.

전반적으로 저자는 발로란트에 대해 낙관적이지만, 영웅 간의 밸런스를 과하게 의식하여 콘텐츠 공급에 어려움을 겪을 수 있다는 점을 우려하고 있다. 발로란트 출시 시점에 오직 12명의 영웅만 있다는 소문이 있다. 과거 리그 오브 레전드의 출시 시점과 비교해본다면 지나치게 적다. 라이엇이 콘텐츠와 영웅 간 밸런스를 동시에 잘 조정할 수 있다면 큰 히트를 칠 수 있을 것이다.

Chapter 11 e스포츠의 생태계

이제 넓은 시각에서 e스포츠의 모든 전경이 어떻게 조화를 이루고 있는지 살펴볼 때다. e스포츠 생태계(entire esports ecosystem, EEE)는 우리가 지금까지 논의한 주요 e스포츠 비즈니스 간의 상호작용을 시각화한 모델이다. 우리는 e스포츠 생태계를 통해서 e스포츠의 비즈니스 간에 얼마나 많은 갈등이 일어날지 예측할 수 있다.

e스포츠 생태계에서는 주요 e스포츠 비즈니스를 다음 6가지 주요 범주로 분류한다.

게임사: 게임을 개발, 운영, 판매하고 e스포츠 대회를 주최한다. 예를 들면, 라이엇 게임즈는 리그 오브 레전드를 개발, 운영, 판매하고 있다.

대회: 게이머가 경쟁하고 상을 받는 조직이다. 대부분은 오버워치 리그나 LCS와 같이 게임에 따라 대회가 다르지만, 여러 게임이 동시에 경쟁하는 종합 대회도 있다. 이러한 종합 대회의 예로는 대학 e스포츠 대회인 CSL을 들 수 있다. 게임을 즐기는 인구에 따라서 해당 e스포츠 대회의 전문성이 달라진다.

미디어 플랫폼: 팬들이 e스포츠를 시청하는 수단이다. 가장 큰 인

터넷 방송 플랫폼인 트위치가 미디어 플랫폼에서 지배적인 위치를 차지하고 있다.

게임단: e스포츠 대회에서 경쟁하는 프로게이머와 팀이 속한다. 전통 스포츠 구단과 본질적으로 같다.

게임 사이트: 게임을 용이하게 하는 사이트를 통칭한다. 교육(게이머 실력 향상 지원), 연결(게이머 상호작용 지원), 베팅(게임 도박), 콘텐츠(게임 비디오, 뉴스 및 가이드) 등의 4가지 하위 범주로 나뉜다.

게이밍 상품 제조사: 게이머에게 판매되는 게이밍 관련 상품을 제조하는 기업이다. 게이밍 상품은 게이밍 기어(게임과 관련된 컴퓨터, 게임기 및 주변 기기), 생활 및 의류 제품 등 2가지 하위 범주로 나뉜다.

돈은 두 원천인 게이머와 기업에서 e스포츠 생태계로 유입된다. 게이머들과 팬들은 게임 및 게임 내 아이템 구매, 대회 티켓 등을 비롯하여 연간 260억 달러를 사용한다.[1] 그리고 기업들은 광고 및 스폰서십이나 미디어 권리 등을 위해서 연간 8억 9,700만 달러를 사용한다.[2] 그러나 기업이 지출하는 금액은 매년 40%씩 빠르게 성장하고 있으며, 이는 오늘날 많은 게임사가 자체 프랜차이즈 대회를 주최하는 이유다. 광고와 스폰서십으로 e스포츠 생태계에 유입되는 금액은 전통 스포츠와 비슷하게 400억 달러에 육박할 것이다.[3]

e스포츠 생태계에 영향을 미치는 외부 요소도 있다. 대표적으로 게임 판매 플랫폼과 독립 기관이 있다. 게임 판매 플랫폼은 스팀(Steam)이나 게임스탑(GameStop)처럼 소비자가 게임을 구매하는 곳이다. 주로 게임사의 마진을 잠식하기에 e스포츠 생태계 모델의 왼쪽에 위치한다. 에픽 게임즈, 액티비전 블리자드, 밸브와 같은 대형 게임사

가 자체 게임 판매 플랫폼을 출시한 이유이기도 하다. 독립 기관은 애니키(AnyKey, e스포츠 관련 표준을 제작 및 시행하는 비영리 기관)처럼 e스포츠 전반에 정책이나 규제를 통해 영향을 미치는 외부의 독립적인 기관을 통칭한다. 독립 기관은 주로 게임단과 프로게이머에게 큰 영향을 미치기에 오른쪽에 위치한다.

e스포츠 생태계에서 y축에 있는 비즈니스는 서로 직접 경쟁하는 반면에 x축에 있는 비즈니스는 상호 이익을 위해 서로 협력할 수 있다. 라이엇 게임즈가 트위치를 통해 리그 오브 레전드 대회인 LCS를 방송하는 것처럼. 아예 기존의 범주를 넘어서 x축의 다른 비즈니스로 확장하기도 한다. 액티비전 블리자드가 자체적으로 오버워치 리그를 주최하고 운영하는 것을 예로 들 수 있다.

다만 여기서 중요한 것은, x축의 가운데 위치한 협곡(Chasm)이다. 왼쪽의 '게임사', '대회', '미디어 플랫폼'과, 오른쪽의 '게임 사이트', '게이밍 상품 제조사', '게임단'은 서로 이해 상충 관계에 있다. 협곡을 뛰어넘어 비즈니스를 다각화하기란 거의 불가능에 가깝다. 예를 들면, 액티비전 블리자드는 대회를 주최하기에 오버워치 리그에서 게임단을 소유할 수 없다. 마찬가지로 Cloud 9 게임단은 게임사처럼 자체 게임을 만들 수는 없다. 이 협곡은 e스포츠의 근본적인 격차를 보여준다. 경쟁을 추구하는 비즈니스와 경쟁을 기반으로 하는 비즈니스, 이 두 가지 유형의 비즈니스는 협곡을 두고 전열을 펼친다.

먼저 e스포츠 생태계의 왼쪽은 게임사를 중심으로 통합된다. 게임사는 수십억 달러의 수익을 올리고 개발자와 아티스트 및 마케팅 전문가를 비롯해 수천 명의 직원을 고용할 정도로 매우 강력하다. 무엇보다 게임사는 e스포츠의 머리부터 발끝까지 모두 소유한다. 이것이 얼마나 중요한지 이해하려면 라이엇이 리그 오브 레전드를 소유하는 것과 같은 방식으로 NBA가 농구를 소유하고 있다고 상상해 보라. 친구와 농구를 가볍게 한 판 하고 싶은가? NBA에서 농구장을 임대해야 한다. 농구공이 필요한가? NBA만이 유일하게 농구공을 판매한다. 가격이 마음에 들지 않는가? 매우 유감이다. NBA를 제외하면 누구도 합법적으로 농구공을 만들 수 없다. 농구 경기를 위해 새로운 장비가 필요한가? 셔츠, 신발을 비롯한 착용하는 모든 것은 NBA 전용 제품이다. 말 그대로 대안이 없다. 게임의 모든 것을 소유한 게임사는 게임이 만들어내는 모든 유무형적인 가치를 원하는 대로 가져갈 수 있다. 과거 게임사는 다른 기업로부터 e스포츠를 주최하고 방송하도록 하는 대가로 라이선스 비용을 징수했지만 오늘날 게임사는 그럴 필요가 없다. e스포츠가 만들어내는 가치가 크게 상승했기에, 이제 게임사는 머리부터 발끝까지 e스포츠를 통째로 소유하려 한다. 액티비전 블리자드가 오버워치 리그를, 라이엇 게임즈가 LCS를 만든 것이 대표적인 예이다. e스포츠의 가치 상승으로 e스포츠 생태계의 왼쪽에서 두 가지 범주인 게임사와 대회가 하나로 합쳐진다.

두 번째로 미디어 플랫폼과 게임사의 통합을 들 수 있다. 오늘날 트위치는 e스포츠 미디어를 선도하는 플랫폼으로서 높은 광고 수입을 올리고 있다. 그러나 페이스북(FB.gg), 구글(YouTube Live), 마이크로소프트(Mixer), Fox(Caffeine)와 같은 회사들이 미디어 플랫폼 시장에 뛰어들었다. 방송사가 TV 프로그램을 놓고 경쟁하는 것처럼 오늘날 e스포츠의 다양한 미디어 플랫폼은 재능 있는 인터넷 방송인들을 독점적으로 차지하기 위해 경쟁한다. 대표적으로 마이크로소프트(Mixer)가 트위치 소속의 '닌자' 타일러 블레빈스를 가로채서 영입한 것을 예로 들 수 있다. 유명한 인터넷 방송인들의 이적은 계속 있었고, 앞으로도 계속될 것이다.

그러나 재능 있는 인터넷 방송인들을 둘러싼 경쟁은 빙산의 일각에 불과하다. e스포츠에서 독점적 콘텐츠의 궁극적인 형태는 게임 그 자체다. 오늘날, 마이크로소프트와 아마존을 비롯한 미디어 플랫폼에 속하는 여러 회사들이 이미 게임을 만들고 있다. 그리고 앞으로 더 많은 회사가 이를 따를 것이다. 따르지 않는 회사들은 퇴출될 것이다. 텐센트는 중국 미디어 플랫폼뿐만 아니라, 세계적인 게임사에 대해서 막대한 지분(라이엇의 100%, 에픽 게임즈의 40% 지분 보유)을 소유하고 있다.4

디즈니(Disney)가 자체적인 콘텐츠 플랫폼인 디즈니 플러스(Disney+)를 설립하기 위해 넷플릭스(Netflix)에 판매했던 자사의 콘텐츠 라이선스를 다시 회수한 것처럼, e스포츠에서도 마찬가지로 여러 미디어 기업들이 직접 게임 제작에 뛰어들 것이다.

실패하기에는 너무 큰가?

BAMS의 A(자산 및 광고)는 게임사로서는 리스크가 상당히 큰 수익 전략이다. 새로운 미디어 사업에 진입하는 비용이 아주 높기 때문이다. 예를 들어, 액티비전 블리자드는 오버워치 리그를 지원하기 위해서 완전히 새로운 e스포츠 부서를 만들었고, 이를 위해 수천만 달러를 썼다. 게임사가 지출을 늘릴수록, 게임의 성공을 위한 레버리지는 점점 더 커진다. 그리고 이런 레버리지는 게임사 사이에서 점점 퍼져나간다. 액티비전 블리자드가 콜 오브 듀티(Call of Duty) e스포츠를 지원하기 위해 1억 달러를 쓴다면, 라이엇 게임즈도 경쟁하기 위해 최소한 그만큼 지출해야 한다.

레버리지의 증가는 e스포츠의 실패가 모회사에 점점 더 치명적인 영향을 미칠 것임을 의미한다. 이미 오버워치 리그의 미미한 성공으로, 지난 3년 동안 액티비전 블리자드의 주식 시장 가치는 절반으로 줄어들었다. 결국 e스포츠는 영화 산업의 전철을 밟을 수 있다. 잇달아 많은 실패를 연속적으로 겪는 불운한 게임사는 도산하여 사라질 것이다.5 이것이 앞의 장에서 다룬 케첩 세계가 중요한 또 다른 이유다: 즉 e스포츠가 안정되면, 게임사는 새로운 e스포츠 사업을 시작할 때에 짊어질 위험을 줄여 잠재적으로 파멸적인 결과를 피할 수 있다.

그 결과, e스포츠 생태계의 왼쪽은 수렴되는 경향을 보일 것이다. 인터넷 방송 플랫폼은 게임사가 되고 게임사는 리그를 주최할 것이다. 서로 경쟁하는 비즈니스들이 통합될 것이다.

세 번째이자 마지막 통합은 게임단 사이에서 발생할 것이다. 전통적인 스포츠와 달리 오늘날 게임단들은 여러 e스포츠 게임에 걸쳐서 운영된다. 팀 리퀴드(Team Liquid) 같은 명문 게임단은 무려 11개에 달하는 인기 e스포츠 게임에서 경쟁력 있는 팀을 보유하고 있다. 마치 뉴욕 양키스가 NBA, NFL, NHL, FIFA를 비롯하여 기타 5개 스포츠 종목에서 팀을 보유하는 것과 같다. 게임단은 여러 e스포츠 게임에서 팀을 운영하여 규모의 경제를 통해 팀 간의 중복되는 자원을 줄이고 통합된 시설과 인력을 통해 교육, 광고, 계약 등의 요소를 개선한다. 이러한 이점을 노리고 게임단 간에 서로 인수합병하기도 한다. 디그니타스(Dignitas)가 클러치 게이밍(Clutch Gaming)을 인수하거나,6 이모탈스

(Immortals)가 휴스턴 아웃로스(Houston Outlaws)를 인수한 것7이 대표적인 예이다.

리모콘은 어디에 있나?

미디어 플랫폼에 대한 논의에서 전통적인 TV는 아예 빠져있다. 집에서 채널을 돌리다 보면 전통 스포츠 외에도 가끔 게임 대회가 방송되고 있는 것을 보았을 것이다. 미국 TBS 같은 전국 방송국들은 드라마, 스포츠 방송 외에도 여러 e스포츠 대회를 중계하며, 오버워치 리그는 특히 ESPN에서 많이 중계되어 왔다.

그러나 대부분의 e스포츠 팬은 온라인으로 e스포츠를 시청한다. 누구나 자신의 디지털 기기에서 온라인 미디어 플랫폼을 통해 쌍방으로 자유롭게 콘텐츠를 즐길 수 있다. 게다가 온라인 미디어 플랫폼은 시청하는 개개인에게 맞춤형으로 광고를 제공할 수 있기에 기업의 마케팅에도 크게 유리하다.

미디어 플랫폼 전쟁의 가장 큰 아이러니는, 우리가 이미 알고 있듯이 그 전쟁의 첫 희생자가 케이블 방송이라는 사실이다. 케이블 방송의 콘텐츠에서 스포츠가 높은 비중을 차지하고 있다는 점과 e스포츠가 스포츠의 미래라는 점을 감안하면, 미래에 케이블 방송의 콘텐츠 파이프라인에는 이미 커다란 구멍이 있는 것이나 다름없다.

이런 대규모의 e스포츠 게임단은 생산하는 범주를 다양화하여 규모의 경제를 얻기도 한다. 한 팀만을 보유한 게임단은 의류 회사를 소유할 이유가 없겠지만 수십 개의 팀을 보유한 게임단이라면 사정이 다르다. 이제 게임단의 의류와 장비를 자체적으로 만드는 것을 충분히 고려할만하다. 콘텐츠 제작이나 게임 가이드 등에 대해서도 마찬가지다.

결과적으로 게임단 간에 서로 인수합병하는 것과 마찬가지로 게임단은 게이밍 상품 제조사나 게임 사이트를 인수합병하거나, 아예 새롭게 자체적인 게이밍 제품을 출시하거나 게임 사이트를 오픈한다. 이모탈스(Immortals)가 게이머스 클럽(Gamers Club)을 인수하거나,8 뉴욕 엑셀시어(New York Excelsior)가 자체적인 의류 제품을 출시하는 것9이 대표적인 예이다. 결과적으로 e스포츠 생태계의 오른쪽 역시도 수렴되는 경향을 보일 것이다. 게임단은 게이밍 상품 제조사와 게임 사이트와 통합될 것이다. 경쟁을 기반으로 하는 비즈니스가 통합될 것이다.

결국에 이러한 메가팀(megateam), 즉 거대한 게임단들은 게임사들과 필연적으로 갈등을 겪을 것이다. 오늘날 게임사는 e스포츠에서 모든 권한을 보유하고 있다. 게임사는 e스포츠에 참여하는 팀을 마음대로 해산하고,10 싫어하는 게임 서비스를 차단하고,11 제품 라이선스 가격을 올릴 수 있다.12 심지어 게임사는 게임단에게 세금을 부과할 수도 있다.13, 14

그러나 메가팀(Megateam)은 게임사가 이뤄낸 초강대국의 아킬레스건이다. 이미 다른 수십가지의 다른 e스포츠 게임에 팀을 가지고 있는 메가팀은 특정 e스포츠 게임에서 배제되는 것이 그다지 중요하지 않다. 다시 말해서, 메가팀은 게임사에 충분히 반격할 수 있다. 오히려 메가팀은 당당히 외친다. "내가 가져온 팬덤, 내가 생산하는 콘텐츠, 내가 소유한 인프라를 보라. 당신의 게임에 참여함으로써 나는 당신의 게임을 더 좋게 만든다. 그러니 나에게 돈을 지불하라!" 실제로 몇몇 소규모 게임사는 e스포츠 게임에 참여하는 게임단에게 재정적인 인센티브를 제공하기도 한다.15

그 결과 e스포츠 생태계의 왼쪽과 오른쪽은 필연적으로 충돌하게 되어 있다. 이미 전통 스포츠의 역사에서 뚜렷한 선례가 있다. 1890년 야구 대회가 막 형성되던 시기에 구단들은 마찬가지로 대회의 주체와 싸웠다.

　e스포츠의 미래는 통합과 갈등으로 정의될 것이다. 게임단과 게임 사는 점점 더 깊어지는 협곡을 마주보며 갈등하고 있다. 그리고 이것은 e스포츠 팬들에게 희소식이다. 게임단과 게임사의 대규모 경쟁은 결과적으로 콘텐츠, 상금, 혁신 등에 불을 붙일 것이기 때문이다. 경쟁은 향후 10년 동안 e스포츠가 하늘 높이 날아오르게 하는 로켓이 될 것이다.

e스포츠 게임단은 서로 경쟁하는가?

표면적으로 보면 e스포츠 게임단은 서로 경쟁하는 것으로 보인다. 예를 들어, 뉴욕 엑셀시어(New York Excelsior)는 매 시즌 오버워치 챔피언십을 놓고 보스턴 업라이징(Boston Uprising)과 경쟁한다. 그러나 이러한 갈등은 그저 평범한 것에 불과하다. 사실 같은 e스포츠 내의 게임단들은 기본적으로 대회의 인기에 따라 함께 성공하거나 실패하기에 오히려 운명 공동체에 가깝다. 전통 스포츠의 예를 들어 설명해보자. 가장 가치 있는 야구 구단인 뉴욕 양키스의 가치는 50억 달러이고, 가장 가치가 낮은 구단인 마이애미 말린스의 가치는 10억 달러이다.16 이 두 구단 모두 가장 가치 있는 MLS 구단인 애틀랜타 유나이티드 FC(가치 5억 달러)보다 가치가 훨씬 높다.17 게임이 성장할 수록 게임단이 경쟁하는 프랜차이즈의 가치가 높아진다. 결과적으로 게임단의 가치를 올리기 위해서는 단순히 챔피언십을 우승하는 것보다도 공동의 대회를 함께 성장시키는 것이 더 중요하다. 최근 카운터 스트라이크: 글로벌 오펜시브(Counter-Strike: Global Offensive)의 정상급 게임단들이 모여서 자체적으로 플래시포인트(FLASHPOINT)라는 대회를 주최한 것은 이들이 단순히 경쟁 관계가 아님을 보여준다.

단순히 야구가 유명하기에 야구 구단의 가치가 수십억 달러에 달하는 것이 아니다. MLB가 이 구단들에게 독점적인 야구 권리를 부여했기 때문에 그만한 가치가 있는 것이다. 결과적으로 구단은 더 많은 가치를 얻기 위해 구단들끼리 서로 머리를 맞대고 대회 주최측과 협상 테이블에 앉는다. 단일 구단이 더 많은 수익 공유를 요구하는 것은 그저 작은 일이지만 그 리그의 모든 구단이 공동으로 흥정한다면 이는 막대한 영향력을 미친다.

게임단들이 공동으로 홍보하고 거래하여 얻는 재정적 인센티브를 감안한다면, 게임단은 서로 진정으로 경쟁하는 것이 아니다. 오히려 게임단은 서로 협력하여 업계의 단일화를 굳건히 하고 게임사에 대항한다.

PART

03

새로운 도전

스피드런

미래에는 어떤 e스포츠가 주류를 차지할까? 우리는 앞서 배틀로얄 장르를 혁신한 배틀그라운드의 사례를 통해, 새로운 게임 장르가 얼마나 빠르게 탄생할 수 있는지 살펴보았다. 배틀그라운드처럼 e스포츠의 풍경을 완전히 바꿔놓을 극적인 변화가 또 발생할 수 있을까?

물론 당연하다.

현재 인터넷의 급증을 향유하는 새로운 종류의 e스포츠 장르가 있다. 그리고 이런 혁신은 모든 비디오 게임을, 심지어 1985년에 출시된 슈퍼 마리오 브라더스(Super Mario Bros)까지도 e스포츠로 바꿀 수 있는 잠재력을 가지고 있다.

우리는 진정으로 완벽한 승리라는 불가능한 일을 해낸 한 게이머의 이야기를 살펴봄으로써 이 새로운 장르를 탐구할 것이다.

파라즈 칸(Faraaz Khan)은 1990년에 캐나다 캘거리에서 태어났다. 파라즈 칸의 부모는 더 나은 삶을 위해 전쟁으로 시달리는 방글라데시를 탈출한 엔지니어였다. 하지만 방글라데시의 정치적 혼란에서 벗어난 행운과 상대적으로 풍요로운 삶에도 불구하고 파라즈의 어린 시절은 행복하지 않았다. 파라즈의 부모는 곧 이혼했고, 얼마 지나지 않아 파라즈의 아버지는 재혼했다.

파라즈는 다음과 같이 불안정하게 자랐던 지난날을 설명한다. "정말 불행한 어린 시절이었습니다. 가정 형편 때문에 너무 외로웠어요. 친구들도 가족의 도움도 별로 없었어요. 다른 아이들이 보통 집에서 배우는 것들을 스스로 터득해야 했습니다."

파라즈는 컴퓨터 과학자이자 아타리 시절부터 게임을 해왔던 삼촌을 좋아했다. 파라즈는 삼촌을 따라서 기억도 나지 않는 오래전부터 게임을 취미로 즐겼다. 게임 세계는 파라즈에게 좋은 피난처였다. "저는 게임에 점점 더 많은 시간을 쏟기 시작했습니다. 특히 집에서 힘든 일이 있을 때 게임은 일종의 도피처와도 같았습니다."

파라즈가 13세가 되었을 때 부모님은 파라즈의 게임 중독을 걱정했다. 잦은 출장에서 돌아온 파라즈의 아버지는 게임 시간에 대한 처음이자 유일한 규칙을 제시했다. 하루에 한 시간만 게임을 하라는 것이었다.

파라즈는 다음과 같이 회상한다. "저는 평생 울었던 것보다 더 많이 울었습니다. 게임은 저에게 정말 중요했습니다. 저는 아버지의 규칙이 제 삶에 위안과 행복을 가져다 주는 원천을 앗아가 버리고 자의적인 제한을 적용하는 것으로 생각했어요. 저는 학교생활을 잘하고 있었음에도 불구하고, 제 호소는 아버지에게 닿지 않았습니다. 저는 제 주변 사람들과 더 멀어졌습니다."

자녀가 게임에 너무 많은 시간을 보내는 것은 아닌지 걱정하는 부모들에게, 파라즈는 자신의 인생 이야기는 오히려 그 반대라고 믿는다. "이상하게 들리겠지만, 저는 게임에서 많은 것들을 배웠기에 게임을 정말 좋아했습니다. 롤플레잉 게임에서 도덕성을 배웠고, 마리오와 같은 플랫폼 게임으로부터 인내의 중요성을 배웠습니다. 게임은 학교나 가정에서는 찾아볼 수 없던 새로운 방식으로 제 자신에게 많은 것을 가르쳐 주었고 저를 발전시켜 주었습니다."

아마도 파라즈는 비디오 게임이 학습에 유익할 수 있다는 과학적 사실을 이미 본능적으로 알고 있었을 것이다. 최근 연구에 따르면 게임은 인내심, 보상유예, 인내, 창의적 사고, 전략적 계획과 같은 기술을 개발하는 데 도움을 줄 뿐만 아니라 우울증과 불안을 해결하는 데에도 효과적이다. 이런 것들이 미국의 방송 채널 CNBC에서 게임이 아이들의 대학 진학에 도움이 된다고 보고하는 이유이기도 할 것이다.1

"게임은 단순한 시간 낭비가 아닙니다. 물론 일부 게임은 그럴 수도 있지만 저를 비롯한 많은 게이머는 그렇게 플레이하지 않습니다. 게임을 통해 배우고 다른 사람과 소통한다면, 게임은 다른 인간 경험만큼이나 가치가 있습니다."

마침내 파라즈는 게임에도 불구하고 혹은 게임 덕분에, 캘거리 대학교에 입학했다. 처음으로 부모의 감독에서 벗어나자 새로운 실존적 질문이 파라즈를 짓눌렀다. "내 인생에서 내가 하고 싶은 것은 무엇일까? 저는 이 질문에 대한 답을 찾아내느라 엄청난 압박감을 받았습니다. 가족은 제가 엔지니어가 되어야 한다고 입을 모아 이야기했지만, 저는 9시부터 5시까지 근무하는 정형화된 생활을 원하지 않았습니다. 저는 그런 생활에 행복해할 것 같지 않았습니다."

어느 날 밤, 게임에 대한 팁을 찾기 위해 인터넷 포럼을 검색하던 중 파라즈는 우연히 "Day9"션 플롯(암네지악에게도 비슷하게 영감을 주었던 스타크래프트 2 인터넷 방송인)을 보았다. "저는 "Day9"의 방송을 보면서 미래의 저의 모습을 발견했습니다. "Day9"은 게임을 하면서 즐거운 시간을 보내고 있었습니다. 저 역시도 "Day9"처럼 인터넷 방송을 할 수 있다고 생각했습니다. 그리고 저 스스로가 하고 싶은 것이 인터넷 방송이라고 생각했습니다."

2014년 말 파라즈는 라스베가스 카지노에서 블랙잭으로 3,500달러를 벌었다. 파라즈는 이 돈을 종잣돈으로 삼아 그의 첫 번째 인터넷 방송 장비를 마련했다. "듀얼 모니터 PC, c920 웹캠, 파란색 눈덩이 모양 마이크, Wii U용 캡처 카드 등 온갖 것들에 돈을 다 썼습니다"라고 파라즈는 농담한다. "일을 위한 것이죠. 하지만 사실 이렇게까지 살 필요가 없습니다. 인터넷 방송은 정말 저렴한 비용으로도 얼마든지 시작할 수 있습니다. 요즘은 누구나 컴퓨터, 마이크, 카메라만 있으면 유명해질 수 있다고 생각합니다."

e스포츠의 접근성은 e스포츠의 중요한 매력 포인트이다. 그러나 이런 접근성은 새로운 인터넷 방송인이 청중을 확보하기 어렵게 만들 수도 있는 혼란한 방송 시장을 초래하기도 한다. 파라즈는 남보다 두드러질 필요가 있다는 것을 곧 깨달았다.

그는 다음과 같이 설명한다. "단순히 트위치에서 인터넷 방송을 시작하는 것만으로는 충분하지 않았습니다. 저의 트위치 채널로 청중의 관심을 끌기 위해 고군분투했습니다. 그와 동시에, 저는 캘러리 대학교에서 공대의 최대 수강신청을 하여 공부하는 와중에도 무에타이 체육관에서 일하면서 적극적으로 몸을 단련하였습니다. 밤에는 달려가서 가능한 한 많이 인터넷 방송을 하곤 했습니다. 제가 인터넷 방송을 좋아했기 때문입니다. 그러나 제가 그토록 희망하던 인터넷 방송인이 되지 못할까 걱정이 되기 시작했습니다."

2015년 말까지도 파라즈는 여전히 자신에 꼭 맞는 자리를 찾지 못했다. 그러던 어느 날 밤, 파라즈는 다른 인터넷 방송인을 찾아보며 어떤 콘텐츠가 유행하고 있는지 확인하던 중에 '더 해피 호브(The_Happy_ Hob)'라는 게이머가 당시 인기 있는 비디오 게임인 다크 소울(Dark Souls)을 독특한 방식으로 플레이하는 것을 발견했다. 호브는 맞지 않고 노히트로 다크 소울을 클리어하려고 시도하고 있었다. 평균적인 게이머가 다크 소울을 완전히 클리어하기까지 약 50,000번 정도 타격을 받는다는 점을 고려하면 매우 대조적이었다.

"정말 경이로웠어요. 호브가 캐릭터를 조종하는 방식, 인내심, 그리고 절제된 움직임까지. 장인과도 같았습니다"라고 파라즈는 고백한다.

파라즈의 발견은 시의적절했다: 다크 소울 시리즈의 최신 게임인 다크 소울 III(Dark Souls III)의 출시가 불과 몇 달 남지 않았었다. 트위치에서는 항상 막 게임이 출시되었을 때 가장 많은 시청자가 몰린다. 파라즈는 호브의 게임 도전 방식을 받아들였다. 다크 소울 III를 마스터하여 자신만의 팬덤을 구축할 수 있는 좋은 기회였다.

"저는 세계 최초로 다크 소울 III를 단 한 대도 맞지 않고 클리어한 첫 번째 사람이 되려고 했습니다. 그게 전부였습니다."

2016년 초 출시 당시, 노히트로 다크 소울 III을 클리어하는 데 전념하는 미친 사람은 오직 세 명뿐이었다. 바로 '더 해피 호브(The_Happy_ Hob)', '스퀼라킬라(Squillakilla)', 그리고 파라즈 칸이었다.

4월 12일부터 파라즈는 엄격한 훈련을 시작했다. 훈련은 오프라인으로 2시간, 실시간 인터넷 방송으로 8시간 동안 이어졌다. 파라즈의 라이벌들도 비슷한 일정이었다. 그러나 이 셋은 연습으로 긴 밤을 지새운 후에 서로 다투거나 무시하지 않고, 함께 모여서 다크 소울 III에 대한 그들의 연구를 진척시키려고 했다.

"당시 우리가 하고 있던 일은 불가능하다고 여겨졌습니다. 처음에 우리가 할 수 있는 최선은 200~300번을 맞으면서 게임을 클리어하는 것이었습니다. 이 과정에서 우리는 이론적으로 완벽하게 플레이를 한다면 한 대도 맞지 않고 클리어하는 것이 가능하다는 사실을 빠르게 알아 차렸습니다. 우리가 매번 함께 모여 새로운 전략을 개발하면서 타격을 받는 횟수가 감소하기 시작했습니다. 우리는 게임을 기본적인 구성 요소로 세분화하여 숙달할 수 있는 것과 할 수 없는 것을 정확히 파악했습니다. 마치 다크 소울 III의 박사 과정 같았어요."

놀랍게도 파라즈가 경험한 협력적 경쟁 환경은 오늘날 게임계에서는 흔한 일이다. 특히 다크 소울 III와 같이 혼자 플레이하는 게임은 매우 정교하고 복잡하더라도 과정에 따라서 일관된 결과를 얻을 수 있는 결정론적 경험이기에 과학자처럼 결과를 보며 연구할 수 있다. 이러한 게임에서는 플레이에 유리한 결과를 얻기 위하여 특이한 입력이나 움직임을 통해 게임 내 AI 및 난수 생성 시스템을 조작할 수 있으며, 심지어 '글리치' 혹은 '버그'라고도 불리는 결함을 의도적으로 발생시키기도 한다.

4월이 5월로 바뀌고 6월이 되었고 놀라운 일이 일어났다.

파라즈는 다음과 같이 회고한다. "우리는 노히트런에 가까워지기 시작했습니다. 우리는 다섯 번이나 여섯 번만 맞고 클리어하는 단계에 이르렀습니다. 게임 내내 한 번도 맞지 않고 우아하게 게임을 클리어하는 일은 이제 시간문제일 뿐이었습니다. 완벽한 플레이들을 모으기만 하면 됩니다. 다크 소울 III에서 노히트런을 달성한 사람은 아직 게임 커뮤니티에 공식적으로 존재하지 않았기 때문에 게이머들은 우리가 플레이하는 것을 보고 좋아했습니다. 우리는 새로운 것을 만들고 있었습니다."

TAS란?

TAS(Tool-Assisted Speedrun)는 게임 외 툴을 이용하여 게임을 빠르게 클리어하는 행위를 말한다. 일반적으로 특수한 에뮬레이터를 이용해 게임을 실행하고 게임 내 메모리를 모니터링 및 조작하여 게임 내 시스템이 허락하는 한도 내에서 플레이의 이론적인 한계를 찾기 위해 사용된다. 먼저 메모리 모니터링을 통해 게임 내 여러 가지 정보를 수치화하여 나타내어 게임 플레이에서 유용한 정보 및 타이밍을 확인하고, 메모리를 조작하여 게임 내 속도를 임의로 조정하거나 강제 세이브와 로드를 반복해 게임 플레이를 프레임 단위로 최적화하여 이론적으로 완벽한 게임 플레이를 찾는다. 최종적으로는 게임의 본래 하드웨어에서 최적화된 입력을 재생하여 완벽한 실행이 실제로 가능하다는 것을 검증한다.

TAS는 에뮬레이터를 사용하지만 그렇다고 해서 놀라운 결과를 얻기 위해 원래 게임을 해킹하거나 변경하지 않는다는 점에 유의해야 한다. 한마디로 TAS는 부정행위를 하지 않는다. 다만 TAS로 제시한 게임 플레이가 이론적으로 가능하다고 해서 실제로 사람이 할 수 있는 것을 의미하지는 않는다. TAS는 종종 게임의 난수 생성 시스템을 조작하기 위해 몇 시간 동안 정확한 프레임 단위의 입력을 유지해야 하는, 초월적인 수준의 정밀도를 요구한다. 그럼에도 불구하고 TAS는 종종 새로운 전략이나 기술을 발견하기 때문에 게임을 마스터하려는 사람들에게 매우 귀중한 자료다. 때로는 처음에는 인간이 불가능하다고 여겼던 트릭이 나중에 인간이 실행할 수 있는 방법이 있는 것으로 밝혀지기도 한다.

많은 사람들은 TAS의 완벽한 플레이를 보면서 게임의 한계를 넘은 예술 작품으로 생각한다. 사람들에게 잘 알려진 TAS는 슈퍼 메트로이드(Super Metroid) 및 슈퍼 마리오 64(Mario 64)와 같은 고전 게임이다. 게임 플레이가 극한으로 최적화되어 있기 때문에 영상의 길이가 매우 짧다. 기계의 지원을 받아 이론적인 한계치까지 완벽하게 게임을 하면 어떤 모습일지 궁금하다면 확인해보라.

파라즈가 완벽한 다크 소울 III 클리어에 가까워지면서 트위치에서 그의 인기가 급상승했다.

"매일 방송을 할 때마다 더 많은 사람들이 제가 고군분투하는 것을 보러 왔어요. 저와 호브 및 스퀼라 사이의 경쟁은 커뮤니티에서 광적인 반응을 불러일으켰습니다. 당시 게임 커뮤니티는 다크 소울 III에 열광했습니다. 그리고 갑자기, 이 세 명의 게이머가 한 대도 맞지 않는 완벽한 클리어를 위해 경쟁한다는 아이디어가 떠올랐습니다."

6월 중순에 이르러서 게임 클리어까지 맞은 횟수는 단지 2대로 줄어들었다. 그러나 다크 소울 III를 클리어하는 데 필요한 평균적인 시간인 2시간 27분 동안, 한 번 실수하는 것과 한 번도 실수하지 않은 것의 차이는 엄청 컸다.

파라즈의 도전을 실감나게 표현해보자면, 다크 소울 III의 노히트런은 지구력을 필요로 하는 마라톤과 정교한 피아노 독주회가 하나로 합쳐진 게임이다. 노히트런을 완료하려면 150분 동안 수십 개의 맵에서 수백 가지 고유한 공격 패턴을 가진 수천 명의 적들을 상대로 마이크로초 단위의 정확한 타이밍에 맞춰서 정교하게 명령을 입력하여 상대의 공격을 피하거나 물리쳐야 한다. 파라즈는 다음과 같이 설명한다. "2시간 동안 줄타기를 하면서 막대 위에서 수십 개 회전판의 균형을 맞추는 것과 같습니다. 게다가 회전판의 크기와 무게는 새로운 게임 내 이벤트가 발생할 때마다 갑자기 바뀌곤 합니다. 정말 어렵습니다."

그런 기계적인 능숙함은 초인적으로 보인다.

"하지만 어느 순간 제가 훌륭한 실력을 가지고 있다는 것을 깨달 았습니다. 장벽은 마음가짐이었습니다. 저는 노히트런을 하려면 기술적 으로 능숙할 뿐만 아니라 정신적으로도 준비가 되어 있어야 한다는 것 을 알았습니다."

파라즈는 정신을 단련하기 위해 무에타이 킥복싱을 하면서 연마한 엄격한 경쟁의식과 충분히 터득한 정신 수양 기술을 결합했다. 그는 엄 격한 수면 요법, 명상, 운동을 도입했다. 그는 항상 비전 연습을 했고, 실패를 성장을 위해 필요한 자양분이라 정신적으로 받아들이면서 바라 는 결과에 대해 명상했다. 노히트런이 가까워지자 그는 비파사나 수행 법(Vipassana retreat) -열흘 동안 말하지 않고 매일 16시간 이상 명상 하는 것을 포함하는- 과 같은 고대의 성찰 기법으로 스스로를 단련했 다. "제가 비디오 게임 때문에 명상을 했다는 것이 어떤 사람들에게는 이상하게 들릴 것입니다. 그러나 명상은 정신 수양과 마음의 평정을 위 해 인류 역사에서 수천 년 동안 존재해 왔습니다. 저는 명상의 원래 취 지에 맞게 명상을 이용하고 있었습니다."

물론 파라즈는 다크 소울 III를 연습했다. 아주 많이. "저는 매일 일어나서 다크 소울 III의 보스들을 각각 10번씩 순서대로 한 대도 맞 지 않고 무찔렀습니다. 다크 소울 III 노히트런을 위해서는 14명의 보 스를 무찔러야 합니다. 즉, 저는 매일 140번 보스들과의 전투를 완벽하 게 끝냈습니다. 한 번이라도 맞으면 다시 0으로 돌아가 해당 보스를 10번 무찔렀습니다. 연속된 실패로 인해 보스를 계속 다시 사냥하느라 36시간 동안 잠을 자지 못하는 때도 있었지만 멈추지 않았습니다. 마 치 인내심을 배웠던 어린 시절로 되돌아간 것 같았습니다. 저는 목표를 달성하기 위해 모든 것을 바쳐야 했습니다."

마지막 며칠 동안, 신경이 극도로 예민해질 정도로 경쟁은 박빙이었다. "언제든지, 그리고 우리 중 누구라도(스퀼라, 호브, 파라즈) 타이틀을 차지할 수 있었습니다. 저는 밤에 잠자리에 들려 해도 압박감에 잠을 잘 수 없었습니다. 완전히 불면증에 시달렸습니다. 그리고 마침내 지쳐 쓰러져 잠에 빠졌을 때, 글자 그대로 다크 소울 Ⅲ를 연습하는 꿈을 꾸었습니다. 하지만 정말 이상한 부분은 경쟁자들이 제가 이기길 바랐다는 것입니다. 스퀼라와 호브는 훌륭한 사람들이었고 저처럼 열심히 했습니다. 지금까지 직접 만난 적은 없지만 노히트런을 달성한 최초의 게이머라는 타이틀을 받을 만한 사람들이었습니다. 그래서 제 마음의 한구석에서는 그들의 승리를 기원하면서도, 다른 한편으로는 그 두 명이 노히트런에 가까워질 때마다 심장이 멈추는 것 같았습니다."

6월 말에 호브는 최종 보스 바로 직전의 보스인 쌍왕자(Twin Princes, 로리안과 로스릭)까지 한 대도 맞지 않고 클리어하는 데 성공했다. 그는 마지막 보스와의 대결에서 결국 실패했지만, 파라즈는 호브의 성공이 임박했음을 알 수 있었다. "저는 호브가 곧 노히트런을 달성할 것을 알았습니다. 저는 그보다 먼저 노히트런을 먼저 차지해야 했습니다."

그래서 다음 날, 파라즈는 8시간 동안 일한 뒤 집으로 돌아왔다. 온몸이 아팠고 왼쪽 다리는 가벼운 부상으로 경련이 일어났다. 파라즈는 다음 날 아침 일찍 현장으로 돌아와야 했지만, 쉬는 대신 다크 소울 Ⅲ를 부팅했다.

시도하는 시간이 한 시간에서 두 시간으로, 그리고 10시간으로 점점 늘어났다. "그날 밤 뭔가가 저를 계속 플레이하게 했어요. 너무 피곤해서 똑바로 보기 힘들었지만, 역설적으로 이것이 도움이 되기도 했습니다. 당시 저는 제 생각대로 플레이하는 것이 아니라 오로지 근육 기억에 의존해서 플레이했습니다. 스스로의 방해 없이 플레이할 수 있는 상태였습니다. 에너지를 낭비하지 않고 오로지 눈 앞의 플레이에 집중할 수 있었습니다."

밤새 게임을 한 후 오전 9시 2분경 쌍왕자에게 도전하기에 이르렀다.

"보스가 제 뒤로 순간 이동하여 카메라 밖에서 공격해올 때 마이크로초 이내로 굴러서 피하지 않으면 열에 아홉은 그 공격에 맞습니다. 노히트런 도전이 끝납니다. 그런데 저는 공격을 당하지 않았습니다. 쌍왕자를 무사히 잡았습니다. 말이 이상하지만 저는 그때 노히트런을 달성할 수 있다는 것을 본능적으로 느꼈습니다. 마지막 보스인 '왕들의 화신'은 쌍왕자보다 훨씬 어렵지만 마치 모든 것이 손에 닿는 듯했습니다. 이제 그 벽을 넘어설 수 있습니다."

오전 9시 8분, 파라즈 칸은 다크 소울 III에서 노히트런을 완주한 최초의 인물이 되었다. 당시 파라즈의 팬들은 광란에 가까울 정도로 폭발적인 반응을 보이며 열광했다. 트위치의 채팅은 성공을 바라는 주술적인 문구로 가득찼다. "내 에너지를 받아! 내 에너지를 받아! 내 에너지를 받아!" 파라즈는 가식 없는 겸손을 보이며 활짝 웃는다. 파라즈는 "내가 해냈다. 내가 해냈어. 내가 해냈어"라는 말만 할 수 있었다.

몇 달 후에도 파라즈 칸의 노력은 계속되었다. 이어서 파라즈는 다크 소울 III의 모든 보스를 노히트런으로 클리어하는 데 성공했다. 기존에 비해서 추가적으로 1시간가량을 더 정밀하게 플레이해야 한다는 점을 감안하면 훨씬 더 놀라운 위업이다. 그리고 마침내 2017년 초에 파라즈는 상상도 할 수 없는 일을 이뤄냈다. 세계 최초로 모든 다크 소울 게임(다크 소울 1, 2, 3)과 다크 소울의 스핀오프인 블러드본(Bloodborne)

을 한 대도 맞지 않고 클리어한 사람이 되었다.

파라즈는 마침내 완벽한 승리를 거두었다.

"저는 제가 게임을 그렇게 잘하는 것 같지는 않아요"라고 그는 고백한다. "저는 절제력이 있고 헌신적이라고 생각합니다. 저는 스스로 과업을 정하고 그 과업을 완수할 때까지 버틸 수 있는 사람인 것 같아요."

파라즈가 다크 소울을 마스터하는 과정에서, 수만 명의 팬들이 트위치에서 그를 팔로우하기 시작했다. 파라즈의 노히트런 영상은 유튜브에서 수백만 번 조회되었다.

"저에게는 꿈과 같습니다. 게임을 잘하는 것이 이제 저의 직업이 되었습니다."

e스포츠는 팀 기반의 일대일 대결 그 이상일 수 있다. 파라즈와 그의 경쟁자들은 게임 스킬을 겨룰 수 있는 노히트런이라는 새로운 경쟁 방식을 개척했다.

파라즈는 e스포츠용으로 설계되지 않은 전통적인 싱글 플레이어 비디오 게임을 택했고, 규칙과 조건을 추가하여 그 게임을 e스포츠로 바꾸었다. 실질적으로 파라즈는 디지털 역도를 발명한 셈이다. 그와 그의 동료들은 고독한 도전을 했고, 점점 더 소수의 사람들만이 통과할 수 있는 점점 더 높은(역도로 말하자면 점점 더 무거운) 장애물을 추가했다. 그렇게 하는 과정에서 싱글 플레이어 게임이 e스포츠로 바뀌었다.

파라즈가 개척한 노히트런은 스피드런(speedrun)이라는 또 다른 유형의 도전 게임과 병행하여 등장했다.

스피드런의 뿌리는 1990년대 초반으로 거슬러 올라간다. 그 당시

둠을 즐기는 게이머들은 커뮤니티에 자신의 플레이 데모 파일을 기록하면서 게임을 클리어하는 시간이나 혹은 게임 내 각 미션을 클리어하는 시간을 두고 서로 경쟁했다. 이러한 성공에 힘입어 1996년 6월 퀘이크가 출시되자 게이머들은 마찬가지로 경쟁했고, 이 중에서도 무려 20분 만에 퀘이크를 클리어하는 'Quake done quick'이라는 리플레이는 특히 큰 인기를 끌었다.2 파라즈가 디지털 역도를 발명했듯이, 스피드러너들은 디지털 달리기를 발명했다.

2014년 초에 스피드런을 겨룰 수 있는 새로운 커뮤니티 웹사이트, 'speedrun.com'이 개설되어 큰 인기를 끌었다. 오늘날 이 커뮤니티에는 250,000명 이상의 게이머와 17,000개 이상의 게임, 그리고 1,000,000개가 넘는 스피드런 기록이 존재한다. 이 커뮤니티의 게이머들은 일 년에 두 번 'Games Done Quick 마라톤'이라는 자선 행사에 참여한다. 2019년에만 5백만 달러 이상의 자선기금을 모금했다.3

저명한 스피드런 선수이자 e스포츠 프로 선수인 "스카이빌즈" 앨리슨 마이노("Skybilz" Allison Maino)는 다음과 같이 이야기한다. "오늘날 우리는 e스포츠의 정의를 적극적으로 넓히고 있습니다. 스피드런과 노히트런은 동전의 양면처럼 다를지라도 기본적인 아이디어를 공유하며, 챌린지 러닝(challenge running)을 비롯하여 여러 이름으로 불리는 보다 큰 커뮤니티의 한 부분입니다. 시간 제한, 입력 제한, 저장 제한 등 게임에 제한을 설정하여 모든 게임에 경쟁할 수 있는 요소를 추가하는 것입니다. 이러한 아이디어를 기반으로 어떤 게임이든 e스포츠로 바꿀 수 있습니다."

스피드런은 e스포츠 전체에 영향을 미칠 것인가? 그렇다. e스포츠를 매우 급격하게 바꿀 것이다.

스피드런의 가장 중요한 의의는, 인기는 있지만 경쟁 요소가 부족한 게임도 e스포츠가 되어 게임의 유효 기간이 크게 연장될 것이라는 점이다. 이러한 기회는 닌텐도와 같은 게임사에게 특히 호재다. 새로운 기록을 위해 게이머들이 지치지 않고 끊임없이 도전하기에 비디오 게임의 수명은 더 길어진다. 오늘날 많은 게임사는 기록을 두고 경쟁할 수 있는 게임 시스템을 구축하여 게이머에게 스피드런을 적극적으로 권장한다.

그러나 스피드런의 일차적인 이점은 접근성이다. 전통적인 e스포츠는 플레이어 간의 직접적인 충돌을 기반으로 하기 때문에 게임들이 종종 폭력적이다. 만화 같은 가벼운 분위기의 오버워치와 포트나이트라 할지라도 근본적으로는 여전히 상대의 머리에 총을 쏴야한다. 그러나 스피드런은 기록의 향상이나 최고 기록에 초점을 맞추기 때문에, 폭력적인 요소가 적고 친숙한 게임도 얼마든지 e스포츠가 될 수 있다. 이제 소닉 더 헤지혹(Sonic The Hedgehog), 슈퍼 마리오(Super Mario)를 비롯한 여러 게임들도 큰 상금이 걸린 e스포츠 대회를 통해 활기를 되찾을 수 있다.

스피드런의 광범위한 접근성은 전 연령을 대상으로 하는 브랜드들에 크게 어필할 수 있는 요소다. 특히 디즈니는 e스포츠를 선호하는 연령대를 주요 마케팅 대상으로 삼지만 정작 e스포츠 콘텐츠의 육성은 꺼렸다. 디즈니는 라이온 킹이 방영되는 전 연령 대상의 디즈니 채널에서 산탄총을 등장시킬 수 없다. 하지만 스피드런의 등장으로 디즈니를 비롯한 전연령 대상의 브랜드에서도 폭력을 배제한 e스포츠 게임이 등장할 수 있게 되었다. 불가능해보였던 일이 현실이 되었다. 스피드런의 높은 접근성 덕분에 디즈니는 자회사의 케이블 채널인 '디즈니 XD'에서 'ESL

Speedrunners'이라는 기록 경쟁 e스포츠 프로그램를 방영하기도 했다.4

대전 격투 게임이란?

대전 격투 게임(Fighting Game)은 플레이어가 단일 캐릭터를 조종하여 격투기 혹은 이와 유사한 형식으로 대결하는 게임 장르로, e스포츠의 시작부터 함께 했다고 말할 수 있을 정도로 원초적이고 직관적이다.

대전 격투 게임 장르의 시초라고도 할 수 있는 스트리트 파이터 시리즈는 특수한 커맨드를 입력하여 강력한 공격 스킬이나 이동기를 사용한다는 핵심 개념을 도입하여 세계적으로 공전의 히트를 기록했다. 스트리트 파이터 시리즈는 전 세계의 아케이드 시장을 지배했으며, 류(Ryu), 춘리, 켄과 같은 게임 속 캐릭터는 세계적으로 널리 알려졌다. 하지만 시간이 지나면서 대전 격투 게임은 접근성의 문제로 인해 인기가 떨어졌다. 다양한 특수 커맨드를 적재적소에 맞게 빠르게 사용해야 하는 게임 시스템으로 인해 조작 난이도가 매우 높기에 입문한 게이머들이 기술을 익히기 어렵다. 게다가 플레이어 간의 일대일 대전이 핵심 콘텐츠이기에 게이머는 상당한 정신력과 체력을 소모할 뿐만 아니라 높은 스트레스에 노출된다. Evo 및 Shine과 같은 몇몇 격투 e스포츠 대회가 성공을 거두기는 했으나 리그 오브 레전드와 같은 전통적인 e스포츠의 인기에는 미치지 못한다.

오늘날 격투 게임들의 정점에서 군림하고 있는 게임은 스매시 브라더스(Super Smash Brothers) 시리즈다. 스매시 브라더스는 닌텐도에서 유일하게 인기 있는 e스포츠 게임으로, 대전 격투 게임 장르 중에서도 압도적인 인기와 확고부동한 판매량을 가지고 있다. 무슨 이유에서일까? 이에는 여러가지 이유가 있다. 먼저 스매시 브라더스는 조작의 직관성이 매우 높다. 여러가지 커맨드를 암기할 필요 없이 스틱과 버튼 입력만으로 핵심 기술을 쉽게 발동시킬 수 있기에 새로운 게이머도 쉽게 입문할 수 있다. 또한 닌텐도와 서드파티에서 사랑받는 유명한 캐릭터들이 대거 등장하기에 게임의 접근성이 매우 높다.

스카이빌즈는 다음과 같이 설명한다. "스피드런을 비롯한 다양한 종류의 기록 경쟁에 투자하는 전연령 브랜드가 점점 더 많아질 것입니다. 이는 G 등급(전체 관람가) 브랜드가 온 가족에게 적합한 e스포츠 콘텐츠를 제작할 수 있는 좋은 방법이자 e스포츠에 진정으로 참여할 수 있는 유일한 방법이기 때문입니다. 그리고 저는 스피드런 선수로서 스피드런이 커뮤니티의 많은 연령층에게 어필할 수 있다는 사실을 알고 있습니다. 그렇기 때문에 대부분의 주요 스피드런 대회는 전통적인 e스포츠에서 연상되는 부정적인 요소들을 최대한 배제할 수 있도록 언어 사용 지침을 매우 엄격하게 준수합니다."

스피드런은 나이가 많은 e스포츠 시청자에게도 어필할 수 있다. 예를 들어 닌텐도와 함께 자란 게이머는 전장에서 최후의 1인만이 살아남는 포트나이트에서 혼란을 겪을 수 있지만, 널리 알려진 고전 명작 게임의 스피드런은 친숙함을 느끼고 선호할 수 있다. 예를 들어, 오리지널 슈퍼 마리오 브라더스(Super Mario Bros.)는 오늘날 가장 인기 있는 스피드런 게임 중에 하나로, 많은 게이머들이 치열하게 경쟁하고 있다. 슈퍼 마리오 브라더스의 스피드런 세계기록은 4분 55초일 정도로 터무니없이 빠르다.[5]

이 글을 쓰는 시점에 스피드런은 아직 초기 단계에 있으며 오버워치나 하스스톤과 같은 전통적인 e스포츠에 비해 인기가 여전히 낮다. 그러나 스피드런은 게임사(수익 증가)와 게이머(접근성) 모두에게 놀라운 가치를 제공하기에 앞으로 스피드런 장르에 대한 투자가 크게 늘어날 것이다. 이미 주요 e스포츠 경기장과 게임단은 스피드런을 위한 장소를 마련하기 위해 상당한 노력을 기울이고 있다.[6, 7]

앞으로 몇 년 동안 스피드런은 e스포츠의 진화에서 필수적인 요소로 자리 잡을 것이다. TV는 본래 뉴스 프로그램으로 시작했지만 토요일 아침 만화로 빠르게 확장된 것처럼, e스포츠도 가장 접근하기 쉬운 콘텐츠인 스피드런을 기꺼이 수용하고 그 비율을 높일 것이다. 이것은 부모에게도 좋은 소식이다. 바로 다음 장에서 논의하려는 e스포츠 대학 장학금을 받기 위해서는 어렸을 때부터 연습이 필수이기 때문이다.

Chapter 13 　학교와 e스포츠

　　대학 스포츠는 현대 스포츠의 경관에서 중요한 위치를 차지한다. 그것은 프로 선수들이 큰 무대에서 경험을 쌓는 곳이며, 대학들이 수십억 달러의 이익을 얻는 곳이기도 하다. 대학 스포츠는 인생을 바꾸는 성공 이야기를 만들어내며, 여러 세대의 졸업생들을 결합하는 팬덤을 만들어낸다.

　　그렇다면 e스포츠라고 다를 것이 뭐 있겠는가?

　　이 장에서는 오늘날 e스포츠가 고등 교육에서 어떠한 위치에 있는지 살펴보겠다. 전공 학위부터 체육 장학생에 이르기까지, e스포츠는 학계가 주목할 수밖에 없을 정도로 캠퍼스 생활을 규정하고 있으며, 어떤 의미에서는 디지털 게임에 대한 현대 사회의 자각을 가장 잘 보여주는 것이 되었다.

　　이 모든 것은 커트(Kurt)라는 사람과 그의 단순한 꿈으로부터 시작되었다.

"처음 e스포츠를 접하자마자 당연히 대학에 e스포츠가 있어야 한다는 것을 깨달았습니다"라고 대학 e스포츠의 '대부'인 커트 멜쳐(Kurt Melcher)가 설명한다.

지난 2013년에, 멜쳐는 로버트 모리스 대학(Robert Morris University, RMU)의 운동부 부책임자였다. 멜쳐는 여가 시간에 게임을 좋아하는 관리자이자 코치였다.

커트는 다음과 같이 말하고 있다. "매일 밤 리그 오브 레전드를 플레이했습니다. 저의 상대의 대부분은 대학생들이었습니다. 음성 채팅을 통해 e스포츠가 이들에게 얼마나 큰 의미를 가지는지 알 수 있었습니다. 이들이 게임을 대하는 방식은 스포츠에 열광하는 운동선수와 다를 바 없었습니다."

커트의 마음 속에서 불현듯 무언가가 떠올랐다. 그는 주간의 직업인 코치와 야간의 취미인 게임을 비교했고, 이 둘은 같은 부류라는 결론에서 벗어날 수 없었다. "제 자신의 대학 스포츠 경력을 상기해보았습니다. 제도적 훈련은 운동선수로서의 저를 발전시켰을 뿐 아니라, 저를 더 강인한 학자와 더 나은 사람으로 만들었습니다. 저는 e스포츠에도 동일한 긍정적 요소들과 동일한 혜택이 있다는 것을 알았습니다. 게임은 고도로 경쟁적인 경험이며, 게임으로부터 헌신, 충성, 신뢰, 실천 및 집중력을 배울 수 있습니다. 제가 대학 스포츠에서 배운 모든 것을 e스포츠를 통해서도 배울 수 있다는 것을 깨달았습니다. 그래서 저는 e스포츠를 대학에 도입해야만 한다고 생각했습니다. 제가 옳았는지 스스로 물어볼 필요도 없었습니다. 저가 옳다는 것을 알고 있었습니다.

문제는 제가 어떻게 로버트 모리스 대학교나 혹은 다른 학교를 저의 말에 귀 기울이게 할 수 있느냐 하는 것이었습니다."

커트는 세계 최초로 대학 e스포츠 프로그램을 만드는, 돈키호테 같은 탐색을 시작했다.

"처음에 저는 저의 계획에 대해서 많은 사람에게 말하지 않았습니다. 저는 메모를 하고, 아이디어를 개선해 나갔습니다. 언젠가 아내와 이런저런 이야기를 나눈 기억이 납니다. 저는 아내가 제게 본업에 전념하라고 말할 것이라고 생각했습니다. 그러나 오히려 아내는 제게 e스포츠에 대한 아이디어를 밀고 나갈 수 있는 용기를 주었습니다. 아내는 제게 말했습니다. '왜 공을 골대에 집어넣는 학생들만 장학금을 받아야 하나요?' 우리는 스포츠에 대해 일종의 고정관념에 사로잡혀 있기에, 방망이를 잘 휘두르는 학생이 전액 장학금을 받는 것이 이상하다고 생각하지 않습니다. 하지만 곰곰이 생각해보면 미식 축구의 특별한 점은 무엇일까요? 축구는요? 라크로스(lacrosse)는요? e스포츠도 장학금을 받을 가치가 있지 않을까요?"

커트는 로버트 모리스 대학에서 그의 멘토이자 상사인 메건 스미스(Megan Smith)에게 조언을 구했다. 메건은 e스포츠에 대한 아이디어를 총장이 참여하는 이사회에 전달하되, 학교에서 부담 없이 검토할 수 있는 방식으로 진행하는 게 좋을 것이라 조언했다.

"기본적으로 백서의 초안을 작성할 필요가 있었습니다. 대학 e스포츠에 관한 세계 최초의 백서였죠."

커트는 일을 해야만 했다. 주간에 대학에서 업무를 하고 야간에 리그 오브 레전드를 플레이하는 가운데, 커트는 조사하고, 연구하고, 인터뷰했다. 대학 e스포츠에 대한 청사진은 아직 존재하지 않았다. 외부에서 대학 e스포츠가 어떤 모습으로 보일지 알아내야 했다.

그는 다음과 같이 말하고 있다. "저는 모든 것을 논리적으로 귀결시켰습니다. 그리고 몇 달 후 백서가 완성되었습니다. 백서를 거듭 읽으면서 그 백서가 얼마나 야심적인지 깨달았습니다. 야심적이라는 말은 제정신이 아니라는 뜻입니다."

커트의 비전은 정확히 무엇이었을까? 대학 내 e스포츠의 완전한 스포츠화였다.

커트는 다음과 같이 설명하고 있다. "저는 백서를 통해 로버트 모리스 대학에게 다른 스포츠를 지원하는 것과 완전히 동일한 수준으로 e스포츠를 지원할 것을 요구했습니다. 즉, 우리는 e스포츠를 위한 시설과 스텝이 필요했습니다. 그리고 새로 학생들을 모집해야 했습니다. 뭐랄까, 장학금을 주고 말이죠. 그것도 농구, 야구, 축구와 동등한 장학금이요. 또 우리는 장비가 필요했습니다. 유니폼도요. 경기 후 멋진 식사와 축하도 필요하죠. 그 밖에 뭐든지요. 전통적 스포츠에서 당연시 여겨지는 모든 것이 e스포츠에도 필요했습니다. 근본적으로 e스포츠는 전통적 스포츠와 같기 때문입니다. 물론 이 모든 것에는 엄청난 금액의 가격표가 붙습니다. 대학 예산에서 전례가 없던 완전히 새로운 항목으로 말이죠. 게다가 당시 로버트 모리스 대학교에는 e스포츠 동아리조차 없었습니다."

하지만 커트는 믿었다. 쌀쌀한 금요일 아침, 커트는 발표할 계획 초안을 들고 총장실로 걸어 들어갔다. 방에서 온갖 비웃음을 받는 것을 염려하면서.

"제가 백서의 내용을 설명하기 시작하고, 필요한 컴퓨터들과 대회 준비에 대해 말하자, 총장님은 저를 멍한 표정으로 바라보았습니다. 저는 제가 원점부터 설명하지 않았다는 것을 깨달았습니다. e스포츠가 무엇인가를 설명할 필요가 있었습니다."

커트는 두려움과 불확실성이 뒤섞인 채 첫 미팅을 끝냈다. 그러나 희망도 있었다. 적어도 커트는 회의실에서 비웃음을 받지 않았다. 총장은 커트의 말을 경청하였다.

"앞으로 무슨 상황이 벌어질지 전혀 예상하기 힘들었습니다. 이사회가 저의 제안서를 다시 검토하기 위해 저를 재차 호출하기 전까지는 앞으로 무슨 일이 일어날지 전혀 몰랐습니다. 이 자리를 빌어 저는 로버트 모리스 대학의 총장님과 그 이사회의 다른 모든 교수님들에게 전적으로 큰 감사의 말씀을 올립니다. 로버트 모리스 대학은 e스포츠 역사에서 중요한 챕터의 주인공이 되었으니까요. 이사회는 정말로 커다란 일을 해냈습니다. 이사회는 e스포츠가 무엇인지 알지 못했지만 e스포츠의 비전을 이해하려고 노력했습니다. 그리고 이 새로운 종류의 스포츠가 앞으로 로버트 모리스 대학에서 무엇을 의미하는지 알았습니다."

로버트 모리스 대학의 이사회는 주요 교육 기관 중에 처음으로 e스포츠에 의해 제공되는 독특한 유형의 학생 참여를 높이 평가했다. 커트는 다음과 같이 설명하고 있다. "e스포츠는 새로운 유형의 학생에게 다가갈 수 있는 힘이 있습니다. e스포츠는 전통적인 스포츠 경기나 아카펠라 그룹, 사교 클럽에 관심이 없는 학생들을 대학에 끌어올 수 있습니다. e스포츠를 캠퍼스에 도입하여 학생들의 적극적인 참여를 유도하고 e스포츠의 다양한 장점을 학생들에게 제공할 수 있습니다. 그리고 이런 유형의 참여는 더 나은 학업 성과와 더 높은 졸업률과 긴밀하게 연관되어 있습니다."

대학 e스포츠는 로버트 모리스 대학교에 다른 이점도 가져왔을 것이다. 많은 대학에서 야구, 미식 축구, 농구팀은 입학하는 학생들의 인원을 좌우지하는 중요한 요소다. 로버트 모리스 대학만이 보유한 새로운 유형의 스포츠가 존재한다면 학생들을 모집할 때 상당한 이점이 될 수 있다.

게다가 e스포츠는 대학 재정을 개선할 것이다. 당연히 더 많은 학생을 모집할수록 더 많은 등록금 수입을 얻을 수 있다. 하지만 커트는 이보다 더 큰 그림을 그리고 있었다. 그는 다음과 같이 설명하고 있다. "전통 스포츠는 동문이 대학에 기부하는 중요한 원동력입니다. 재정이 로버트 모리스 대학이 e스포츠에 참여한 주요 동기가 결코 아니지만, 새로운 수익이 분명히 존재했습니다. 왜냐하면, e스포츠는 기부하는 완전히 새로운 범주의 동문들을 촉진하는 잠재력을 가지고 있었기 때문입니다."

미팅에서 커트는 이사회가 그의 비전에 대해 열정과 흥분을 가지고 있음을 느꼈다. 그러나 그는 이사회가 여전히 e스포츠를 확실하게 믿지 못하고 있음을 알았다. e스포츠가 떠오를 수도 있다고 해서 당장 e스포츠가 떠오른다는 것을 의미하지는 않기 때문이다.

커트는 다음과 같이 설명한다. "제가 대학 총장님을 설득했던 바로 그 순간을 생생하게 기억합니다. 저는 아이패드를 가지고 있었고, 리그 오브 레전드 챔피언십 시리즈(LCS) 경기가 시작되기 직전이었습니다. 그래서 저는 총장님에게 e스포츠 대회가 어떤 모습인지 보여주고 싶었습니다. 놀라울 정도의 규모를요. 저는 수천 명의 팬이 현장에서 지켜보는 LCS 경기를 틀어 보여주었습니다. 캐스터 및 분석가, 스포트라이트 및 리플레이, 그리고 막대한 제작 예산에 이르기까지요. 총장님은 깜짝 놀랐습니다. 저는 총장의 마음을 거의 읽을 수 있었습니다.

그분이 '이건 ESPN이나 다름없네'라고 e스포츠를 인정하는 발언을 하였으니까요. e스포츠 중계는 야구나 축구를 보는 것과 다르지 않아요. e스포츠는 새로운 것이지만, 그러나 친숙한 것이기도 해요."

그 미팅 직후, 커트는 허락을 받았다. 그렇게 해서 로버트 모리스 대학은 대학 e스포츠 프로그램을 만든 최초의 학교가 되었다. e스포츠 프로그램이 전액 지원되었고, 승인받았고, 확정되었다.

하지만 문제가 있었다. 로버트 모리스 대학교의 새로운 시도에 대해 누가 어떻게 알겠는가? 그리고 더 중요하게도, 누군가 이 시도에 신경이라도 쓸까?

커트를 비롯한 e스포츠 신참 스태프들은 그 다음 몇 달 동안 불확실한 미래를 걱정하며 일했다: 불확실성은 공공연한 비밀이었다. 우리는 e스포츠를 위한 공간을 만들고, 코치들을 고용하고, 유니폼을 디자인하고 브랜드를 정했다. 이런 일을 하면서 우리는 '과연 우리가 준비한 e스포츠팀에 학생들이 올까?'라는 의구심을 떨칠 수 없었다.

학생들은 번개처럼 빠르게 몰려왔다.

커트는 다음과 같이 말하고 있다. "저는 로버트 모리스 대학의 계획을 알리기 위해 라이엇 게임즈(리그 오브 레전드 개발사)에 연락했습니다. 라이엇이 괜찮다고 하기를 바랐습니다. 우리 e스포츠 프로그램의 첫 번째 큰 사건이 10억 달러 규모의 회사와 소송이 되면 안 되었으니까요. 저는 게임 내 기술 문제를 해결하기 위해 연락하는 것처럼 고객센터와의 1:1 문의를 통해서 라이엇과 처음으로 이야기를 주고받았습니다. 솔직히 말하면 라이엇은 로버트 모리스 대학이 하는 일을 믿기 어려웠던 것 같아요. 라이엇은 '네, 이 학교 학생이세요?'라고 물었고 저는 '아니요, 저는 운동부 책임자입니다'라고 대답했습니다. 계속 말을 이어간 끝에 라이엇은 저희를 이해했습니다. 그리고 라이엇은 e스포츠에 대한 로버트 모리스 대학교의 헌신을 좋아했습니다. 라이엇은 리그오브 레전드를 시작하기 위한 사전 클라이언트 프로그램의 전면에서우리의 e스포츠 프로그램을 홍보하기로 결정했습니다. 저는 항상 대중들이 대학 e스포츠팀에 관심을 가질 것이라고 믿기는 했지만, 그저 기자들에게 몇 개의 보도 자료와 학생들로부터 몇백 개의 지원서 정도만받을 것이라 예상했습니다. 하지만 홍보를 시작한 24시간 이내에만 3만 명의 예비 대학생이 로버트 모리스 대학에 연락을 취했습니다. 믿을수 없는 일이었습니다. 제 인생은 영원히 바뀌었습니다."

"라이엇은 '우리 게임은 꽤 인기가 있으니 각오하십시오'라고 경고하긴 했지만 저는 사실 진지하게 받아들이지 않았습니다. 그리고 대학의 어느 누구도 대중들의 열렬한 관심을 예상하지 못했습니다. 당시 대학 관계자들은 저를 아직 완전히 신뢰하지 않았습니다. 그러나 라이엇이 프로그램을 공개한 후 우리는 세계 최고의 e스포츠 대학 대표팀이되었습니다. 일주일 만에 HBO, CNN, Wall Street Journal, New York Times, BBC 등 그야말로 모든 언론사에서 연락이 왔습니다. 언론사가 마치 산불처럼 활활 몰려왔습니다."

커트는 다음과 같이 결론을 내린다. "e스포츠는 로버트 모리스 대학을 완전히 바꾸어 놓았습니다. 로버트 모리스 대학은 언제나 대단한학교였습니다. 하지만 이제 e스포츠로 인해 지도에서 다른 방식으로표기되기 시작했습니다. 우리는 e스포츠 덕분에 다른 대학과 차별화되었으며, 우리의 e스포츠 팀은 국제적인 관심을 끌었습니다. 당연히 그후 대학은 저의 제안에 매우 만족했습니다."

로버트 모리스 대학교가 처음으로 e스포츠 프로그램을 시작한 지 겨우 5년 만에, 대학 내에서 e스포츠를 위한 환경은 크게 바뀌었다. 오늘날 미국 대학의 60% 이상이 아주 활발하게 활동하는 e스포츠 동아리나 더 나아가 공식적인 e스포츠 프로그램을 보유하고 있다. 베커 컬리지(Becker College)의 e스포츠 프로그램을 설립한 행정관인 팀 로우(Tim Loew)는 다음과 같이 설명하고 있다. "저는 사실 이 숫자가 100%에 가깝다고 생각합니다. 문서화하기 어려울 뿐입니다. 게다가 e스포츠 전문 대학이 중국, 일본, 유럽에 문을 열었습니다. 오늘날 대학생의 50% 이상이 게임을 하는 것으로 추산됩니다. 금요일 밤에 대학 서버에서 게임보다 더 많은 대역폭을 소모하는 것은 넷플릭스(Netflix)뿐입니다."

e스포츠가 대학 스포츠에 들어오자 학계도 e스포츠를 받아들이기 시작했다.

베커 대학의 앨런 리타코(Alan Ritacco)는 다음과 같이 말한다. "우리는 한 예로서 로버트 모리스 대학이 대학 e스포츠 팀을 위해 한 일을 검토했습니다. 이미 베커 대학은 인터랙티브 미디어 게임 디자인(interactive media game design) 분야에서 세계 3위 안에 드는 우수한 대학입니다. 그렇다면 e스포츠를 학계에 도입하는 것이 맞지 않겠습니까?"

2018년이 되자, UCI, 에머슨 대학(Emerson College)를 비롯하여 전 세계 대학들이 e스포츠 수업을 개설하기 시작했다. 그러나 베커 대학은 한 걸음 더 나아가 미국 최초의 e스포츠 경영 학사 학위 과정을 개설했다. 2019년 기준으로 최소 12곳의 대학에서 e스포츠 관련 학위를 만든 것으로 추정된다. 오늘날 e스포츠는 고등 교육의 최전선에서 영역을 빠르게 확장하고 있다.

팀 로우는 다음과 같이 제안한다. "비즈니스로서의 e스포츠를 가르칠 수 없는 이유가 있을까요? 저희 대학에는 '스포츠 경영', '예술 및 디자인', 그리고 '프로그래밍' 전공이 있습니다. 생각해보면, e스포츠는 가장 자연스러운 학문적 대상입니다. e스포츠가 방금 말한 학문 분야와 그 외 많은 다른 학문 분야를 포함하기 때문이죠. e스포츠는 세계에서 최초의 진정한 학제간 융합 전공입니다. 이것이 사실 e스포츠를 가르치는 데 가장 큰 도전입니다. e스포츠가 포괄하는 분야가 넓다 보니 e스포츠를 바라보는 방식이 너무 다양합니다. 우리가 경영의 관점에서 e스포츠에 접근하였다고 해서 우리의 접근 방식이 유일한 방법이거나 올바른 방법이라는 것은 아닙니다. 당신이 원하는 대로 선택하면 됩니다."

커트가 다음과 같이 덧붙인다. "전통 스포츠에는 항상 다양한 학문이 통합되어 있습니다. 예를 들어, 운동 역학(kinesiology) 전공자는 스포츠팀에서 트레이너 경험을 쌓습니다. 미디어 전공자는 스포츠 경기를 담당합니다. 수학 전공자는 세이버메트릭스에서 새로운 통찰력을 얻고자 야구팀의 도움을 받아 데이터를 수집합니다. e스포츠는 전통 스포츠보다도 많은 분야와 접하고 있기에 e스포츠의 시너지 효과는 전통 스포츠의 시너지 효과보다 더 큽니다. 저는 학문 간 시너지라는 측면에서 e스포츠가 전통 스포츠보다 유리하다고 생각합니다."

오늘날 e스포츠는 대학교뿐만 아니라 교육 시스템 전반에 걸쳐 널리 퍼져있다. 고등학교 미식 축구 경기(Friday Night Lights)처럼 e스포츠도 고등학생들이 참여할 수 있는 경기가 필요하다. e스포츠에 대한 대학의 관심을 더욱 높이기 위해서는 고등학교 육성 시스템이 필요하다. 그 결과, 고등학교 e스포츠도 폭발적으로 성장하고 있다.

캠퍼스에서 훈련하고 있는 베커 컬리지 e스포츠 학생들. (주7)

'PlayVS'라는 e스포츠 신규 기업은 고등학교 e스포츠 생태계를 개발하기 위한 투자금으로 2019년 한 해에만 거의 1억 달러를 모았다.[1] 이 신규 기업에 따르면 미국 고등학교의 68%가 e스포츠 대회를 준비하기 위해 팀을 구성하고 있다.[2] 그리고 중국, 일본, 한국, 독일, 영국 및 기타 지역에서도 유사한 기업들이 등장하고 있다.

e스포츠의 학문적 혁명은 이제 현실이며, 더 이상 대학에만 국한되지 않는다. 전통 스포츠가 차지하는 구석구석마다 e스포츠가 침투하고 있다. 아직은 아니지만 언젠간 유치원생을 리그 오브 레전드 연습에 데려갈 날이 빠르게 다가오고 있다.

하지만 대학에서의 e스포츠의 성공을 가로막는 잠재적 장애물이 있다. 바로 NCAA(National Collegiate Athletic Association)이다. NCAA는 미국 전역의 대학 캠퍼스 내 모든 스포츠를 감독하는 관리 기관이다. 2019년 4월, NCAA는 대학 e스포츠를 NCAA에 통합하지 않기로(적어도 가까운 미래에는) 투표를 하여 결정했다.3 이 결정에 앞서 NCAA 회장 마크 에머트는 다음과 같이 자신의 의견을 밝혔다. "우리는 [게임의] 일부 콘텐츠가 매우 폭력적이라는 것을 알고 있습니다. 우리는 특히 상대방의 머리를 날려버리는 것이 목적인 게임을 받아들이지 않습니다. 우리는 폭력적인 게임이 건강과 웰빙에 미칠 부정적인 영향에 대한 심각한 우려가 있다는 것을 알고 있습니다."4

그렇다면 NCAA가 e스포츠를 무시하기로 한 결정, 특히 폭력적인 콘텐츠에 대한 에머트 회장의 문제 제기는 e스포츠의 캠퍼스 입성을 지연시킬까?

전혀 아니다.

팀 로우는 다음과 같이 설명한다. "e스포츠가 대학에 들어오는 것은 시대의 흐름입니다. NCAA는 실수를 저질렀습니다. 오늘날 NCAA는 e스포츠 규제에 대한 반발로 인해 위협을 받고 있습니다. 제 생각에, e스포츠를 무시한 NCAA의 결정은 궁극적으로는 NCAA의 쇠퇴에 기여할지도 모릅니다. 그 결정은 다른 경쟁 기관이 등장하여 대학 캠퍼스에서 e스포츠를 관리할 수 있는 계기가 되었으니까요."

실제로 이런 일이 이미 일어났다. 2016년 커트 멜처(Kurt Melcher)에 의해 공동 설립된 NACE(National Association of Collegiate Esports)는 이미 300개 이상의 대학 캠퍼스에서 NCAA의 역할을 대신하며 성장하고 있다. 그러나 NCAA의 e스포츠 채택 실패는 대학 e스포츠에 한 가지 부정적인 영향을 끼쳤다. 바로 파편화다.

커트 멜처는 다음과 같이 설명한다. "NCAA가 망설인 탓에 대학 e스포츠 시스템은 여전히 제각각입니다. NCAA라면 미국 내 모든 대학의 e스포츠를 위한 보편적인 표준안을 즉각적으로 제공했을 것입니다. NCAA는 이미 미국의 어느 캠퍼스에나 있으니까요. NCAA의 공백을 메꾸기 위해 제가 NACE를 설립했지만, NACE는 아직 신생 조직에 불과합니다. e스포츠가 대학에서 급속히 퍼지고 있다 보니, 아직 많은 대학은 NACE의 존재조차 모르거나 NACE와의 협력이 얼마나 최선인지 모릅니다. 오늘날 대학 e스포츠의 가장 큰 위협은 바로 e스포츠 교육에 대한 대학 관리자와의 입장 차이입니다. 저는 로버트 모리스 대학에서 운이 좋았습니다. 그 대학이 기꺼이 e스포츠를 배우려 했으니까요. 하지만 미국을 비롯한 전 세계 대부분의 대학은 e스포츠를 이해해서가 아니라 그저 뒤처지는 것에 대한 두려움으로 e스포츠에 뛰어들고 있습니다. 그저 추세를 보고 따라갈 뿐입니다. e스포츠 교육에 대한 교수진 간의 입장 차이는 대학 내 e스포츠의 채택에 가장 큰 장벽입니다."

팀 로우는 다음과 같이 덧붙인다. "대학이 e스포츠를 채택하는 데 어려움을 겪는 이유 중에 하나는 바로 e스포츠가 사람들의 눈에 잘 띄지 않는다는 점입니다. e스포츠는 운동장에서 할 필요가 없습니다. e스포츠는 대부분 늦은 밤 기숙사 방에서 이루어집니다."

커트도 끼어들어 덧붙인다. "게다가 e스포츠는 종목이 파편화되어 있습니다. 게임이 너무 많기 때문에 하위 그룹이 너무 많습니다. 당신의 대학에서 e스포츠의 존재가 엄청날지라도 스매시 브라더스 클럽, 리그 오브 레전드 클럽, 스타크래프트 클럽과 같이 게임별로 세분화되어 있기 때문에 깨닫지 못할 수도 있습니다. 그래서 관리자가 이해하기는 더더욱 어렵습니다. e스포츠에 자금을 조달하기 위해서는 e스포츠 종목, 목표로 하는 경쟁 레벨, 모집해야 할 포지션 등을 알아야 하지만 종목이 워낙 많다 보니 지식의 장벽을 넘기가 정말 어렵습니다."

그러나 커트는 e스포츠가 대학에서 채택되기까지의 여정이 험난할지라도 여전히 대학 e스포츠의 미래는 밝다고 생각한다. 로버트 모리스 대학에서 e스포츠에 대한 백서를 처음 작성했을 때처럼.

커트는 다음과 같이 설명한다. "e스포츠를 받아들이는 것은 대학의 사명과도 같습니다. 대학은 학생들의 꿈을 이루기 위해 존재합니다. e스포츠는 수백만 명의 대학 지원자가 소중히 여기는 꿈입니다. 이것이야말로 제가 대학에 e스포츠를 도입하려는 이유입니다. 그 여정이 쉽지 않을지라도, e스포츠는 대학의 미래입니다."

e스포츠를 받아들이는 대학이 늘어남에 따라 게임을 잘하는 데에 대한 보상도 늘어나고 있다. 이제 아마추어 e스포츠 선수들도 교육 수당이나 장학금을 통해 혜택을 볼 수 있다. 수백만 명의 어린 스포츠 유망주들이 대학 스포츠 경기를 보면서 자신의 이정표로 삼는 것처럼, e스포츠도 마찬가지로 어린 팬들은 대학 e스포츠를 보면서 자신의 이정표로 삼고 있다.

Chapter 14 전통 스포츠와 e스포츠

e스포츠의 목표가 전통 스포츠처럼 되는 것이라면, 즉 영구적이고 전 세대에 걸친 경쟁적 경험이 되는 것이라면, e스포츠가 전통 스포츠에 위협이 될까?

야구와 미식축구를 비롯한 전통 스포츠들은 서로 사이가 좋지 않다. 소비자의 인지도, 지갑 지출 등을 놓고 서로 경쟁한다. 소비자는 여러 스포츠 종목의 열렬한 팬이 될 수 있는 반면에, NBA 결승전과 슈퍼볼은 한 가지 이유로 같은 날 방송되지 않는다. 바로 직접적인 경쟁자이기 때문이다. 일반적으로는 어떤 스포츠가 인기를 얻으면 다른 스포츠가 희생된다.

가장 좋은 예가 야구와 미식축구다. 1960년대에 야구는 미국 스포츠의 왕으로 군림했으며 미국인의 34%가 야구를 가장 좋아하는 스포츠로 꼽았다.[1] 하지만 오늘날에는 미국인의 9%만이 가장 좋아하는 스포츠로 야구를 꼽는다. 이런 변화의 원인은 무엇일까? 바로 미식축구의 인기 상승에 있다.

오늘날 NFL은 광고 수익에서만 MLB의 약 6배를 벌어들인다. 매년 기업들의 마케팅 예산과 언론의 관심을 차지하는 것은 월드 시리즈가 아니라 슈퍼볼이다.

그렇다면 미식축구는 어떻게 경쟁에서 승리했을까? 바로 TV 덕분이다. 라디오의 중요성이 줄자 미식축구는 다른 스포츠보다 빠르게 TV를 받아들였다. 미식축구는 최초로 실시간 리플레이를 도입하고 다양한 그래픽 기술을 넣는 등 TV 스포츠 중계의 혁신을 주도하였다.2 NFL은 미디어 혁명 속에서 소비자의 취향 변화를 빠르게 알아차리고 효과적으로 적응했다.

플레이오프 광고 지출 점유율

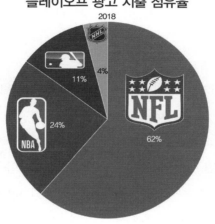

2018

급증하는 인기 덕분에 2019년에 NFL은 MLB보다 광고주에게 약 6배 더 인기가 있었다.

NFL이 MLB를 밀어낼 수 있다면, e스포츠가 NFL을 무너뜨릴 수 있을까?

우리가 이미 살펴보았듯이, e스포츠는 상당한 인기를 누리고 있다. 사실 e스포츠는 상당한 인기를 누리고 있어서 이미 전통적인 스포츠를 무색하게 하고 있다. 2017년 초 ESL One과 같은 주요 e스포츠 대회의 시청률은 월드 시리즈를 뛰어넘었으며, 2019년에는 슈퍼볼보다 더 많은 사람들이 LCS를 시청했다![3]

게다가 전통 스포츠의 시청자에 비해 e스포츠의 시청자는 더 젊고 국제적이다. 이 점이 e스포츠의 밝은 미래를 예언하고 있다. 즉 해외 시장이 커지고 젊은 시청자가 성장할수록 e스포츠의 인기는 더욱 높아질 것이다. 이미 e스포츠는 매력적인 시청자 규모와 인구 통계를 바탕으로 광고주의 지갑을 놓고 전통 스포츠와 직접 경쟁하고 있다.

그렇다면 전통 스포츠는 어떻게 반격하고 있을까?

가정용 게임기 인텔리비전(Intellivision)의 1983년도 히트작 '월드 시리즈 베이스볼'(World Series Baseball)의 디자이너인 에디 돔브라우어(Eddie Dombrower)와 돈 다글로우(Don Daglow)는 1987년에 속편의 제작에 착수했다. 팬 수준의 지식에 의존하기보다는 야구 전문가인 볼티모어 오리올스의 감독 얼 위버(Earl Weaver)를 고용하여 수준 높은 야구 게임을 만들고자 했다. 결과는 대성공이었다. 뒤이어 미식축구 게임인 존 매든 풋볼(John Madden Football)이 성공을 거두면서 게임사 일렉트로닉 아츠(Electronic Arts)는 1991년에 EA 스포츠(EA Sports)라는 독립적인 스포츠 게임 브랜드를 출시하게 되었다.

오늘날 EA 스포츠는 디지털 강자로서, 축구(FIFA 시리즈), 하키(NHL 시리즈), 미식 축구(매든 NFL 시리즈) 등에서 프랜차이즈 게임을 제작하고 있다. 그리고 라이벌 게임사 2K 게임즈(2K Games)는 NBA 라이선스를 받아 농구 프랜차이즈 게임(NBA 2K 시리즈)을 제작하고 있다.

오늘날 축구, 야구, 미식 축구 등 전통 스포츠의 주요 종목들은 베스트 셀러 비디오 게임과 서로 크로스오버되어 있다.

이러한 스포츠 게임들은 전통 스포츠에 결정적으로 중요하다. 그 게임들은 막대한 수익을 창출한다. 예를 들어 FIFA 시리즈는 전 세계 적으로 2억 6천만 장이 판매되어 FIFA에 수십억 달러의 수입을 안겨주 었다.4 그러나 그 게임들은 단순히 수익 창출의 역할만을 하는 것이 아 니다. 무엇보다도 게임은 사람들을 스포츠에 입문하게 하는 중요한 역 할을 한다.

가령 미국에서 미식축구의 인기 상승은 주로 비디오 게임에 기인 한다. MLS(Major League Soccer) 팬의 65%는 EA 스포츠 덕분에 생겼 다. 2019년 인터뷰에서 MLS 이사인 제임스 루스(James Ruth)는 심지어 다음과 같이 말했다: "MLS에게 게임은 실제 축구보다 더 중요합니 다."5 실제로 미국 내 축구 팬의 절반 이상이 비디오 게임 덕분에 축구 에 더 관심을 가지게 되었다고 응답했다.6 중국의 NBA와 유럽의 NFL 에도 비슷하다. 스포츠 게임들은 이것들이 모태가 되는 전통 스포츠와 커다란 시너지 효과를 만들어낸다.

그래서 NBA가 가장 먼저 발 빠르게 움직였다. 2017년 2월 9일, NBA는 인기작 'NBA 2K 시리즈'를 위한 독점적인 e스포츠 리그의 결 성을 발표했다.

NBA 2K 리그는 세 가지 주요 이유에서 새로운 지평을 열었다. 첫째, NBA 2K 리그는 e스포츠 콘텐츠에 대한 막대한 투자로 이어졌 다. 스포츠 게임은 2004년에 개최된 FIFA e월드컵(e-World cup) 이래 로 e스포츠의 주요 종목이었지만, 이들 대부분은 게임 홍보를 위한 마 케팅의 일환이었기에 게임사는 e스포츠에 대해 미온적인 반응을 보였다. 이와 대조적으로 NBA 2K 리그는 게임 홍보가 아닌 미디어 소비를 위해 설계되었다. NBA 2K 리그는 트라이아웃, 드래프트, 정규 시즌, 챔피언십 플레이오프에 이르기까지 NBA의 연간 일정과 주요 콘텐츠를 모방했다. NBA 2K 리그는 1년 내내 쉴 틈 없이 다양한 콘텐츠를 제공하여 소비자는 끊임없이 리그를 즐길 수 있었다. 그리고 이러한 안정적인 콘텐츠를 바탕으로 NBA 2K 리그는 미디어 콘텐츠로서 중계권과 리그 스폰서십을 포함하여 다양한 수익원을 확보할 수 있었다.7, 8

둘째, NBA 2K 리그는 전통 스포츠의 프랜차이즈 팀들이 참가하는 e스포츠 대회다. NBA 2K 리그 시작부터 기존 NBA의 17개의 팀이 참가했다. 밀워키 벅스(Milwaukee Bucks)가 벅스 게이밍(Bucks Gaming)을, 보스턴 셀틱스(Boston Celtics)는 셀틱스 크로스오버 게이밍(Celtics Crossover Gaming)을 창단하는 등 대부분의 NBA 팀들은 NBA 2K 리그에 뛰어들었다. 이러한 전통 스포츠팀의 존재는 e스포츠에 새로운 차원의 합법성을 가져왔다. NBA 2K 리그의 선수는 전통 스포츠의 후원 덕택에 농구 스타처럼 포장되어 대접받았다. NBA 2K 리그는 NBA를 e스포츠에 도입한 것 이상으로 전통 스포츠의 프랜차이즈를 e스포츠에 끌어오는 커다란 기여를 했다.

마지막으로, NBA 2K 리그의 가장 중요한 혁신 포인트는 바로 독립성이다. 사람들이 간과하기 쉽지만 NBA 2K 리그는 2K 게임즈나 NBA가 단독으로 설립한 것이 아니다. NBA 2K 리그는 둘 사이의 합작 투자로 설립된 독립적인 리그다. 즉, NBA 2K 리그는 독립적인 스포츠로 만들어졌다. 2K 게임을 더 많이 판매하거나 NBA에 대한 관심을 유도하기 위한 리그가 아니었다(둘 다 부차적 혜택이었지만). 독립 법인으로서 NBA 2K 리그의 주요 목적은 그 자체 리그의 수익과 시청률을 높이는 것이었다.

그러나 독립성은 한 가지 위협도 발생시켰다. 오늘날 NBA 2K 리그는 기능적으로 NBA와 연결되어 서로 간의 직접적인 경쟁을 방지한다. 그러나 우리 사회가 디지털화되면서, 그리고 e스포츠의 인기가 높아지면서, 양자 간에 갈등이 발생할 수도 있지 않을까? 증강 현실이 물리적인 스포츠를 모방할 만큼 향상된다면? 선수들이 코트 대신 시뮬레이션에서 훈련하게 된다면? 가상현실이 '디지털 세대'의 라이프스타일을 더 잘 반영하기 때문에, 소비자들이 가상현실을 더 선호하게 된다면?

NBA 2K 리그는 스포츠에 있어서 지각변동이라고 할 수 있는데, 정확하게는 NBA 2K 리그가 위협할 수도 있는 것, 즉 전통 스포츠의 몰락 때문이다. 그리고 이런 몰락은 이미 우리에게 닥쳤다. 예를 들어, 미 해군은 최근 모든 슈퍼볼 광고를 취소하고 e스포츠 광고로 대신하겠다고 발표했다. NBA 2K와 같은 비디오 게임이 실제로 농구 자체를 대체할 수 있다고 생각하는 것은 미친 것처럼 보일 수 있다. 그러나 1930년대에 야구는 다른 스포츠들이 범접하기 어려울 것처럼 보였을 것이라는 사실을 기억해야 한다.

🏀

그렇다면 NBA 2K 리그는 현재 어떤가?

리그의 시청률 수치는 여전히 고무적이지만 상당한 투자에도 불구하고 그 상승세는 비교적 완만하여, 경기당 약 40,000명의 시청자 수를 기록하고 있다.9 AT&T, Intel 및 State Farm과 스폰서쉽을 체결했지만, NBA 2K 리그가 미래에 e스포츠의 전당에 오를지는 아직은 미지수이다.10

어째서 그렇게 헌신적인 투자를 받은 스포츠 스타트업은 e스포츠를 정복하지 못했을까? 답은 바로 게임 자체에 있다.

NBA 2K 프랜차이즈는 전 세계 수백만 명의 게이머에게 사랑받는 경이로운 비디오 게임이다. 매년 새롭게 출시되는 NBA 2K 시리즈는 놀라운 그래픽과 본능적인 게임 플레이를 자랑하며, 매년 지난 해의 것보다 더 흥미롭다. 게임의 높은 품질 덕택에 많은 인기를 얻고 있으며, 매년 새 버전이 출시될 때마다 수천만 개가 판매된다.11

그러나 이 환상적인 게임은 e스포츠용으로 설계되지 않았다. 이 게임은 스포츠 시뮬레이션을 위해 설계되었다. NBA 2K는 NBA를 정확히 따라 한다. 등장하는 유명 선수들의 모습, 사실적인 신체 활동, 계절 간 규칙 조정 등 게임 디자인은 물리적 스포츠를 반영하는 데 중점을 둔다. NBA 2K 게임은 실제 농구의 디지털화를 위해서 제작되었다.

시뮬레이션의 문제는 새로운 매체를 수용하지 않는다는 것이다. 어떤 엔터테인먼트라도 미디어 매체가 바뀔 경우에는 새로운 매체에 맞게 조정되어야 한다. 해리포터 영화 시리즈는 세계적인 인기작인 해리포터 소설책을 한 줄 한 줄씩 재현한 것이 아니다. 영화만이 보여줄 수 있는 더 큰 볼거리와 관객들이 기대하는 빠른 속도를 활용하지 않고 원작 그대로 리메이크한다면 지루할 것이 분명하다.

NBA 2K에서도 마찬가지다. 기본 재료는 믿을 수 없을 정도로 훌륭하더라도 더 진화해야 한다. NBA 2K 리그가 성공하려면 농구 모방을 중단해야 한다.

NBA 2K의 개발자는 이미 변경이 필요하다는 것을 알고 있기에 일부를 양보했다. 예를 들어, NBA 2K는 게임이라는 매체가 요구하는 빠른 경쟁을 위해서 경기 시간을 2시간에서 35분으로 단축했다. 작은 조정으로 보일지 몰라도 앞으로 게임이라는 매체로서 진화하기 위해서 이러한 조정이 더 많이 이뤄질 것이다.

그리고 NBA 2K 리그가 농구 시뮬레이션에서 진화할수록 농구와 더 직접적인 경쟁자가 된다. 전통 스포츠에 대한 홍보 효과가 감소하는 대신에 스스로를 더 많이 홍보한다. 그렇기 때문에 미래에는 NBA 2K 리그가 NBA와 외다리 나무에서 서로 정면충돌할지도 모른다.

오늘날 전통 스포츠들은 어떤 의미에서는 e스포츠의 가장 흥미로운 성장 영역이다. 왜냐하면 가까운 장래에 스포츠의 시뮬레이션에서 벗어나 스스로를 재창조할 것이기 때문이다. 아마 NBA에서 시작되겠지만, 최근 e스포츠 축소 계획을 발표한 FIFA나 NFL, 혹은 MLB가 이러한 위험을 감수할 것이다.[12]

그러나 앞으로 우리가 사랑하는 전통 스포츠의 새로운 디지털 재현을 보게 될 것이라는 점은 분명하다. 이 변화가 완전히 부정적일 필요는 없다. 디지털 스포츠는 역으로 신체 활동을 혁신할 수 있다. 실시간 리플레이 시스템이 NFL의 코칭 방식을 완전히 바꿨듯이 e스포츠도 궁극적으로는 농구의 게임 방식을 변화시킬지도 모른다.

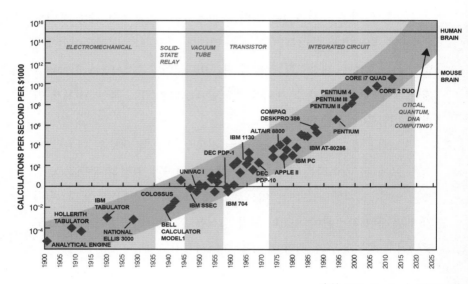

출처: BCA Research 2013

무어의 법칙이 2025년까지 어떻게 진행될지에 대한 2006년도 추정치. 무어의 법칙은 기술 발전의 속도가 계속 빨라질 것이라고 예측한다.

에필로그: 사건의 지평선

    e스포츠가 이처럼 멀리 그리고 이처럼 빠르게 왔다면, e스포츠는 정확하게 어디로 가고 있을까? 이제 우리는 공격적으로 예측할 것이다 (결국, 에필로그니까!). 따라서 잠시 불신을 접어두고, 인간과 기계의 지평선 너머를 엿보자.

    e스포츠의 미래는 기술 발전과 밀접하게 연관되어 있다. 우리 시대의 가장 잘 정립된 기술 트렌드는 무어의 법칙이다. 무어의 법칙에 따르면 컴퓨터 프로세서는 기하급수적으로 빨라진다. 실제로 이런 사실은 개인용 컴퓨터에서 매우 가시적으로 나타난다. 개인용 컴퓨터는 진공관으로 구성된 방 크기의 거대한 물건에서 책상 크기의 PC, 전 세계 어디서나 무릎 위에서 쓸 수 있는 노트북, 그리고 이제는 휴대용 스마트폰에 이르기까지 급격히 변모하였다.

    거의 필연적인 귀결로서, 무어의 법칙에 의해 예견된 컴퓨터의 성장은 또한 디지털 기기의 소형화를 예언한다. 컴퓨터가 빨라졌기 때문에 작은 컴퓨터로 더 많은 작업을 수행할 수 있다. 소형화 덕분에 기술이 보다 광범위한 대상과 장치들에 유의미하게 내장될 수 있게 되었다. 그리고 이런 트렌드의 자연스러운 정점은 인간 내부에 컴퓨터를 통합하는 것이 될 것이다.

임베디드 기술(embedded technology)이 인간을 혁명적으로 변화시킬 것이라고 믿지 않는다면, 스마트폰을 떠올려 보라. 스마트폰은 당신의 생활에 필수적이다. 당신은 어디에서나 스마트폰을 가지고 다닌다. 연락처, 대화 및 신용 카드까지 당신의 거의 모든 삶은 스마트폰 내에 저장되어 있다. 스마트폰을 잃어버릴 때의 공포를 상상해 보라. 지하철을 탄 후 빈 주머니인 것을 알아차릴 때의 감정은 본연의 순수한 공포 그 자체다. 스마트폰이 일상생활에서 그토록 중요하다면, 스마트폰을 항상 몸에 휴대하고 싶지 않은가?

우리는 임베디드 기술로부터 진정으로 디지털 격차를 극복할 수 있다.

브라운 대학교 신경공학연구소 이종환 소장은 다음과 같이 설명한다. "임베디드 기술은 실제 사람의 몸속에 기기를 이식하는 것으로 시작되지 않습니다. 먼저 옷이나 장신구처럼 누구나 가볍게 착용할 수 있는 웨어러블(wearable) 기기로부터 별로 드러나지 않게 시작될 것입니다."

이 말은 무섭게 들리지 않을 것이다. 웨어러블 기술은 사람들에게 유용할 것이다. 스마트폰 기능을 가진 셔츠를 입는다면 더 이상 스마트폰을 가지고 다닐 필요가 없다. 당신이 스마트 워치를 사용하는 수백만 명의 소비자 중 한 명이라면, 당신은 자신도 모르는 사이에 이미 웨어러블 기술을 채택하고 있다고 할 수 있다.

이 박사는 계속해서 다음과 같이 말한다. "시간이 지나면서 우리는 웨어러블 기술에 익숙해질 것입니다. 이미 우리는 아폴로 11호보다 더 강력한 컴퓨터를 주머니에 넣고 다니는 것을 이상하게 느끼지 않습니다. 웨어러블 기술은 편리하기에 우리와 계속해서 점점 가까워질 것입니다. 그리고 아마도 헤드폰으로부터 신체 내 이식의 도약이 시작될 것입니다. 우리는 이미 마이크로칩이 들어간 아이팟을 귀에 꽂고 있습니다. 귀나 관자놀이 근처의 피하에 칩을 이식하여 소리를 듣고 뇌파를 기록할 수 있습니다. 게다가 이미 문화적으로 친근하기도 합니다. 우리는 이미 금속과 보석으로 장식된 귀걸이를 달기 위해 귀에 구멍을 뚫습니다. 일단 컴퓨터를 귀에 주입하기 시작한다면, 왜 손끝에는 넣을 수 없을까요? 왜 우리의 눈에는 넣을 수 없을까요? 결국 편리함과 디지털 기기의 소형화로 인해 우리는 디지털 기기를 인체 깊숙이 이식하기 시작할 것이며, 최종 단계인 뇌에 도달할 때까지 멈추지 않고 계속될 것입니다."

그러나 뇌 이식으로의 도약은 급격하게 보이지 않을 것이다. 이 박사는 다음과 같이 설명한다. "수술이 필요 없을 것입니다. 이미 엘론 머스크(Elon Musk)의 뉴럴링크(Neuralink)는 별로 드러나지 않게 뇌에 이식할 수 있는 초소형 인터페이스 장치를 연구하고 있습니다. 우리는 미래에 정신－기계의 통합을 위해서 무시무시한 수술을 할 필요도 없이, 그저 혈액－뇌 장벽을 가로지르는 나노 기계나 혹은 유사한 기술을 주입하는 것만으로 충분할지도 모릅니다. 팔에 주사를 한 번 놓으면 머리에 영구적인 컴퓨터를 넣을 수 있습니다. 공상과학에나 나올 법한 침술 같지 않나요?"

이 박사는 금세기에 이러한 유형의 공격적인 혁신이 발생하리라고 예측한다. 그는 다음과 같이 설명하고 있다. "브라운 대학의 동료들은 오늘날 실험실에서 직접 사람의 몸속에 디지털 기기를 이식합니다. 몸이 마비된 사람들이 생각만으로 외부 기계를 제어할 수 있도록 문자 그대로 뇌에 회로 기판을 구축합니다. 게다가 전 세계의 많은 연구실에

서는 스타 트렉: 더 넥스트 제너레이션(Star Trek: The Next Generation)
의 조르디 라포지(Geordi LaForge, 선천적인 시각 장애인이지만 시각을 보조
하는 기기 덕분에 앞을 볼 수 있음)와 같이 시각 장애인이 볼 수 있도록 회
로 기판을 눈에 이식하고 있습니다. 이러한 기술은 소비자에게 적용되
기까지 멀지 않았습니다. 청각 장애인의 청력을 회복시키기 위해 인공
달팽이관을 뇌에 이식하는 사례처럼 이미 특정 질병이나 장애를 해결
하기 위한 표준적인 치료법으로서 신체 내 기기의 이식이 널리 사용되
고 있습니다. 저는 정신－기계 인터페이스가 빠르면 2070년까지 널리
보급될 것이라고 생각합니다."

이 박사는 기술 발전의 타임라인에 있어서 지나치게 낙관적일 수
도 있지만 적어도 요점은 분명하다. 이식은 인류의 지향점이다. 기술이
신체 안으로 향하고 있다. 왜냐하면 우리는 기술을 적극적으로 맞이하
고 있기 때문이다. 따라서 인류가 트랜스휴머니즘을 지향한다면, 디지
털 물리적 통합의 이점은 무엇일까?

처음에, 임베디드 기술은 일상생활을 개선할 것이다. 예를 들어,
아침 샤워를 하는 동안 갑자기 떠오르는 아이디어를 생각하는 것만으
로 메모가 된다면 얼마나 편리한지 생각해 보라. 10초마다 스마트폰을
내려다볼 필요 없이 구글 지도가 눈에 직접 보이도록 하는 것은 어떤
가? 혼잡한 통근길에서 말하지 않고 전화 통화를 하거나 키보드를 없이
타이핑을 한다고 상상해 보라. 디스토피아적인 사람들은 위성과 통합
네트워크를 갖춘 군인이 적의 위치를 단숨에 알아내고 전장을 지배하
는 미래를 상상할지도 모른다.

다른 모든 혁신과 마찬가지로 트랜스휴먼 기술은 기능적인 것에서
시작되지만, 곧 엔터테인먼트로 바뀔 것이다. 디지털－물리적 혼성 세

계를 중심으로 구축된 새로운 차원의 경험이 등장할 것이다. 친구와 함께 우리 눈앞에서 우리만 볼 수 있는 괴물과 싸우는 날이 머지 않았다. 이미 인기 모바일 게임 포켓몬 고(Pokémon Go)는 이러한 가능성을 암시하고 있다. 결국, 이식을 통해 우리의 지각을 직접 제어하고 확장한다면 우리가 인지할 수 있는 세계 또한 넓어진다.

이러한 가상 엔터테인먼트는 처음에는 그저 짧고 일회적인 경험에 불과하겠지만, 점차 길고 지속적인 경험이 될 것이다. 우리는 그 안에서 어울리고, 친구가 되고, 결혼하기 시작할 것이다. 기업 간의 합병에서 결혼식에 이르기까지 중요한 비즈니스와 개인 예식을 진행하게 될 것이다. 궁극적으로 디지털-물리적 하이브리드 세계에서의 경험은 실제 생활과 동일시된다. 실제처럼 느낄 것이기에 그 안에서 점점 더 많은 시간을 보낼 것이다.

이 박사는 다음과 같이 결론 내린다. "디지털과 물리적인 것이 적극적으로 교차하면, 우리는 결국 실재하는 것과 가상적인 것을 적극적으로 구분하지 않게 될 것입니다. 이것을 생각해 보십시오. 오늘날 한국의 열혈 게이머들은 그저 게임 회사의 데이터베이스에 아주 작은 데이터로 존재하는 게임 아이템들을 얻기 위해 10만 달러 이상을 지출하고 있습니다. 이러한 아이템들이 가상 공간에 한정될지라도 이것들이 부여하는 인지적 보상이나 소유의 기쁨은 실재합니다. 그렇다면 10만 달러짜리 디지털 검과 10만 달러짜리 페라리를 소유하는 것의 차이점은 무엇일까요? 둘 다 같은 양의 행복을 가져다준다면요? 둘 간의 차이는 기능이 아닌 형태에 불과합니다. 피상적인 차이일뿐이죠. 컴퓨터에 있는 파일을 생각해 보십시오. 이미지를 .jpeg로 열든 .png로 열든 상관하지 않습니다. 결국 두 형식 모두 동일한 이미지를 표시하기 때문입니다. 두 가지 그림 파일 포맷의 차이처럼 미래에는 디지털 세계와 물리적 세계의 경계는 희미해질 것입니다. 둘 다 우리에게 행복과 인지적 보상을 전달하기에 서로를 자연스럽게 교환할 것입니다."

미래의 우리는 좋든 싫든 영화 매트릭스처럼 가상 세계에 들어갈 것이다. 끝까지 가상 세계로 가는 것을 거부할지라도 우리는 디지털과 물리적인 경계가 얽힌 세계에서 살아갈 것이다. 기술은 일상과 동의어가 될 것이다.

그렇다면 이 모든 것이 e스포츠에 의미하는 바는 무엇인가?

첫째, 미래의 어느 시점에 전통 스포츠는 한가지 실제적인 이유, 즉 안전 때문에 소멸할 것이라는 사실을 우리는 인정해야만 한다. 실제 스포츠에서는 부상의 위험이 항상 존재한다. 그러나 물리적 환경을 정확하게 시뮬레이션하는 컴퓨터와 그 세계에 직접 연결된 두뇌를 사용할 수 있다면 부상의 위험을 감수하지 않고도 스포츠를 경험할 수 있다. 이러한 게임들은 시뮬레이션되면 훨씬 더 나을 것이다.

그리고 시뮬레이션은 다른 이점들, 예를 들면 평등이라는 이점을 초래할 것이다. 시뮬레이션된 환경에서 아바타의 키, 체중, 팔과 다리의 길이 등을 비롯한 체형을 제어할 수 있다. 시뮬레이션을 통해 스포츠를 근본적으로 완벽하게 공정하게 만들 수 있다. 이제 누구나 타고난 체격에 상관없이 자신의 기술에 의존하여 공정하게 경쟁하고 즐길 수 있다.

시뮬레이션은 장수(長壽)도 허용할 것이다. 시뮬레이션에서는 신체적 저하가 없으며, 나이는 중요하지 않게 된다. 스포츠 역사에 길이 남을 위대한 선수들은 은퇴 대신에 마음이 허락하는 만큼 오래 버틸 수 있다. 자신이 가장 좋아하는 쿼터백이 은퇴하는 모습을 지켜봐야 했던 팬이라면 누구나 흥분할 것이다.

무엇보다도 전통 스포츠는 지루하게 될 것이기 때문에 소멸할 것이다. 그 대신 우리는 디지털과 물리적인 것의 혼성이 허용하는 더 환상적인 게임을 기꺼이 수용할 것이다. 골대를 향해 농구공을 쏘는 대신에, 무중력 상태로 날아다니며 하이테크 무기로 목표물을 쏠 것이다. 필드 골을 위해 골 포스트 사이로 공을 차는 대신에 뮤턴트 가디언을 지나쳐 플라즈마 폭탄을 발사할 것이다. 홈 플레이트를 향해 슬라이딩하는 대신에 용의 은신처로 순간 이동하여 금박의 보물을 훔칠 것이다. 이러한 새로운 경험을 e스포츠에서 만끽할 수 있을 것이다.

오늘날의 e스포츠는 시작 단계에 불과하다. e스포츠는 아직 결실을 맺지 않은 트렌드의 시작이다. 라이트 형제가 달 착륙을 예언하거나 핀볼 제조업체가 개인용 컴퓨터를 약속한 것이 헛소리처럼 들렸던 것처럼, 지금 내가 묘사하는 미래는 현재로서는 이상하게 들릴 것이다.

하지만 여기에서 제안한 것은 피할 수 없는, 당면한 미래다.

e스포츠는 모든 인간 경쟁의 미래다. e스포츠는 인간의 정신 간의 대결이 새로운 매체를 거쳐 처음으로 구현된 것이다. e스포츠는 육체로부터의 자유의 시작이며 영혼이 꽃피는 것이다.

e스포츠는 다가오고 있는 모든 것이다. 오늘날 e스포츠는 PC나 플레이스테이션에 한정되어 있지만, 미래에는 어디에서나 쉽고 빠르게 e스포츠를 즐길 수 있을 것이다. 심지어 우리의 몸 안에서도.

e스포츠를 수용함으로써 우리는 미래를 수용하고 있다. 따라서 트위치에 가서 스트리머가 리그 오브 레전드를 플레이하는 것을 시청하

라. 지역 e스포츠 경기장에 들러 오버워치 리그 경기를 관람하라. 게임을 직접 다운로드하고 경쟁을 시작하라.

이미 당신이 게이머라면 e스포츠에 더 폭넓게 참여해보라. 지역 토너먼트나 대학 리그에 참여하라. 트위터에서 좋아하는 프로에게 메세지를 보내라. 자랑스럽게 응원하는 팀의 유니폼을 입어보라. 하고 싶은 대로 하라. 그렇게 e스포츠를 향한 행렬에 동참하라. 지금은 시작에 불과하기 때문이다.

당신이 방금 읽은 이 책은 e스포츠 가이드다. 그러나 이는 우리의 미래에 대한 책이기도 하다. 인류의 미래가 펼쳐져 있다. 무엇보다 e스포츠는 이미 커다란 즐거움을 안겨주고 있다.

부록: e스포츠 101

　당신이 이 부록을 참조한다면 아마 당신은 현대 게임 세계에 있어서 입문자일 것이다. 전혀 문제될 것이 없다. 사실 게임에 관심을 가지기 시작한 것만으로도 당신은 박수를 받을 자격이 있다. 놀라운 e스포츠의 세계, 그리고 우리의 삶을 바꿔놓을 e스포츠의 미래를 기꺼이 받아들이려는 당신에게 진심으로 감사한다.

　'부록: e스포츠 101'에서는 당신이 책의 본문을 잘 이해할 수 있도록 현대 게임에 대해서 빠르게 필요한 정보를 알려줄 필요가 있다. 질의응답 형식으로 최대한 간략하고 빠르게 안내하겠다. 각 질의응답은 논리적인 순서로 정렬되어 있으므로 몇 페이지만 읽으면 당신은 e스포츠의 기초를 익히고 본문으로 넘어갈 수 있다.

e스포츠란 무엇인가?

　e스포츠는 경쟁적인 비디오 게임이다. 경쟁적인 신체 활동이 스포츠로 간주될 수 있는 것처럼, 경쟁적으로 플레이되는 모든 비디오 게임은 e스포츠가 될 수 있다.

e스포츠는 일반 비디오 게임과 어떻게 다른가?

e스포츠는 기술과 팀워크에 보상하도록 특별하게 디자인된 비디오 게임이다. e스포츠는 실제 인간 상대방과 일종의 접전을 벌이는 것을 항상 포함한다. 일반 비디오 게임은 스토리텔링, 퍼즐 또는 게임 내 도전 과제 등에 초점을 맞추지만, e스포츠는 특히 다른 사람들과의 경쟁에 중점을 둔다.

e스포츠가 어려운 이유는 무엇인가?

e스포츠는 여러 유형들의 기술이 필요하기 때문에 플레이하기 어렵다. 전형적인 e스포츠 게임은 팀워크, 전략, 기계적 기술을 필요로 한다.

e스포츠에서 팀워크는 전통 스포츠의 경우와 같다. 상대방을 이기려면 팀원들과 호흡을 맞춰야만 한다. 미식축구와 농구에 세트플레이가 있듯이, e스포츠는 플레이어들 사이의 조율된 협력을 장려한다.

e스포츠에서 전략은 군사 전술과 같다. 상대를 이기기 위해서는 신중하게 계획을 세우고 게임 내 진행 상황에 따라서 이를 지속적으로 업데이트해야 한다. 체스 마스터가 보드 내의 상황에 따라 전략을 조정하는 것처럼 e스포츠 선수는 경쟁자를 꺾기 위해 계획을 지속적으로 재평가해야 한다.

e스포츠에서 기계적인 기술은 악기를 연주하는 것과 비슷하다. 피아니스트가 멜로디를 연주하기 위해 순서대로 수십 개의 키를 누르는 것처럼 e스포츠 선수는 수십 개의 명령(일반적으로 키보드와 마우스를 통해)을 입력하여 정확한 타이밍에 정밀한 움직임을 실행한다.

e스포츠를 플레이하려면 어떤 장비가 필요한가?

e스포츠는 기술적으로는 휴대폰에서 가정용 비디오 게임기에 이르기까지 모든 디지털 장치에서 플레이할 수 있지만, 대부분의 e스포츠 선수들은 정교한 플레이를 위해 고급 게임용 PC에서 특별히 설계된 기계식 키보드와 마우스를 사용한다. 기술적으로는 어떤 신발로나 축구를 할 수 있지만 축구 선수들은 특별히 설계된 스파이크 운동화를 착용하는 것처럼, e스포츠 선수는 정밀한 입력을 위해 설계된 최첨단 기술을 사용하는 것을 선호한다.

e스포츠 대회는 어떻게 구성되나?

e스포츠 대회는 전통적인 스포츠 대회와 거의 동일하게 구성된다. 선수는 팀을 구성하여 대회에 참가한다. 대회는 일반적으로는 토너먼트 형식으로 진행된다.

e스포츠 선수들은 어떻게 돈을 버나?

전통적인 운동선수는 팀 급여와 상금 외에도 후원을 받아 돈을 번다. e스포츠 선수들도 같은 방식으로 돈을 벌고 있다. 오늘날 최고의 선수는 모든 수익원을 합쳐서 연간 2천만 달러 이상을 벌 정도로 e스포츠 산업은 충분히 크다.

e스포츠 대회 중계는 어디에서 하나?

일부 e스포츠 대회는 지상파 TV에서 방송되지만, 대부분은 트위치와 같은 특별한 웹사이트를 통해 실시간으로 온라인에서 방송된다. e스포츠의 젊은 시청자들(일반적으로 18~35세)은 TV와 같은 전통적인 미디어보다 온라인 방송과 콘텐츠를 더 선호한다.

누가 e스포츠를 만드나?

e스포츠는 기존의 비디오 게임과 마찬가지로 게임사가 만들고 퍼블리싱(마케팅 및 배포)한다. 이러한 면에서 e스포츠는 85년에 출시된 오리지널 슈퍼 마리오 브라더스와 별반 다르지 않아 보일 수도 있지만, 오늘날 게임의 퍼블리싱은 마리오 시절에 비해 크게 진화했다. 오늘날 대부분의 e스포츠 게임은 가게에서 판매되는 것이 아니라 온라인에서 무료 다운로드할 수 있다. 게임사는 기본적인 경험을 개선할 수 있는 점진적인 업그레이드를 판매하여 수익을 창출한다.

e스포츠는 너드(nerd)를 위한 스포츠인가?

e스포츠는 여러 면에서 전통 스포츠와 유사하다. 특히 전통 스포츠처럼 연습, 기술, 헌신 및 팀워크가 필요하다. 그러나 e스포츠를 컴퓨터에서 플레이한다고 해서 "너드"를 위한 것은 아니다(그런데 저자는 '너드'가 되는 것이 나쁘다고 생각하지 않는다!). 사실, e스포츠는 매우 경쟁적이기 때문에, 전통 스포츠를 즐기는 많은 사람들이 e스포츠로 자신들의 경쟁적 충동을 보완한다. 이런 점이 그렇게 많은 NBA 및 NFL 선수들이 e스포츠도 좋아하는 이유다.

자녀가 e스포츠를 많이 하는 경우 걱정해야 하나?

자녀가 과식에서 과로에 이르기까지 무엇이든 너무 과하면 걱정해야 한다. e스포츠 자체는 근본적으로 잘못된 것이 아니다. 사실, e스포츠는 전통 스포츠와 똑같은 많은 기술과 가치를 가르칠 수 있다. 이런 점이 오늘날 많은 대학이 e스포츠를 캠퍼스로 받아들이는 중요한 이유 중 하나다. 자녀와 함께 e스포츠를 하는 것은 전통 스포츠를 함께 하는 것과 마찬가지로 유대감을 형성하는 훌륭한 방법이기도 하다.

e스포츠를 관람하는 것은 재미있나?

e스포츠는 전통적인 스포츠만큼이나 관람하는 재미가 쏠쏠하다. e스포츠 방송을 시청하면서 지루하다고 생각했다면, 그 게임이나 게임 규칙을 이해하지 못했을 가능성이 크다. 태클하거나 킥하기 위해 필요한 인간 기술을 이해하는 것이 상대적으로 쉬운 전통 스포츠와는 달리, e스포츠의 판타지적이고 디지털적인 성격 때문에 막 입문한 시청자들에게는 추상적이고 이해하기 어려울 수 있다. 그러나 게임에 약간만 친숙해져도 e스포츠는 믿을 수 없을 정도로 재미있는 관람 경험이 된다.

e스포츠는 "pay-to-win"인가?

"pay-to-win"이라는 용어는 실제 돈을 사용하여 게임 내에서 공정하지 않은 이점을 얻는 것을 의미한다. e스포츠는 "pay-to-win"이 아니다. 만약에 그렇다면, e스포츠는 기술을 필요로 하지 않을 것이고 따라서 경쟁을 벌이는 스포츠가 아닐 것이다. 대부분의 현대 e스포츠가 플레이어에게 게임 내 구매를 하도록 권장하는 것은 사실이다. 그러나 이러한 추가 구매 요소들은 실제 게임 플레이에 영향을 미치지 않는 전형적인 장식용 아이템들이다.

감사의 말

수많은 친구와 동료들의 도움이 없었더라면 이 책의 출간은 불가능했을 것입니다. 그들의 통찰력은 이 책과 이 책의 발전에 상당한 공헌을 하였습니다. 특별히 이 책의 서문을 쓴 폴 다왈리비(Paul Dawalibi)를 비롯하여 다음 분들께 감사드립니다: Kevin Mitchell, Willy Lee, Joseph Ahn, Kurt Melcher, Matt Wyble, Nate Nanzer, Kevin Knocke, Frank Villarreal, Tim Loew, Alan Ritacco, Christian Volk, Josh Staley, Rohan Gopaldas, Ankith Harathi, Manoli Strecker, Peter Olson, Hanna Halaburda.

많은 프로게이머들도 이 책의 초고를 위해 인터뷰에 응해주었습니다. 이 책에 그들의 발언들을 모두 담지는 못했지만, 그들의 발언들은 e스포츠에 대한 저의 견해를 형성하는 데 큰 도움이 되었습니다. 특히 파라즈 밤파(Faraz Barmpar), 윌리엄 바튼(William Barton), 앨리슨 마이노(Allison Maino), 로스티 엘쿤(Rosty Elkun), 파라즈 칸(Faraaz Khan), 빈센트 추(Vincent Chu)에게 감사드립니다.

제 에이전트(Tim Wojcik of Levine Greenberg Rostan)와 출판사(RosettaBooks and Arthur Klebanoff)에게도 진심으로 감사드립니다. 구체적인 것은 별로 없고 아이디어와 꿈만 있을 때, 제 에이전트와 출판사는 이 작업과 이 작업의 잠재력을 믿어주셨습니다. 그리고 편집자이신 프랜신 라살라(Francine LaSala)에게도 깊은 감사를 전합니다. 그녀는 끊임없고 시의적절한 피드백을 해주셨습니다. 허가를 구하고자 열심히

도와준 카산드라 한지안(Cassandra Hanjian), 그리고 이 책에 나오는 모든 출처를 확인하고 조사하며 광범위한 연구를 수행한 맥스 세이퍼(Max Saffer)에게 감사드립니다.

마지막으로 무엇보다도 가족에게 고맙다는 말을 전합니다. 처음에 이 책을 쓰도록 격려하고 여러 좋은 아이디어를 제공한 아내 나호코(Nahoko), 먼 옛날부터 오랫동안 작가로서의 꿈을 키워주신 어머니 질 콜리스(Jill Collis), e스포츠 시장에 대한 저의 끝없는 이론을 참을성 있게 들어주신 아버지 데이비드 콜리스(David Collis) 교수님, 변함없는 사랑과 지원을 아끼지 않는 저의 누이 샬롯(Charlotte)과 엠마(Emma)에게 감사드립니다. 그리고 무엇보다도 저의 두 아들인 조지(George)와 레오(Leo)에게 고마운 마음을 전합니다. 언젠가 제 두 아들이 이 책을 읽고 아버지의 일을 자랑스러워하기를 바랍니다.

저는 이 책을 가족 모두에게 바칩니다: 과거와 현재, 그리고 미래에도.

미주

프롤로그

1. e스포츠를 어떻게 정의하느냐에 따라 결과가 달라지기 때문에, e스포츠의 시장 규모는 악명 높을 정도로 파악하기 어렵다. 이 책에서 시장 규모는 저자와 하버드 대학 박사인 조지프 안(Joseph Ahn)이 수행한 자산 조사에 의존하고 있다. 우리들의 분석은 모든 직접적인 e스포츠 수입을 합친 것으로서, e스포츠로 인해 발생하는 게임 판매, 디지털 다운로드, 스트리밍 수입을 포함하고, 여기에 티켓 판매와 스폰서쉽 수입 같은 보다 전통적인 수단을 추가한 것이다. 이런 이유로, 이 책에서 제시하는 e스포츠의 시장 규모는 다른 e스포츠 산업 추정보다 더 크다. 저자는, e스포츠 현상의 규모를 정확하게 반영하기 위해서는 그러한 추가 수입원들, 특히 게임사의 수입을 포함시킬 필요가 있다가 생각한다.
2. Nathan Meyer and Alan Wilson, "Video Game Industry Goes for the Win," Capital Group, accessed December 28, 2019, https://www.capitalgroup.com/europe/capitalideas/article/video−game−industry.html.

제1장 게임의 태동

1. 핀볼 기계의 발명은 훨씬 이전인 1931년이지만, 원래의 디자인은 오늘날 우리가 상상하는 것과 상당히 다르다. 그 게임은 스키볼(skeeball)에 가까웠으며, 운에 좌우되는 게임이라고 할 수 있었다.
2. 핀볼은 1942년에 처음으로 뉴욕에서 금지되었고, 1976년까지 그러했다. 당시 시장이 핀볼은 어린이들의 돈을 속여 빼앗는 일종의 도박이라고 생각했기 때문이었다. 많은 다른 주(州)들도 뉴욕의 선례를 따랐으며, 일부 도시들은 2016년까지 그런 금지를 유지했다.
3. 버티 더 브레인(Bertie the Brain)의 주요 목적은, 전자 컴퓨팅을 보다 효과적으로 만들려는 의도를 가진 일종의 전자관인 애디트론 튜브(additron

tube)를 과시하려는 것이었다. 그 기계는 실시간 스크린 디스플레이 대신에 전구를 사용하여 출력했다. 그래서 어떤 사람들은 이 쌍방 게임을 비디오 게임의 자격이 없다고 믿는다.

제2장 가정용 비디오 게임기

1. 이 책은 은하계 올림픽이 최초의 e스포츠 토너먼트라고 주장한다. 그러나 스페이스 인베이더스(Space Invaders)도 게임의 역사에서 주목할 만한 위치를 차지하는데, 스페이스 인베이더스의 1980년 이벤트에는 1만명 이상이 참여했고, 대규모 게임 대회의 모델이 되었다.
2. 1979년에 액티비전(Activision)은 첫 번째 서드 파티 개발사가 되었다. 그 회사는 자신들의 일에 대해 더 나은 인정과 대접 및 보상을 원했던 아타리의 전적 고용자들을 포함하였다. 서드 파티 개발사들은 액티비전 이후 하나의 트렌드가 되었으며, 이로 인해 품질 관리가 부족한 게임들이 게임 시장에 물밀듯이 쏟아지기 시작했다.
3. Marc Cieslak, "Is the Japanese Gaming Industry in Crisis?" BBC Click, accessed January 10, 2020, http://news.bbc.co.uk/2/hi/programmes/click_online/9159905.stm.

제3장 인터넷과 커뮤니티

1. Jay Serafino, "You've Got Mail: A History of AOL's Free Trial CDs," Mental Floss, accessed December 29, 2019, https://www.mentalfloss.com/article/87291/youve-got-mail-history-aols-free-trial-cds.
2. Mike Masnick,"The Economy of EverQuest Is About the Same as Bulgaria," TechDirt, accessed December 29, 2019, https://www.techdirt.com/articles/20020125/1249259.shtml.
3. 비록 나는 호드가 정확한 선택이라고 굳게 믿기는 하지만. 호드를 위하여! (Lok'tar ogar!)
4. 나는 여기가 아이언 포지를 언급하기 적절한 위치라고 생각한다. 아이언 포지는 얼라이언스의 대도시이기 때문이다. 그러나 우리는 우레폭풍을 휘두르는 마법사가 이미 있다. 따라서 너무 비판적으로 보지 마라. 그것은 하나의 예에 불과하니까!
5. Eliza Thompson, "3 Couples Talk About How World of Warcraft Brought

Them Together," Cosmopolitan, accessed December 30, 2019, https://www.cosmopolitan.com/entertainment/movies/a59553/world-of-warcraft wedding-stories/.

6. Lidia Warren, "Video Games Blamed for Divorce as Men 'Prefer World of Warcraft' to their Wives," Daily Mail, accessed January 10, 2020, https://www.dailymail.co.uk/news/article-1392561/World-Warcraft-video-games blamed-divorce-men-prefer-wives.html.

제4장 인터넷 방송

1. Dean Takahashi, "Google's $1B Purchase of Twitch Confirmed(updated)," Venture Beat, accessed December 30, 2019, https://venturebeat.com/2014/07/24/googles-1b-purchase-of-twitch-confirmed-joins-youtube for-new-video-empire/.

2. "Twitch Statistics and Charts," TwitchTracker, accessed December 30, 2019, https://twitchtracker.com/statistics.

3. "World Cyber Games USA 2005," Esportspedia, accessed December 30, 2019, https://www.esportspedia.com/halo/World_Cyber_Games_USA_2005.

4. Adam Newell, "What Does Kappa Mean?" Dot Esports, accessed December 30, 2019, https://dotesports.com/culture/news/kappa-meaning twitch-meme-15708.

5. Paul Tassi, "Ninja's New 'Fortnite' Twitch Records 5 Million Followers, 250,000 Subs, $875,000+ a Month," Forbes, accessed January 10, 2020, https://www.forbes.com/sites/insertcoin/2018/04/07/ninjas-new-fortnite twitch-records-5-million-followers-250000-subs-875000-a-month/.

제5장 스타크래프트

1. Richard Moss, "Build, Gather, Brawl, Repeat: The History of Real-Time Strategy Games," Ars Technica, accessed December 30, 2019, https://arstechnica.com/gaming/2017/09/build-gather-brawl-repeat-the-history of-real-time-strategy-games/.

2. 저자도 다음과 같은 사실은 알고 있다: 1884년 영화 둔(Dune) 자체는 프랭크 허버트(Frank Herbert)의 믿을 수 없는 책들에 기반하고 있다. 그는 퀴사츠 하더라크(Kwisatz Haderach: 일시에 여러 곳에 존재할 수 있는 사람)이다.

3. Sarah Jacobsson Purewal, "StarCraft II Breaks Game Sales Records," PCWorld, accessed January 10, 2020, https://www.pcworld.com/article/202534/starcraft_ii_breaks_game_sales_records.html.

4. "South Korea: The Most Wired Place on Earth," PBS Frontline World, accessed December 30, 2019, http://www.pbs.org/frontlineworld/stories/south_korea802/video/video_index.html.

5. "Hours Worked," OECD Data, accessed December 30, 2019, https://data.oecd.org/emp/hours−worked.htm.

6. "BoxeR," Liquipedia, accessed December 30, 2019, https://liquipedia.net/StarCraft2/BoxeR.

7. "Lim 'BoxeR' Yo Hwan – StarCraft II Player," Esports Earnings, accessed December 30, 2019, https://www.esportsearnings.com/players/1047−boxer−lim−yo−hwan.

8. Christina H., "5 Insane True Facts About StarCraft: The Professional Sport," Cracked, accessed December 30, 2019, https://www.cracked.com/article_18763_5−insane−true−facts−about−StarCraft−professional−sport.html.

제6장 리그 오브 레전드

1. B. Wiley, "Warcraft III Shatters Sales Records," IGN, accessed December 30, 2019, https://www.ign.com/articles/2002/07/22/warcraft−iii−shatters sales−records.

2. 합병은 실제로는 블라지드의 모회사인 비방디 게임스(Vivendi Games)와 액티비존 사이에서 발생했다. 그러나 여기서는 혼란을 피하려고 이야기를 단순화하고 있다.

3. Eddie Makuch, "Riot: League of Legends Has 12 Million Daily 'Active' Players," Game Spot, accessed December 30, 2019, https://www.gamespot.com/articles/riot−league−of−legends−has−12−million−daily−active players/1100−6398154/.

4. Mike Stubbs, "The International 9 'Dota 2' Tournament Prize Pool Breaks $30 Million," Forbes, accessed December 30, 2019, https://www.forbes.com/sites/mikestubbs/2019/07/27/the−international−9−dota−2−tournament−prize−pool−breaks−30−million/#76a54c4b2c07.

5. Jeff Grubb, "Dota 2 Makes $18M per Month for Valve—but League of Legends Makes That Much Every 5 Days," Venture Beat, accessed December 30, 2019, https://venturebeat.com/2015/03/24/dota−2−makes−18m−per month−for −valve−but−league−of−legends−makes−that−much−every−5−days/.

6. "Blizzard, Valve Settle DOTA Lawsuit," Cinema Blend, accessed December 30, 2019, https://www.cinemablend.com/games/Blizzard−Valve Settle−DOTA−Law suit−42430.html.

7. Mike Schramm, "Blizzard and Valve Settle DOTA Argument, Blizzard DOTA Is Now Blizzard All−Stars," Engadget, accessed December 30, 2019, https://www.engadget.com/2012−05−11−blizzard−and−valve−settle−d ota argument−blizzard−dota−is−now−bl.html.

8. 시공의 폭풍에서 무라딘으로 탱킹하는 시간을 크게 즐겼던 이 작가에게는 가슴 아픈 순간이었다.

제7장 오버워치

1. Andy Chalk, "Titan Cancellation May Have Cost Blizzard More Than $50 Million," PC Gamer, accessed January 10, 2020, https://www.pcgamer.com/titan−cancellation−may−have−cost−blizzard −more−than−50−million/.

2. Allegra Frank, "Overwatch Open Beta Attracts Nearly 10M Players," Polygon, accessed January 10, 2020, https://www.polygon.com/2016/5/13/11672382/overwatch−open−beta−r ecord−blizzard entertainment.

3. Brian Crecente, "'Overwatch' Tops 40 Million Players as Game Hits Two−Year Anniversary," Variety, accessed January 10, 2020, https://variety.com/2018/gaming/news/overwatch−two−year−anniversary −1202820958/.

4. Paresh Dave, "The NFL of E−Sports? Blizzard Wants to Create 'Overwatch' League with City−Specific Video Game Fans," Los Angeles Times, accessed December 30, 2019, https://www.latimes.com/business/technology/la−fi−tn−overwatch−espo rts−blizzcon−20161103−story.html.

5. Ben Fischer, "Activision Blizzard Sells Seven Teams for Startup Overwatch

League," SBJ Daily, accessed December 30, 2019, https://www.sportsbusinessdaily.com/Daily/Issues/2017/07/12/Leagues—an d—Governing Bodies/Overwatch—League.aspx.

6. Imad Khan, "Riot Releases Details on NA LCS Franchising with $10M Flat—Fee Buy—In," ESPN, accessed December 30, 2019, https://www.espn.com/esports/story/_/id/19511222/riot—releases—details —na—lcs—franchising—10m—flat—fee—buy—in.

7. Alex Stedman, "Overwatch League's Grand Finals Grows 16% in Average Viewers from Last Year," Variety, accessed December 30, 2019, https://variety.com/2019/digital/news/overwatch—league—grand—finals vi ewership—2019—1203357584/.

제8장 게임단

1. "Overall Esports Stats for 1999," Esports Earnings, accessed December 31, 2019, https://www.esportsearnings.com/history/1999/teams.

2. Duncan "Thorin" Shields, "The History and Formation of Cloud 9 – Part 1 of the Cloud 9 Story," onGamers News, accessed December 31, 2019, https://web.archive.org/web/20150216054323/http://www.ongamers.com/ar ticles/the—history—and—formation—of—cloud—9—part—1—of—the—clo ud—9—story/1100—1302/.

3. Mike Ozanian and Christina Settimi, "The World's Most Valuable Esports Companies," Forbes, accessed December 31, 2019, https://www.forbes.com/sites/mikeozanian/2018/10/23/the—worlds—most —valuable—esports companies—1/#2d3d8a186a6e.

4. Pete Volk, "Rick Fox Purchases League of Legends Team for Reported $1 Million, Will Rebrand as Echo Fox," SBNation, accessed December 31, 2019, https://www.sbnation.com/2015/12/18/10602006/echo—fox—league—of le gends—rick—fox—gravity.

5. Noah Smith, "'It's Not as Awesome as People Imagine': Esports Players Say 'Dream Job' Is More than Fun and Games," The Washington Post, accessed December 31, 2019, https://www.washingtonpost.com/sports/2018/12/13/its—not—awesome—p eople—imagine—esports—players—say dream—job—is—more—than—fun —games/.

6. "New York Yankees 2020 Payroll," Spotrac, accessed December 31, 2019,

https://www.spotrac.com/mlb/new−york−yankees/payroll/.

7. Yusuf Khan, "'It's About Controlling Your Dollar': The Inside Story of How the New York Yankees and the Dallas Cowboys Became the Most Valuable Franchises in Sports," Markets Insider, accessed December 31, 2019, https://markets.businessinsider.com/news/stocks/how−dallas−cowboys−and−new−york−yankees−most−valuable franchises−2019−7−1028414397.

제10장 e스포츠의 영속성

1. Kirsten Acuna, "Here's Why 'The Hunger Games' Is Not 'Battle Royale,'" Business Insider, accessed December 31, 2019, https://www.businessinsider.com/the−hunger−games−is−not−battle−royale−despite−many similarities−2012−4.

2. Brendan Sinclair, "PlayerUnknown's Battlegrounds Does $11 Million in Three Days," GamesIndustry.biz, accessed December 31, 2019, https://www.gamesindustry.biz/articles/2017−03−27−playerunknowns−battlegrounds does−usd11−million−in−three−days.

3. Sean Hollister, "PUBG Sells 6 Million Copies—and Seems to be Accelerating," CNET, accessed December 31, 2019, https://www.cnet.com/news/pubg−playerunknowns−battlegrounds−6−million−tournament−prizes/.

4. Andrew Webster, "As PUBG Hits Version 1.0, It Now Has 30 Million Players," The Verge, accessed December 31, 2019, https://www.theverge.com/2017/12/21/16806758/playerunknowns−battlegrounds−pubg−30−million−sales.

5. Michael McWhertor, "PUBG Reaches 50M Copies Sold, 400M Total Players," Polygon, accessed December 31, 2019, https://www.polygon.com/2018/6/19/17478476/playerunknowns−battlegrounds−sales−pubg number−of−players.

6. "Fortnite Battle Royale Goes Free for Everyone on Sept. 26," Epic Games, accessed December 31, 2019, https://www.epicgames.com/fortnite/en−US/news/fortnite−battle−royale−goes−free.

7. Haydn Taylor, "Fortnite Reaches Ten Million Players," GamesIndustry.biz, accessed December 31, 2019,

https://www.gamesindustry.biz/articles/2017−10−11−fortnite−reaches−t
en−million−players.

8. Andrew Webster, "Fortnite Made an Estimated $2.4 Billion Last Year," The
Verge, accessed December 31, 2019,
https://www.theverge.com/2019/1/16/18184302/fortnite−revenue−battle−
pass−earnings−2018.

9. Cecilia D'Anastasio, "Report: Fortnite Developers Describe Severe Ongoing
Crunch," Kotaku, accessed December 31, 2019,
https://kotaku.com/report−fortnite−developers−are−severely−overwork
ed−1834243520.

10. 이 장(章)은 e스포츠로서의 PUBG의 성공에 초점을 맞추었다. 그러나 더 넓은
관점을 취하면, PUBG는 완전히 실패한 것은 아니었다. 사실, 그것의 모바일
버전은 믿을 수 없을 정도로 성공적이었다. 텐센트의 지원하에 화평정영이라는
이름으로 중국에서 재출시된 덕분이다. PUBG 모바일은 아시아에서 계속해서
판매 기록을 깼다. 그러나 속으면 안 된다. PUBG는 차세대 글로벌 e스포츠가
될 수 있는 더 큰 기회가 있었다. 이론의 여지없이 이런 왕관을 차지한 것은
PUBG가 아니라 포트나이트(Fortnite)였다.

11. Dave Thier, "'Apex Legends' Made More Money in Its First Month Than Any
Other Free−to−Play Game, Ever," Forbes, accessed December 31, 2019,
ttps://www.forbes.com/sites/davidthier/2019/03/22/apex−legends made−
more−money−in−its−first−month−than−any−other−free−to−play−
game ever/#373426dd7e18.

12. Bijan Stephan, "Fortnite's Overall Revenue Slipped in 2019, but It Was Still
the Biggest Earner of the Year," The Verge, accessed January 10, 2020,
https://www.theverge.com/2020/1/2/21046920/fortnite−revenue−drop sup
erdata−nielsen−2019−earnings.

제11장 e스포츠 생태계

1. Joseph Ahn and William Collis, "Play to Win: A Deep Dive Into Esports
Value Chains," white paper pending publication.

2. Hilary Russ, "Global Esports Revenue to Top $1 Billion in 2019: Report,"
Reuters, accessed April 27, 2020,
https://www.reuters.com/article/us videogames−outlook/global−esports−
revenues−to−top−1−billion−in−2019−report−idUSKCN1Q11XY.

3. Statista Research Department, "Sports Sponsorship - Statistics &Facts,"

Statista, accessed December 31, 2019,
https://www.statista.com/topics/1382/sports−sponsorship/.

4. Steven Messner, "Every Game Company That Tencent Has Invested In," PC Gamer, accessed December 31, 2019,
https://www.pcgamer.com/everygame−company−that−tencent−has−invested−in/.

5. Jared Canfield, "12 Movies So Expensive They Bankrupted Their Studio," Screen Rant, accessed December 31, 2019,
https://screenrant.com/movies bankrupted−studios/.

6. Reuters, "Dignitas Return to LCS with Acquisition of Clutch Gaming," ESPN, accessed December 31, 2019,
https://www.espn.com/esports/story/_/id/26914313/dignitas−return−lcs−acquisition−clutch−gaming.

7. Austen Goslin, "Immortals Gaming Acquires Infinite Esports Parent Company of pTic Gaming and Houston Outlaws," Polygon, accessed December 31, 2019,
https://www.polygon.com/2019/6/12/18663066/immortals−gaming−buys−infinite−esports−optic−gaming−houston−outlawsla valiant−overwatch−league.

8. Dean Takahashi, "Immortals Raises $30 Million for Esports Expansion, Acquires Brazil's Gamers Club," Venture Beat, accessed December 31, 2019,
https://venturebeat.com/2019/05/01/immortals−raises−30−million foresports−expansion−acquires−brazils−gamers−club/.

9. Nick Geracie, "NYXL Owner Andbox Unveils New Gaming x Streetwear Collection," Inven Global, accessed February 12, 2020,
https://www.invenglobal.com/articles/8725/nyxl−owner−andbox−unveils−new−gaming xstreetwear−collection.

10. Steve Dent, "Echo Fox Loses its Pro 'League of Legends' Franchise Spot," Engadget, accessed December 31, 2019,
https://www.engadget.com/2019/08/15/echo−fox−cut−from−lcl/.

11. Nicole Carpenter, "Overwatch Stats Program Visor CEO Responds to Blizzard's Ban," DOT Esports, accessed December 31, 2019,
https://dotesports.com/overwatch/news/overwatch−stats−program−visor ceoresponds−to−blizzards−ban.

12. Christopher Dring, "What's Next for Activision Blizzard's $300m Merchandise Business," Game Industry, accessed December 31, 2019,
https://www.gamesindustry.biz/articles/2017−10−20−whats−next foracti

vision—blizzards—usd300m—merchandise—business.

13. Richard Lewis, "Leaked Call of Duty Franchise League Deck Reveals Minimum Salaries, Team Sizes, Expansion Plans," Dexerto, accessed December 31, 2019, https://www.dexerto.com/call—of—duty/leaked—deckreveals—new—details—of—upcoming—call—of—duty—franchise league—926192.

14. Richard Lewis, "Leaked Overwatch League Memo Drastically Shifts Housing Requirements, Confirms 'Luxury Tax,'" Dexerto, accessed December 31, 2019, https://www.dexerto.com/overwatch/overwatch leagueleak—housing—requirements—luxury—tax—888650.

15. Andrew Hayward, "Rainbow Six Siege to Expand Revenue—Sharing Pilot Program," The Esports Observer, accessed December 31, 2019, https://esportsobserver.com/rainbow—six—pro—league—rev—sharing/.

16. "The Business of Baseball," Forbes, accessed January 10, 2020, https://www.forbes.com/mlb—valuations/list/#tab:overall.

17. Tom Bogert, "Atlanta United Retain Top Spot in Forbes' Annual MLS Team Valuations," MLS Soccer, accessed January 10, 2020, https://www.mlssoccer.com/post/2019/11/04/atlanta—united—retain—top—spot forbesannual—mls—team—valuations.

제12장 스피드런

1. Darren Geeter, "Your Kid's Fortnite Obsession Could Land Them a College Scholarship," CNBC, accessed January 10, 2020, https://www.cnbc.com/2018/08/16/fortnite—coaches—parents—kids—college—scholarships.html.

2. Richard Cobbett, "The Legacy of Quake, 20 Years Later," PC Gamer, accessed December 31, 2019, https://www.pcgamer.com/the—legacy—of quake—20—years—later/.

3. Daniel Wolfe, "Broadcasting Video Games Is Raising Millions for Charities," Quartz, accessed December 31, 2019, https://qz.com/1712428/how—games—done—quick—raises—millions—with—twitch—charity—streams/.

4. Judy Heflin, "ESL Brings Esports to Disney Programming with ESL Brawlers and ESL Speedrunners," ESL Magazine, accessed December 31, 2019,

https://www.eslgaming.com/article/esl−brings−esports−disney programm
ing−esl−brawlers−and−esl−speedrunners−3624.

5. "Super Mario Bros.," Speedrun.com, accessed December 31, 2019,
   https://www.speedrun.com/smb1.

6. Graham Ashton, "Esports Arena to Host $5,000 Speedrunning PvP 'Grudge
   Match,'" The Esports Observer, accessed December 31, 2019,
   https://esportsobserver.com/esports−arena−speedrunning/.

7. "Welcome CLG Speedrunning," CLG, accessed December 31, 2019,
   https://www.clg.gg/news/2018/10/02/clg−speedrunners.

제13장 학교와 e스포츠

1. Dean Takahashi, "PlayVS Raises $50 Million More for High School Esports
   Platform," VentureBeat, accessed January 10, 2020,
   https://venturebeat.com/2019/09/18/playvs−raises−50−million−more−fo
   r−high school−esports−platform/.

2. Kevin J. Ryan, "In Just One Year, This Startup Got Two−Thirds of U.S.
   High Schools to Adopt E−Sports," Inc., accessed January 10, 2020,
   https://www.inc.com/kevin−j−ryan/playvs−esports−high−schools−seri
   es−c−delane parnell.html.

3. Andrew Hayward, "NCAA Votes to Not Govern Collegiate Esports," The
   Esports Observer, accessed January 10, 2020,
   https://esportsobserver.com/ncaa−nogo−collegiate−esports/.

4. Tom Schad, "NCAA Tables Possibility of Overseeing Esports," USA Today,
   accessed January 10, 2020,
   https://www.usatoday.com/story/sports/college/2019/05/21/ncaa−and−es
   ports−not−just−yet−organization−tables possibility/3751122002/.

제14장 스포츠와 e스포츠

1. "Sports," Gallup, accessed December 31, 2019,
   https://news.gallup.com/poll/4735/sports.aspx.

2. "History of Instant Replay," NFL Football Operations, accessed January 1,
   2020, https://operations.nfl.com/the−game/history−of−instant−replay/.

3. Annie Pei, "This Esports Giant Draws in More Viewers than the Super Bowl,

and It's Expected to Get Bigger," CNBC, accessed January 10, 2020, https://www.cnbc.com/2019/04/14/league−of−legends−gets−more−vie wers than−super−bowlwhats−coming−next.html.

4. Jason Wilson, "FIFA 19 and FIFA 18 Had 45 Million Unique Console and PC Players in EA's Fiscal 2019," VentureBeat, accessed January 10, 2020, https://venturebeat.com/2019/05/07/fifa−19−and−fifa−18−had−45−mil lion unique−console−and−pc−players−in−eas−fiscal−2019/.

5. Bob Garcia, "FIFA Video Game Is Bringing More Fans to Soccer Than Does Real Soccer," The Big Blind, accessed January 1, 2020, https://www.americascardroom.eu/poker−blog/2019/06/fifa−video−game −is−bringing more−fans−to−soccer−than−does−real−soccer/.

6. Rich Luker, "How Video Game Technology Creates Sports Fans," Sports Business Journal, accessed January 10, 2020, https://www.sportsbusinessdaily.com/Journal/Issues/2015/01/26/Research− and−Ratings/UpNext−with−Rich−Luker.aspx?hl=video%20games.

7. Brendan Sinclair, "Twitch Signs Multi−Year Deal with NBA 2K League," Gamesindustry.biz, accessed January 1, 2020, https://www.gamesindustry.biz/articles/2018−04−18−twitch−signs−mult i−year−deal−with−nba−2k−league.

8. Sam Minton, "NBA 2K League Gains Major Sponsorship for Next Season," Apptrigger, accessed January 1, 2020, https://apptrigger.com/2019/02/07/nba−2k−league−gains−major−spons orship−next−season/.

9. "NBA 2K League 2019," Esports Charts, accessed January 1, 2020, https://escharts.com/tournaments/nba−2k/nba−2k−league−2019−regula r−season.

10. Adam Fitch, "NBA 2K League Receives Sponsorship from AT&T," Esports Insider, accessed January 1, 2020, https://esportsinsider.com/2019/02/nba−2k−league−att−sponsorship/.

11. Mike Minotti, "NBA 2K Series Closes in on 90 Million Sold," VentureBeat, accessed January 1, 2020, https://venturebeat.com/2019/02/06/nba−2k series−closes−in−on−90− million−sold/.

12. Tom Bassam, "'Esports Is a Weak Area for MLB', Admits Commissioner," SportsPro, accessed January 1, 2020, http://www.sportspromedia.com/news/mlb−esports−rob−manfred−com missioner.

저자 소개

WILLIAM COLLIS

'교수' 윌리엄 콜리스(WILLIAM COLLIS)는 애머스트 칼리지(Amherst College)를 우등으로 졸업하고, 하버드 경영대학원(Harvard Business School)을 우수 장학생(Baker Scholar)으로 졸업했다. 보스턴컨설팅그룹(BCG)과 해즈브로(Hasbro)에서 근무한 후, 윌리엄은 e스포츠 코칭 플랫폼 "게이머 센세이"(Gamer Sensei)를 공동 설립하고 매각하면서 벤처 캐피탈에서 6백만 달러 이상을 모금했다. 윌리엄은 현재 세계 1위 하스스톤 팀으로 선정된 프로 e스포츠 조직 "팀 겐지(Team Genji)"의 공동 소유자이자 공동 설립자이다. 윌리엄은 하버드 경영대학원의 케이스 "올바른 e스포츠 비즈니스 모델 선택(Choosing the Right Esports Business Model)"의 주인공이자 여러 수상 경력을 거둔 바 있는 하버드 경영대학원의 케이스 "그들 모두를 지배하는 단 하나의 게임(One Game to Rule Them All)"의 공동 저자다. 또한 윌리엄은 재팬 타임즈(Japan Times)를 비롯한 수많은 출판물에서 e스포츠 기고가로 활동하고 있으며, 윌리엄의 가장 인기 있는 기사인 "슈퍼 마리오 신드롬(Super Mario Syndrome)"은 아시아에서 널리 재인쇄되었다. 윌리엄은 매주 게임 산업, 성장 및 미래에 대한 윌리엄의 견해를 들을 수 있는 인기 있는 팟캐스트, 'e스포츠의 비즈니스(Business of Esports)'의 공동 설립자이자 공동 진행자로서 "교수"라는 별명을 얻었다.

역자 소개

강지문

서울대학교 화학생물공학부에서 학사 및 박사를 취득하고 미국 노터데임 대학교에서 박사후연구원으로 근무했으며, 2021년부터 연세대 컴퓨터과학과 연구교수를 거쳐 현재 고려대학교 미디어학과 스마트미디어 서비스 연구센터에서 e스포츠를 연구하고 있다. 최상위 레벨에서의 게임 플레이를 직접 경험했을 뿐만 아니라 게임단 사무국, 선수, 코칭스태프 및 통계 분석 업체를 비롯한 다양한 e스포츠 산업 종사자와의 업무 경험으로 e스포츠에 대해 높은 이해도를 갖추고 있는 데이터 분석 전문가로서, 킹존 드래곤X, KT 롤스터를 거쳐 2023년 현재 e스포츠 게임단 T1에서 분석가로 근무하고 있다.

e스포츠 가이드북

초판발행	2023년 4월 20일
지은이	William Collis
옮긴이	강지문
펴낸이	안종만 · 안상준
편 집	김민조
기획/마케팅	장규식
표지디자인	BEN STORY
제 작	고철민 · 조영환
펴낸곳	(주) 박영사
	서울특별시 금천구 가산디지털2로 53, 210호(가산동, 한라시그마밸리)
	등록 1959. 3. 11. 제300-1959-1호(倫)
전 화	02)733-6771
f a x	02)736-4818
e-mail	pys@pybook.co.kr
homepage	www.pybook.co.kr
ISBN	979-11-303-1641-3 93690

* 파본은 구입하신 곳에서 교환해 드립니다. 본서의 무단복제행위를 금합니다.
* 역자와 협의하여 인지첩부를 생략합니다.

정 가   16,000원